大是文化

中國的新冷戰

艾美獎得主
深耕中國二十餘年的
NBC資深記者
伊恩・威廉斯 — 著
Ian Williams
楊詠翔 — 譯

THE FIRE OF THE DRAGON: CHINA'S NEW COLD WAR

中國在全球擴張，
釀成比美蘇冷戰更嚴重的對立，
臺灣身處新冷戰的最前端，
如何創造不和平的和平？

目錄

第三部　巨龍怒火也扳不倒的國家們

推薦序一

從「烏俄」到「以巴」，都有中國影子

備役少將、前國防大學政戰學院院長／余宗基

隨著二〇二三年十月，巴勒斯坦恐怖組織哈瑪斯（Hamas）對以色列發動大規模恐怖攻擊，以巴之間爆發號稱中東史上「第六次戰爭」之時，俄羅斯總統普丁（Vladimir Putin）不但乘機擴大對烏克蘭的軍事攻擊，還親自出席北京「一帶一路」峰會，並與中國最高領導人習近平進行三小時的密談。

中俄關係越發緊密，軍事結盟若隱若現，雙方正緊鑼密鼓，鞏固起所謂的「獨裁軸線」，亦即中國、俄羅斯、伊朗、北韓等「邪惡同盟」，中國儼然成為新共主，並試圖挑起激進什葉派阿拉伯國家：伊拉克、黎巴嫩、敘利亞等國，對以色列發起全面進攻。

無獨有偶，美國總統拜登（Joe Biden）警告：「絕不讓哈瑪斯這樣的恐怖分子和普丁這樣的暴君獲勝。」拜登同時向國會提交一份緊急預算，以為美國的國家安全需求提供資金，支持包括以色列、烏克蘭、臺灣等關鍵夥伴的軍事需求。

根據美國有線電視新聞網（CNN）報導，該緊急資金請求總額可能高達一千億美元，其中六百億美元將用於烏克蘭戰場，以色列則被分配一百億美元——言下之意，臺灣將可能獲得其餘的三百億美元援助。目前世界主要民主國家，除芬蘭、南非兩國外，都選擇與美國站在同一陣線，支持以色列「鐵劍行動」的正當性，一致對抗邪惡軸心組織的挑釁與威脅。

綜觀當前國際現勢，世界體系的兩極化走向，正如本書標題所揭示的「中國的新冷戰」。越來越多證據顯示，中國在「烏俄」、「以巴」兩場戰爭中均扮演幕後主要資源的提供者：俄國財政部長安東・西盧安諾夫（Anton Siluanov）坦承攻擊烏克蘭的無人機都是中國提供的；多家媒體同時也指控，哈瑪斯使用的火箭彈亦為中國供給。這也及時印證了本書作者的觀點：新冷戰與過去冷戰不同，因為中國比當時的蘇聯更富有，與全球經濟牽連更廣深、更複雜，因此更加危險！

本書作者最後提出，這場新冷戰未來將如何發展，以及如何有效對抗中國的方式，同時也能兼顧避免「熱戰」爆發，就是建立西方民主國家的「集體防衛機制」。

中國經常批判「冷戰思維」，正是因為北京政府非常明白，這是西方民主國家及其志同道合的盟友，對習近平統治下「中國新冷戰」展開攻擊時，最需要的共識所在！書中對此提出相當精彩的佐證與說明，對於臺灣讀者而言，本書的出版，對於如何解決臺灣長久以來面對地緣政治最大挑戰的問題，提供了最寶貴的參考價值。

推薦序二

虛實並進、奇正合一的新冷戰

淡江大學國際事務與戰略研究所助理教授／林穎佑

隨著中國崛起、美中關係改變，都讓外界開始思考——冷戰是否又回來了？

特別是在二〇二二年，俄羅斯以特別軍事行動之名發動對烏克蘭的攻擊，讓歐洲國家陸續選擇加入北大西洋公約組織（North Atlantic Treaty Organization，簡稱北約／NATO），並與美國展開更堅定的軍事合作，同時伊朗、北韓及中國之間的關係，都讓外界開始臆測，世界是否又將回到兩極對抗的冷戰結構？畢竟，就像德國哲學家黑格爾（Georg Hegel）說過的：「人類從歷史學到的唯一教訓，就是人類沒有從歷史汲取任何教訓。」

話雖如此，但在當前世界經貿發展高度連結下，與過去直接以國家邊界作為分野的冷戰，仍有相當程度的差異，甚至對抗的領域，也從傳統的硬實力逐漸結合文化與經貿的軟實力，並以新型態的銳實力出現在世上。這也讓各國在對抗、競爭、合作中，有更多不同模式的互動，在維持經貿外交的前提下，經常會以競合模式作為包裝，但這種類型的互動，也讓各國的對抗有了新管道。

新冷戰與過去最大的差別在於，各陣營間不是絕對的武力對抗，如部分東協國家曾以「經濟靠中國、安全靠美國」作為國家戰略準繩，許多國家雖然在軍事行動上選擇與美國站在同一陣線，但又希望與中國保持良好的經貿關係，畢竟中國龐大的市場與旅客所帶來的觀光利益，都相當誘人。

然而，這也給予中國能將經貿互動作為外交誘因的機會，甚至在對外投資與開發的過程中，利用「債務陷阱」的方式，讓特定國家不得不依賴並順從北京的要求。除此之外，在新冷戰的領域中，隨科技發展將競爭導入虛擬的網路世界，無論是透過網軍、駭客的數位攻擊，或是結合資訊傳播的假消息，都讓新冷戰從硬體的軍事交鋒，走上虛擬的網路戰場，甚至到人心思想的認知作戰。這些雖然在過去冷戰中略有應用，但在現今的數位時代，上述場景都已是司空見慣。

從傳統兵學來看，兵家所強調的，本就不只在軍事作戰的領域，而是以國家為出發點，結合政治、經濟、軍事、心理、外交的總體大戰略，這也是當前中國對外行為上，很難以單一角度觀察的原因。

本書作者以中國為主軸，再從各個不同國家的經典案例切入，期望藉此闡述新冷戰的背景與過程，相信會是當前研究中國，與對印太安全有興趣的讀者必備的重要參考書籍。

序論

巨龍噴紅火，中國新冷戰

「中國人民也絕不允許任何外來勢力欺負、壓迫、奴役我們，誰妄想這樣幹，必將在十四億多中國人民用血肉築成的鋼鐵長城面前碰得頭破血流！」

——習近平，〈在慶祝中國共產黨成立一百週年大會上的講話〉，天安門廣場，二〇二一年七月一日

此處沒有颳著大雪的「間諜橋」[1]——上次冷戰期間，許多換囚進行的地點。這裡也沒有被好萊塢導演鍾愛、通向自由的緩慢緊張進程。但如此場景依舊頗為人熟悉，且今晚的夜空也有兩架飛機飛過。此處有的是一架特許的中國國際航空噴射機，自溫哥華飛往中國南部的深圳，並由鮮花及揮舞旗幟的人群迎接。

1 編按：即格利尼克橋（Glienicke Bridge），位於今德國柏林，美蘇冷戰期間西柏林與東德間的邊境要道。

另一邊，兩名加拿大人搭乘的則是一架加拿大皇家空軍（Royal Canadian Air Force）的挑戰者（Challenger）飛機，從中國起飛回家，並由加拿大總理賈斯汀·杜魯道（Justin Trudeau）在卡加利（Calgary）迎接，他告訴兩人：「你們展現了非凡的勇氣、韌性、堅毅。」這天是二〇二一年九月二十五日，中國新冷戰時代的第一次換囚，從中共的角度來看，也是人質外交的一次重大勝利。

孟晚舟是華為的財務長，這間公司是中國的科技巨人，和中共關係密切。孟晚舟是華為創辦人暨執行長任正非的長女，任正非則是前解放軍軍官兼中共黨員。綽號「華為公主」的孟晚舟，於二〇一八年十二月在溫哥華轉機時，應美國司法單位的要求遭到逮捕，美國政府向加拿大尋求引渡，指控孟晚舟代表華為，與美國制裁下的伊朗從事交易時涉嫌詐欺。孟晚舟被捕十天後，中國的特務也逮到兩名在中國工作的加拿大人，指控他們從事間諜工作，分別是在智庫國際危機組織（International Crisis Group）工作的前外交官康明凱（Michael Kovrig），以及擔任商業顧問的麥克·史佩弗（Michael Spavor）。

孟晚舟冗長的引渡聽證會過程相當緩慢，對她來說卻堪稱舒適。這是司法程序，在公開法庭進行聽證，並開放媒體自由報導。她帶著一流的律師團隊，最終獲得保釋，並獲准住在她價值一千三百萬加幣[2]的溫哥華豪宅中。此外，孟晚舟可以接見訪客，包括她的孩子及丈夫，他們在新冠肺炎疫情期間受到特別准許，能夠入境加拿大。孟晚舟白天還可以出門。

而在中國，後來稱為「雙麥克」的兩名加拿大人，則是遭拘押在冷酷無情的水泥牢房中，一開始還無法聯絡家人及律師，且每個月只允許使館人員拜訪一次，前六個月他們都被單獨監禁在中國國安部的審問中心，一年半後，在沒有證據的情況下，仍遭不公開的法庭正式以間諜罪起訴，史佩弗被判有罪，必須坐牢十一年，康明凱獲釋時則還在等待宣判。

二〇二一年十一月，孟晚舟和美國司法單位達成協議，針對她的起訴遭到有條件撤銷，不過對華為的指控仍然保留，因為美國政府將其視為中國政府的附隨組織，這些指控包含詐欺、違反美國對伊朗的制裁，以及商業間諜罪。這次協議為日後孟晚舟的軟禁解除，以及「雙麥克」幾乎同步從糟糕的牢房獲釋鋪路，不過，華府當局卻堅稱這些事件間沒有直接關係，並極力避免與冷戰的對比，但其中的相似性早已不言而喻。

超越音速的核彈，宣告美中冷戰的開始

在「雙麥克」獲釋一個月後，時任美國參謀長聯席會議（Joint Chiefs of Staff）主席馬克・麥利（Mark Milley）將軍，便使用冷戰的比喻來形容中國的武器測試，因為其和美軍類似的系統相較之下，似乎更為先進，而這讓美國官員皆相當吃驚。他表示，這對美國來說相

2 編按：約新臺幣三億元。

當接近「史普尼克時刻」（Sputnik moment），指的便是蘇聯在一九五七年時，首次成功發射人造衛星所引發的震驚。

據稱，中國人民解放軍測試了能夠搭載核彈的極音速武器，其設計目的便是為了規避美國的核武防禦。該測試包含發射火箭進入太空，火箭會先繞行地球一圈，再朝軌道釋放一架高度機動性的極音速滑翔載具，這部滑翔載具能夠搭載核彈，和武器型的太空梭連結，並具備在地球大氣層飛行的能力，接著再以高達音速五倍的速度，朝目標俯衝而下，因而稱為極音速武器。

和傳統的彈道飛彈相比，極音速武器更加難以偵測及摧毀，目前已有許多國家——包括美國、俄國、英國、日本——都在研發這項科技。麥利將軍表示，中國此次測試是「非常重要的科技事件，我們正在全副關注」，而且也帶來更深遠的擔憂，美國憂心其可能將失去科技領頭羊的地位。此外，科學家也發現中國正在其西部的甘肅及新疆，建造數百座飛彈發射井，某份五角大廈的評估便表示，**中國計畫在二〇三〇年以前，將其核武存量提升至四倍，而這顯然和其先前的最低威嚇政策背道而馳**。

當時，美國正重新評估該如何用最好的方式，在中國入侵或封鎖的情況下，協助防衛民主自治的臺灣島。臺灣正承受越來越多壓力，包括北京當局幾乎每天都派出許多戰鬥機及轟炸機，目的便是要威嚇臺灣，並測試其防禦系統。

西柏林的比喻也曾出現過，這座城市象徵的是上次冷戰期間美蘇長久的對峙，有人認為，中共將生氣蓬勃的民主臺灣，視為對自身存在的威脅，這非常類似當年那座被圍牆阻隔的德國城市，曾讓莫斯科積怨已久一般，且臺灣也同樣值得受到支援。對華府的許多高層來說，中共的核武動作傳遞的是一則不加掩飾的訊息，即如果美國認為臺灣島的爭端影響僅限於鄰近地區，而不會危及美國本土，那就是自欺欺人。

與中國打交道，不能只要好的、不要壞的

威嚇臺灣只不過是中國越演越烈的國際侵略中，最窮凶惡極的一例而已，但西方各政治領袖仍苦苦掙扎，無法重新定義他們和北京當局之間的關係，並提出前後一致的相應政策。二〇二一年九月，美國總統喬．拜登在聯合國大會發表的演講中便表示：「我們會為了我們的盟友及我們的朋友挺身而出，對抗強國想要宰制弱國的嘗試，不管是透過武力、經濟脅迫、科技剝削，或是假訊息來變更領土。」

他接著也補充：「但我們並不希望——我要再次強調——我們並不希望一場新的冷戰，或是一個各國分裂成不同集團、壁壘分明的世界[3]。」

相同的謹慎也出現在英國下議院中，時任英國首相鮑里斯．強森（Boris Johnson）因其對中政策前後不一致遭受批評，他表示：「那些呼籲對中國發動新冷戰，或要我們在經濟上完全脫離中國的人……在我看來，都是誤會了。」他在北約的某次高峰會上，也重申了這番

觀點，表示：「我不覺得今天這張桌邊有任何人，想要和中國開啟一場新冷戰。」英國政府比較喜歡將中國形容成一個「系統性競爭對手」，歐盟選擇稱其為「系統性對手」，而北約則表示中國為西方民主國家帶來了「系統性挑戰」，拜登當局則使用「戰略競賽」一詞，來描述這場即將成為本時代重要外交政策挑戰的系統性對抗。

這樣的謹慎，反映出許多西方領導者抱持的想法，認為他們能夠清楚區分和北京當局之間的關係，在國防及人權議題上和中國對抗，同時享受穩固的貿易及投資連結，並在涉及共同利益的議題上合作，例如氣候變遷及公衛議題等。但如同本書將會解釋的，這樣的觀點誤解了習近平統治下中國的本質。此外，西方統治者也可能擔心冷戰的比喻將會一語成讖。

另一方面，中共領導人習近平卻毫不避諱將西方民主國家視為敵人，特別是美國，還用上了最為守舊的冷戰戰士詞彙：「中國人民也絕不允許任何外來勢力欺負、壓迫、奴役我們，誰妄想這樣幹，必將在十四億多中國人民用血肉築成的鋼鐵長城面前碰得頭破血流！」二〇二一年七月，他在天安門廣場上紀念中共百年黨慶的一小時演講中便如此警告。他還表示，中國不會允許針對人權「『教師爺』般頤指氣使的說教」，並誓言繼續建立及現代化他的軍隊，同時重申奪取臺灣的「堅強決心」。中共軍機掠過天安門廣場，排成數字一百，精挑細選的人群高唱著《沒有共產黨就沒有新中國》。

對習近平而言，百年黨慶可說是這一整年愛國主義大勝利的高潮，他和他的「戰狼」外交官在這一年間似乎拋棄了外交辭令，轉向擁抱威脅和辱罵，極盡冒犯之能事，而**「東升西**

降」也成了中共常見的官宣標語，其中便濃縮了黨的觀點，也就是西方——特別是美國——終將傾頹衰退，屬於中國的時代已然來臨。

習近平的形象是個帶領變革的人物，讓中國重新躍居全球強權，對抗充滿敵意的西方，並鼓勵中國人民「永遠跟黨走」——雖然更貼切的口號應該是「永遠跟習走」才對，因為他正準備鞏固自己的統治，程度是自毛澤東以來首見。對習近平的個人崇拜，更是由中共官媒刊登的一篇一萬兩千字的頌辭搧風點火，其中將他形容為「一位信念堅定又行動果敢的人、思想深刻又情懷深厚的人、善於繼承又勇於創新的人、能始終把握大局又敏於掌控變局的人、奮鬥不止又有強大自制力的人、謙遜平和又無所畏懼的人」。另一篇官媒文章也盛讚習近平對於「實現中華民族偉大復興，具有十分重要的意義」，而之後在二〇二二年底的中共各大會議上，也同意他能夠終生掌權[4]。

二〇二一年十一月，距離美國總統拜登就任整整十個月後，習近平首次舉辦了與前者的第一次高峰會。兩人透過視訊方式，開會三個半小時，此時美中關係處於四十年來的低點，

3　摘自美國總統拜登於二〇二一年九月二十一日，在聯合國大會發表的〈拜登總統第七十六屆聯合國大會之會前演講〉（*Remarks by President Biden Before the 76th Session of the United Nations General Assembly*）。

4　編按：二〇一八年三月，中國國家主席和副主席最長連任兩屆的規定被取消；二〇二二年十月的中共第二十屆一中全會上，習近平歷史性的第三次連任中共中央總書記和中共中央軍委主席。

籠罩著不信任，雙方都沒什麼期望，不過他們確實承認所謂「護欄」的需求，以確保兩國激烈的競爭「不會轉為衝突」。拜登告訴習近平，美國「也強烈反對單方面改變現狀或破壞臺海和平穩定的做法」，習近平則警告拜登不要「玩火」，以及若臺灣邁向正式獨立，中國已準備好採取「斷然措施」。

在拜登當選總統前的十年間，據說至少曾和習近平會晤八次，他曾是對中交往政策的死忠支持者，該政策寬鬆的定義，便是歡迎及接受中國的崛起，並避免過多批評，背後的前提是相信中國和世界會因此變成更好的地方。這在一九七九年中美關係正常化後，便一直是美國盛行的政策，但是等到拜登就任總統時，該政策早已名存實亡，拜登不僅維持川普時代的關稅和經濟制裁，甚至還變本加厲。

降低美國對中國產品及供應鏈的依賴，同時保護美國的科技，是目前華府兩黨都同意的少數議題之一，對這些政策制訂者來說，問題已不再是讓美國與中國的經濟脫鉤，到底是不是個好主意（特別是在先進科技領域），而是該如何採用最好的方式管理整個過程。

這次高峰會展開時，習近平已將近兩年沒有離開中國，表面上是因為新冠肺炎疫情，但背後似乎有更嚴重的事情在醞釀，即越發的自我孤立，中國以一種似是在強調中共傲慢及不安全感的方式，將自己孤立起來。在習近平的世界觀中，每一次的挫折、每一次的批評，都屬於陰謀的一部分，目的便是要打擊中國理所當然的崛起，這樣的觀點蒙蔽了北京當局，讓他們對自身帝國主義行為帶來的影響，以及其造成國際擔憂的程度都視而不見。

習近平的這種受害者情結狂熱，還有對西方民主國家深刻的敵意，和俄羅斯總統普丁如出一轍，並促使兩人關係越發密切。二〇二二年二月初，北京冬季奧運開幕當天，兩人便在中國首都會面，鞏固起所謂的「獨裁軸線」，表示雙方的夥伴關係「沒有極限」，並誓言一同合作，以建立全新的國際秩序。

普丁支持習近平對臺灣的立場，而作為回報，習近平也唱和普丁對北約擴大的批評，還有他對西方「安全保證」的要求。三週後，普丁派出他的坦克進入烏克蘭，習近平接著也鸚鵡學舌，認為俄國的侵略相當正當，並避免批評這個他稱為自己「摯友」的男人。「國家主權」及「不干預政策」長久以來都是中共官宣的主要原則，普丁公然違反了兩者，但習近平甚至不敢將俄國的侵略形容成入侵，或將普丁的野蠻行徑視為戰爭。

冷戰一詞的由來

外界描述中共在中國建立的反烏托邦監控國度時，時常會援引英國作家喬治．歐威爾（George Orwell）筆下的「老大哥」（Big Brother），不過在現實世界中，歐威爾可能根本無從想像習近平為了支撐他的秩序，所使用的全新壓迫科技。此外，更罕為人知的，還有歐威爾其實也創造了「冷戰」一詞，他是在一九四五年十月於《論壇》（*Tribune*）雜誌發表的〈你和原子彈〉（*You and the Atom Bomb*）一文中提及，這是在《一九八四》（*1984*）出版前四年，該文反思了「一個既無法征服、同時又和鄰國處於永久『冷戰』狀態的國家」。歐威爾想像原子彈毀滅性的威力，將會終結大規模的「熱」戰，進而造成一種永恆的「非和平的和平」，會有兩到三個超級強權使用各種不同方式較量，並避免想都不敢想的正面衝突。

如同本書將解釋的，習近平統治的中國已成為精熟以影響與脅迫等方式，對他國文攻武嚇的大師。西方領導者皆表示，他們不想要一場新冷戰，但現在有點太遲了，**中共已經掀起某種冷戰，且迄今都非常有效，因為西方民主國家大多從戰場上缺席**。與北京當局時常宣稱的相反，西方並沒有試圖限制中國，反倒是促進了其崛起，而且直到現在才遲來的大夢初醒、正要面對習近平統治的中國，以及其對自由民主國家帶來的威脅。

流行文化時常是反映真實世界情況的有效指標，舊冷戰時好萊塢忙個不停，但今日的大型片場卻不願將中共描繪為惡棍。因為好萊塢的第一要務，就是打進可以發大財的中國市場，而為了要達成這個目的，他們將電影中有可能觸犯中共審查的內容全數刪除。相較之下，在將西方國家描繪成惡棍上，中國電影產業可就大鳴大放了。近年中國最賣座的兩部大片，便是藍波風格的動作片《戰狼二》以及韓戰史詩片《長津湖》，兩部片都將美國人描述成活脫脫從漫畫中跳出來的敵人。好萊塢追求發中國財，並向中共磕頭時，中國的官宣機器則帶著令人毛骨悚然的使命感踏上戰場，新冷戰就這麼在中國最賣座的國產電影，以及中共官宣使用的修辭及意象中，如火如荼的展開。

與蘇聯截然不同的新對手：強大的中國

本書便是中國新冷戰的故事，但這次冷戰和上一次不同，因為中國和蘇聯相比更為富有，也與全球經濟牽連更深，這使得敵人不僅更為複雜、更深、更廣，也可能更加危險。**中國將自身整合進世界經濟之中，為其提供了各式各樣的新工具，用以脅迫及影響他國，這是蘇聯從未擁有的**，且中國也毫不猶豫加以運用，努力成為主要的全球強權。此外，中國也參與了承平時期以來規模最大的軍力建造之一，卻不存在任何相關協議，中國與西方國家對彼此的軍事實力及強度也缺乏深入理解，因而無法和上次冷戰時相同，**沒有核武熱線存在，北京當局也持續拒絕就軍武控制展開對話**。

正是中國的所作所為，驅策了西方民主國家遲來的回應，以及世界各地對北京當局漸增的擔憂，中國的新冷戰從科技、經濟、戰略面向展開，並且在全球各地上演，從南中國海、阿富汗沙漠、北極圈、喜馬拉雅山一路到網路空間。雖然不像前一次冷戰中，雙方有著劇烈的意識形態分歧，但一切仍然與基本價值有關，且證據近在咫尺，看看被關押在新疆「再教育營」的一百五十萬維吾爾人，或是香港遭到擊潰的民主運動，就能理解了。

本書分為三大部分，前七章跟隨這篇序論的論述，檢視中國新冷戰的許多前線和引爆點，還有中共使用的各式工具。

第一章從臺灣海峽開始，這是分隔中國和臺灣的狹窄水道，目前的緊張局勢是數十年來未見。臺海以前便曾發生過衝突，分別在一九五五年及一九五八年，而美國兩次都考慮如果中國試圖入侵臺灣，就要動用核武。而本區的局勢現今再次升溫，中國幾乎每天都在進行軍事演習，人民解放軍比以往都還要可怕，其現代化當中一個重要目的，便是要奪下臺灣，並嚇阻美國的干預。

在第二章中，我們將把焦點放大，擺在南中國海上，中國宣稱此區有九〇%都是他們的領土，這種規模的領土奪取，在過去的世界上實屬罕見。北京辯護的理由是模糊的「歷史性權利」，其宣稱在國際法下遭判為非法，中國卻對判決置之不理，還建造人工島嶼，並在其上駐軍，以威嚇其他宣稱也擁有主權的國家。美國及其西方盟友在該區，則越來越常進行緊張的「航行自由」巡邏。

第三章將視角移向東南亞，中國正在此大力確立其影響力，大多是透過經濟手段，且有時也將此區國家視為從前的藩屬國，以換取貿易、投資、進入中國市場的管道，東南亞國家因而尋求在自身主權和經濟利益的渴望間取得平衡。北京當局在此投注了數十億美元，許多都是投資在符合其戰略利益的鐵路、油管、港口，與其他基礎建設上，此地亦成為和美國及其盟友對抗的前線。

第四章將專注在「世界屋脊」，以及中國和印度沿著雙方爭議重重的邊界，展開的緊張對峙上。二〇二〇年，一場因中國試圖在喜馬拉雅深山奪取領土而引起，近乎中世紀野蠻行徑的衝突，導致二十名印度士兵死亡，解放軍的死亡人數則高達三十八人。這場衝突也造成這兩個亞洲巨人間急遽發展的經濟關係戛然而止，而北京當局對其他邊界爭議也越發充滿侵略性，特別是在不丹。

第五章則檢視了中國新冷戰全新的疆界，從在天寒地凍的北極圈苦苦掙扎、試圖控制對未來科技發展相當關鍵的重要礦物，到北京當局想透過其所謂的「數位絲路」，在全球運用科技影響力的嘗試。

第六章探討的，是中國對黑暗網路世界的使用，即如何透過假訊息、間諜活動、破壞行為，在網路空間中追求自身的利益。而在這麼做的同時，其策略也和俄國越發相像。

第七章討論的是莫斯科和北京當局之間加溫的關係，雙方在軍事上如此密切合作，使得西方評論家擔憂的推測，他們是否正在整合對烏克蘭和臺灣的行動。雙方歷史上的敵意雖根深柢固，但兩國的關係從許多方面來看，都是一樁方便的聯姻，且也同樣危險。

本書的第二部分涵蓋第八章至第十一章，更密切關注臺灣，中共在此處的威嚇最為惡名昭彰，對全球和平的威脅也最為嚴峻。和新疆可以被視為高科技壓迫手段的實驗場域類似，也可以將臺灣當成中國「灰色地帶」作戰的演習地，這裡也是其他國家付出的潛在成本最高之處，不管在道德上、戰略上、經濟上皆是如此。

第八章更詳細檢視中國在這座島上掀起的「灰色地帶」作戰，包括軍事威嚇、經濟和資訊戰、網路攻擊，中國正試圖壓迫臺灣在國際上發聲的空間，並威嚇和這座小島往來的對象，北京當局甚至想方設法阻擋臺灣獲得新冠肺炎疫苗，本章也探討了此區的軍事衝突可能將如何展開。

第九章討論的是臺灣的歷史，以及中國對其主權的假造宣稱，並檢視了「一中政策」的起源和不穩定性，這樣的迷糊仗維持了此區五十年來的和平，此外也討論了美國對於防衛臺灣的「戰略模糊」政策。

第十章則嘗試解釋臺灣的重要性，並探討臺灣如何演變成可能是世界上最成功的新型民主政體，還有中國和臺灣的政治發展是如何大相逕庭、朝光譜兩端奔去。本章也討論了中國對香港的壓迫，是如何摧毀島上越發弱勢的統一勢力，以及臺灣的民主制度為何很可能是其最重要的防禦手段。

第十一章討論的是臺灣斐然的經濟成就，同時也檢視其身為全球經濟重要齒輪的地位，特別是在先進科技中，其主宰了全世界的高級微型處理器生產，若是受到破壞，全球經濟可能會付出慘痛的代價。

本書最後一部分，則檢視了西方民主國家反擊時越發頻繁的以眼還眼及地緣政治手段。這些章節討論和評估了西方發展出來，用以打擊北京的戰略，還有西方政策本身的模糊性，同時探問北京當局的力量目前是否已抵達顛峰，在全球戰略中已開始出現裂縫，且大多都是自食其果。

我們在第十二章中將討論日本扮演的角色，日本憲法規定其不能擁有軍隊，但他們實際上正在建立亞洲地區最強大的軍力之一，而針對中國的侵略，日本也越發直言不諱，包括北京宣稱擁有數座日本控制島嶼的主權，以及臺灣的安全等。日本已然成為此地區的要角，卻長期受到低估。

第十三章討論的則是英國持續演變，卻仍相當混亂的對中政策，倫敦當局正試著在後脫歐時代，找出自己在世界上扮演的角色，其將北京視為重要的國防威脅，一個「系統性競爭對手」，同時卻又認為可以追求更深厚的貿易和投資連結，即便北京當局在世界各地依然毫不猶豫使用這類手段進行脅迫。

第十四章探討的是澳洲和立陶宛的經驗，這兩個國家都是北京威脅和經濟制裁的目標，澳洲是因呼籲獨立調查新冠肺炎的起源，立陶宛則是因允許臺灣在其首都維爾紐斯（Vilnius）以臺灣名義設立代表處。兩國都相當堅定的面對中國霸凌，本章探討的便是他們能否作為借鏡，提供對抗北京的模式。

第十五章則試圖做出結論，有關這場新冷戰未來將如何發展，以及何為對抗北京最有效的方式，同時也要避免「熱戰」爆發，本章也探問我們目前是否正見證了「中國的顛峰」，中國國內正面臨經濟逆風，外頭還有個躍躍欲試、準備反擊的世界。這樣的看法受到大量證據支持，但顛峰中國同時也是個更危險的中國。最後則是本書的尾聲，本章在臺北寫成，當時臺灣正逐漸放寬新冠肺炎疫情的限制，另外也更加全面的評估了烏俄戰爭的影響。

中國是切香腸專家，每個利益切片都精打細算

對中國及臺灣相關著作的作者來說，名稱常常會帶來挑戰，某些人會花非常長的篇幅避免稱臺灣為國家。中國的官方名稱是「中華人民共和國」，而臺灣的官方名稱則是「中華民國」，這是一九四九年，中國國民黨在國共內戰中敗給中共、撤退到臺灣後所留下的遺緒。他們在臺灣建立了流亡的中華民國政府，夢想著光復大陸，但「中華民國」一名現已不再廣泛使用，且多數住在島上的人自我認同都是臺灣人，並將他們的國家稱為臺灣。

本書並不是什麼學術教科書，因此我將會直接使用臺灣一詞，並將中華人名共和國簡稱為中國，同時稱臺灣是個國家。如同本書將會顯示的，臺灣擁有一個國家須具備的所有特質，而且還是個很成功的國家。國際社會不認同臺灣是國家，臺灣也無法擁有自決的正式權利，全都是因為來自北京的霸凌。

中共常被形容為「切香腸」專家，也就是慢慢累積各種利益的行為，包括奪取領土或其他戰略利益，而每項利益都經過精打細算，維持在可能激起反應的極限之下，且常常都恰好位在這個極限。分開來看，**每個利益切片雖然都讓人生氣，卻不足以引發制裁，然而隨著時間經過，卻能在戰略版圖上累積成重大的改變**，不管是在南中國海、喜馬拉雅山、貿易活動、網路空間中，都是如此。

如同本書將證明的，不僅西方民主國家設立的反制標準過高，中國在利益奪取上也越發

強勁、頻率更高、信心也更足夠，且對風險的胃口也越來越大。一如二〇二一年十一月，英國祕密情報局軍情六處（Secret Intelligence Service，又稱ＭＩ６）的局長理查．摩爾（Richard Moore）在一場罕見的訪問中所說：「鄧小平『韜光養晦』的時代早已結束，」而他也警告：「適應一個受中國崛起影響的世界，是ＭＩ６最重要的唯一要務。」

中共時常指控其批評者抱持「冷戰思維」，批評其國內壓迫者就會被貼上這個標籤，該詞也會用來反對那些有膽批評，或試圖反抗其在全世界進行的霸凌和領土宣稱者。而以這個定義來看，**冷戰思維，恰好正是西方民主國家及其志同道合的盟友，在對習近平統治的中國展開反擊時，最為需要的事物。**

第一部

中國是大國，其他都是小國

第1章 新舊冷戰最前線，臺灣海峽

「中國已不再韜光養晦了，因為現在就是他們的時代，顧忌已越來越少。」

——詹姆斯・埃利斯（James Ellis）上將，一九九六年臺海危機，美國海軍獨立號（Independence）航空母艦戰鬥群指揮官

小金門島由臺灣控制，島上的沙灘矗立著覆滿藤壺的生鏽鐵刺，目的便是要阻止敵人入侵，鐵刺指向中國海岸的方向，在退潮時，雙方距離只有不到三・二公里，對岸的廈門是中國最繁榮的城市之一，其蔓生高聳的玻璃牆面大廈，在薄霧中若隱若現。

小金門是烈嶼的綽號，這座島是主島金門的小妹，也是臺灣控制的島嶼中最接近中國的，臺灣本島則位於東方約兩百二十五公里外，與前者中間隔著臺灣海峽。小金門曾承受

過軍事史學家認為，軍事史上規模最大也最密集的砲彈轟炸。一九五八年[1]，中國軍隊為了「解放」該地而封鎖島嶼，並從八月二十三日起展開瘋狂轟炸，為期四十四天，根據估計，共約在大、小金門等地投下了五十萬枚砲彈。

開酒瓶的聲音，總比扣扳機好聽

美國擔心這次襲擊是在為攻打臺灣本島鋪路，因此以巨型兵力展示回應，時任國務卿約翰·福斯特·杜勒斯（John Foster Dulles）甚至威脅進行「大規模報復」。美軍戰艦護送臺灣的補給艦橫渡臺灣海峽，空軍則協助臺灣控制島嶼上空空域，同時也草擬出使用核武的計畫，目標起初是戰略地點，例如中國的軍事機場，但後來也納入上海和廣州等城市。而當時的蘇聯領導人尼基塔·赫魯雪夫（Nikita Khrushchev）也曾警告，美國若對中國發動攻擊，便等同攻擊蘇聯。

洩漏美國越戰機密史料，又稱「五角大廈文件」（Pentagon Papers）的丹尼爾·艾斯伯

1 有關一九五八年又稱「第二次臺海危機」事件的深入分析，請參見 GlobalSecurity.org 網站：https://www.globalsecurity.org/military/ops/quemoy_matsu-2.htm。

格（Daniel Ellsberg），同樣揭露了美國於這場一九五八年對峙的相關機密研究，其中指出美國的軍事領袖質疑，若是情勢升溫，傳統武器是否足以嚇阻中國領導人毛澤東。艾斯伯格引述了接替杜勒斯擔任國務卿的克里斯汀・赫德（Christian Herder），他表示：「大眾時常認為古巴飛彈危機[2]是第一起嚴重的核武危機，但對我們這些經歷過金門危機的人而言，絕對都會認為這才是濫觴[3]。」幸好金門的轟炸是以一陣嗚咽、而非一聲巨響作結，中國軍隊終於用盡砲彈，雙方接著在一種古怪的慣例中安定下來：用裝有宣傳文宣的砲彈在週間交替轟炸彼此，這種非正式的約定持續了二十年。

對金門來說，一九五八年的對峙是那個十年來的第二次了，一九五五年，臺灣人曾阻止過另一次入侵嘗試，當時有兩名美軍顧問喪生，而美國也曾考慮對中國使用核彈，但彼時美國總統德懷特・艾森豪（Dwight D. Eisenhower）反對他手下將軍的意見。當年金門彷彿是一座巨大的軍事要塞，雖然占地僅約一百八十平方公里，在軍事及戰略上卻極度重要，在花崗岩下藏有一個軍事碉堡的地下世界，隧道、要塞、洞穴，放在詹姆士・龐德（James Bond）電影中也毫不違和，當地有高達十萬名臺灣官兵駐紮，進出受到嚴密管制，這些限制直到一九九四年才解除。

今日，舊時的傷痕及堡壘成了觀光景點，雖然開車環繞金門主島只要一個半小時多，這裡的軍事博物館密度卻是世界最高之一，甚至還有座八二三戰役勝利紀念碑圓環，八二三指的便是一九五八年轟炸開始的日期，紀念碑形狀是一枚巨大的直立砲彈，而金門的地雷主題館則擁有世界上最豐富、也最可怕的地雷收藏。國共雙方停止互射砲彈後，便開始對彼此進行心戰喊話，北山播音牆目前仍矗立在金門主島，這是座酷似箱子的高聳水泥塔，面對中國海岸，配有數十部強力揚聲器，在將近三十年的歲月中，放送音樂和反共宣傳，因而也稱為「聲音武器」，現在則成了藝術設施，是座音樂家可以在其上實驗各種聲音的舞臺。

此外，當年發射了這麼多砲彈，使得來自中國的彈殼及碎片直至今日都還支持著當地的農村產業，各式工坊會將其熔化，製成菜刀和其他裝飾品，臺灣聖公會甚至有個計畫，將彈殼製成十字架。

自從二〇〇八年開放兩岸直航後，北京當局更偏好用觀光客轟炸小小的金門，中國觀光客蜂擁而至這個怪異的臺灣前哨站，在二〇二〇年因新冠肺炎疫情中止之前，每天約有四十四班渡輪經營著金門及廈門間半小時的航程。中國客在金門狹窄的街道中漫步、探索古老的要塞、從高倍望遠鏡回望中國、在煙霧瀰漫的背景前自拍，很難得知他們對此地有什麼感想，但是中國「愛國教育」及官宣的其中一項宗旨，便是臺灣屬於中國的一部分，是個脫

2 編按：一九六二年，蘇聯為應對美國在義大利和土耳其部署彈道飛彈的舉措，在古巴部署了類似的彈道飛彈，進一步導致對抗升級。最終經祕密談判後，蘇聯從古巴撤回飛彈，美國同樣祕密撤回在土耳其和義大利部署的武器。

3 美國政府有關一九五八年金門危機的機密史料是由莫頓・哈波林（Morton Halperin）撰寫，並由丹尼爾・艾斯伯格取得，請參見：https://archive.org/details/The1958TaiwanStraitsCrisisADocumentedHistory_201712/page/n3/mode/2up。

離的省分，而在這樣的論述中，金門也和廈門相同，屬於福建省的一部分，所以無論如何，都要不擇手段使其盡快回歸「祖國」的懷抱。

不過對金門人而言，他們一邊開心發觀光財，一邊也讓自家的國旗驕傲飄揚。目前約有十四萬人住在金門各島，在二〇一〇年到二〇二〇年間，這個人數每年會成長四％左右，金門主島現在也擁有自己的大學，校園中有副匾額，上面提的是著名詩人洛夫的文字，他曾在金門擔任海軍軍官，寫著：「**請聽！開酒瓶的聲音，總比扣扳機的聲音好聽。**」這指的便是金門另一個蓬勃發展的產業：生產辛辣的高粱酒。

金門人由衷接受中國對他們的興趣，錢包也因此賺得飽滿，這便是中共官宣最鍾愛的共同繁榮「雙贏」承諾，金門的飲用水目前是從中國抽取，也有討論要將金門連上中國的電網，以及興建通往廈門的橋梁，並將金門變成經濟特區。不過金門同時也樂於接受臺灣的民主及主權，也就是實質上的獨立，金門人頂多只把北京當局宣稱如果臺灣宣布獨立，就會發動戰爭的頻繁威脅，視為背景噪音而已。從這樣的觀點看來，他們居住的小島可說是臺灣人含糊心態的縮影，展現了所有矛盾，而這種障眼法也屬於雙方關係數十年來的特色。

正是這樣的模糊性，防止在一九五〇年代時的全面開戰，但目前也越來越難維持了。二〇二〇年底，金門大學國際暨大陸事務學系教授周陽山便對來訪的記者表示：「金門應該成為臺灣和中國大陸間的和平橋梁。」不過，金門大學的大一學生王睿盛（Wang Jui-sheng，音譯），對於他們龐大鄰居的意圖則是更為擔憂：「中國對臺灣很生氣，行為也更加殘忍。」他也表示金門人越發不安：「我擔心雙方可能會發生戰爭，甚至很有可能是在不久的將來。」

他是新一代的臺灣孩子，家鄉已成為世界上最繁榮、也最成功的民主國家之一，或許他也比教授來得更為實際。就連載遊客從廈門前來的渡輪，也展現了兩岸關係背後的矛盾，民用船隻是繁榮的來源，但同時也形成了北京入侵計畫的關鍵，在中國東部所有沿海地區的造船廠中，渡輪都遭到重新翻修，以便搭載軍事設備及部隊，新建的渡輪則必須按照軍事規格打造。

若僅是將這些島上蜂窩般的軍事堡壘當成過往時代的遺跡，那就太過天真及危險了，臺灣國軍仍在金門駐守重兵，地下蜂窩中由他們使用的部分，也嚴禁觀光客進入。多數人都相信**若是開戰，金門將再次成為中國的首批目標之一**，因為其對廈門港形成天然屏障，且如果中國想要確保航向臺灣的入侵艦隊安全通過，就必須拿下此地。

奪取這些小島也是中國「蟒蛇戰略」的一部分，在這項戰略中，比起全力攻擊臺灣本島，中國將逐步擠壓獵物，直至其投降，且如同我們在本書稍後將會討論的，這項戰略的許多其他元素也都已經到位。可以確定的是，隨著中國領導人習近平的戰鼓越敲越響，金門人可說是聽得最清楚，也受到最大威脅，而他們在過去也已承受過來自北京的暴力衝擊。

地球上最危險之地——臺灣

在金門狹窄水面的另一側，中國人民解放軍正進行大規模的軍力集結及現代化升級，他們有兩個過去無法達成的目標：入侵臺灣，同時威嚇美國的干預。在習近平的統治下，解放軍已進行了各種越發充滿侵略性的軍事演習，目的便是要展示他們達成這兩個目標的能力。

廈門本身駐紮著解放軍第七十三集團軍，這據信是中國主要的侵臺部隊，二〇二一年初，報導指出解放軍在此區部署了新型的強力長程彈道飛彈系統 PLC-191 箱式火箭砲，其裝設在四十五公噸的卡車上，每個單位都能發射多枚飛彈，射程超過三百二十公里，這使得**解放軍不只有能力攻擊金門，還可以一路打到臺灣的西部海岸**。除了飛彈系統之外，解放軍還部署了各種令人眼花撩亂的新型現代化武器，中國央視慶祝解放軍火箭軍建軍五十週年播放的一系列紀錄片中，便充滿五花八門的武器，包括十種專門用來對付臺灣的飛彈，雖然估計各有出入，但中共應有一千至兩千枚對準臺灣及其外圍島嶼的飛彈。

此外，解放軍也研發出被官媒稱為「航母殺手」的中程彈道飛彈，這類飛彈首次測試，是在二〇二〇年八月的軍演期間，從浙江的基地朝南中國海發射，東風 21 丙型（DF-21D）彈道飛彈和其大哥東風 26 型（DF-26B）彈道飛彈屬於反船艦飛彈，射程介於一千九百公里至四千八百公里間，設計的主要目的便是打擊美軍航母群。在美國總統拜登就職典禮三天後的演習中，中國軍隊據稱模擬了一場針對該區美軍航母的攻擊，後來的報導指出，解放軍在西部省分新疆偏遠沙漠的軍事訓練設施中，打造了一艘美國航母和其他戰艦的模型，這艘「偽航母」打造的目的，看來便是要模擬船隻的移動。

而中國也加強了對臺灣的空中騷擾，派出成批可以搭載核彈的重型轟炸機以及精密的戰鬥機對臺灣施壓，數量和頻率都是前所未見，根據臺灣政府的數據，光是二〇二〇年這年，中共就入侵了臺灣的防空識別區（ADIZ）三百八十次，這是國際空域的緩衝區，外國飛機會受到塔臺詢問，也有可能遭到攔截。二〇二一年，根據法新社（Agence France-Presse）的資料庫，這個數字成長超過一倍，來到九百六十九次，在中國十一國慶的四天連假期間，就有一百四十九架飛機進入臺灣的防空識別區，包括那個週一破紀錄的五十六架，美國國務院（US State Department）也將中國的行為視為「挑釁」和「破壞穩定」。

在該年剩下的時間中，臺灣當局幾乎每天都被迫讓軍機緊急升空，以應付中共的機群，中共軍機會固定跨越臺灣海峽的「中線」，這是個非正式的邊界，先前雙方都極度遵守。衛星照片似乎也顯示中國就在臺灣對岸的海岸，擴張及升級三座軍事機場，照片中出現新建的機庫、潛在的軍事地堡、擴大的跑道、柏油停機坪，和有可能是飛彈防禦系統的設施。

中共的空中入侵也越來越常和大規模的海陸軍演結合，數千名士兵一同模擬入侵臺灣。二〇二一年四月，解放軍在臺灣東邊和西邊同時進行海上演習，中國的航空母艦遼寧號占據最重要的地位，還有另外十五架戰機測試臺灣的空軍防禦。中國央視也播放了兩棲戰鬥載具開上沙灘，射擊位於遠處山邊的目標，還有潮水般的戰鬥直升機掠過海面，屬於另一次「突擊演練」的一部分，而習近平在一連串聲明中，也公開呼籲解放軍準備好「隨時開戰」，到潮州視察海軍時，他也表示解放軍「要把全部心思和精力放在備戰打仗上」。此外，在中國的橡皮圖章議會——全國人大的某場會議上，他也告訴解放軍指揮官要「全面加強練兵備戰工作」，並提及「臺獨勢力的國防威脅」。

二〇二一年三月，時任美軍印太司令的菲利普・戴維森（Philip Davidson）上將，在美國參議院軍事委員會（US senate armed services committee）的聽證會上，明確表示**他擔心中國會在接下來六年內攻打臺灣**，他告訴各參議員：「我想不透他們在此區部署的某些兵力，除非是**……視為侵略之舉**。」

戴維森的繼任者約翰・阿基里諾（John Aquilino）上將則避免提及明確時間，不過也警告：「我的看法是，這個問題比多數人想的都離我們更近，而我們必須準備好應對。」他認為，攻下臺灣現在是習近平的「第一要務」，並對美國嚇阻習近平的能力語帶保留，他也表示：「中共在此區部署了某些兵力，用意便是要阻擋我們。」並重申「最危險的擔憂便是有一支對付臺灣的軍隊」。另一名美軍高階軍官也表示：「有人擔憂他（習近平）相當看重攻打臺灣的重大進展，認為這對其統治的合法性和政治聲望來說相當重要，他似乎已準備好承擔風險。」

後來上任的拜登政府也宣布其對臺灣的承諾「相當穩固」，這名新上任的總統接連參加七大工業國組織[4]（Group of Seven，簡稱G7）及西方軍事聯盟北約的高峰會，且在兩場會議中都對中國在全球的舉動提出警告，北京當局的回應則是又派出另一波戰機飛進臺灣的防空識別區。而G7的公報中也強調了「臺灣海峽和平穩定的重要性」，這是這類聲明有史以來第一次直接提及臺灣，北約的聲明也反常的強硬，警告中國對以規則為基礎的國際秩序，帶來「系統性挑戰」，北京當局則稱北約的聲明是「對中國和平發展的詆毀」。而《經濟學人》（*The Economist*）雜誌的封面，也捕捉到了國際在二〇二一年上半年逐漸增長的警覺，圖中臺灣位在雷達螢幕的中央，被各種代表美國和中國軍力的小點夾在中間，報刊還將**這座島稱為「地球上最危險之地」**。

一九九六年臺海危機——瞄準總統大選

對臺灣、中國、美國，以及臺灣海峽周遭複雜的國際關係來說，一九九六年可說是個轉捩點，這年臺灣首次舉辦了完全民選的總統直選，這個事件也使這座島嶼踏上民主之路，直至今日成為世界上公認最為成功的新型民主政體。中國當時朝臺灣鄰近區域發射飛彈，並進

4 編按：七大工業國組織，是由世界七大已開發國家經濟體組成的政府間政治論壇，正式成員國為美國、德國、英國、法國、日本、義大利、加拿大，歐盟則為非正式成員。

行軍事行動，目的便是想影響選情，美國的回應則是大秀軍事肌肉，派遣兩組航空母艦戰鬥群來到臺海。

北京的恫嚇確實影響了選情，但不是往他們希望的方向，反倒鞏固了中共反對的候選人的支持度，不過，這次經驗仍是中國決定快速擴張並現代化其軍隊的關鍵原因。

一九九六年的臺灣總統大選，最終由已故的臺灣現代民主之父李登輝當選，他同時也努力為這座島嶼孕育出非中國人的獨立身分認同，這些舉動使他成為北京當局痛恨的人物。二〇二〇年，李登輝以高齡九十七歲逝世時，蔡英文總統也表示：「李前總統是時代的開創者，在臺灣民主歷程上的貢獻無可取代，他的離世是國家的莫大損失。」李登輝晚年成為臺獨的堅定擁護者，不過他長久以來都認為，臺灣沒必要透過正式宣布獨立對抗北京，因為臺灣早已是個主權國家，而這也是島上普遍的共識。

而令人訝異的是，李登輝其實曾是國民黨員。一九四九年，在國共內戰中敗給毛澤東領導的中共後，蔣介石帶著殘兵敗將撤退到臺灣，並在此重建中華民國政府。蔣介石身邊圍繞著死硬派的外省人士，夢想光復中國，他在一九七五年去世後，將大權傳給了兒子暨前祕密警察頭子蔣經國，他稍稍鬆綁了父親某些強硬的統治，並在一九八七年正式廢止了《戒嚴法》。一九八八年蔣經國過世後，李登輝繼任，他試圖進一步鬆綁國民黨的鐵律，並在政治上賦予那些一九四九年以前便住在臺灣的人，更多的發聲空間。

李登輝本人其實是個土生土長的臺灣人，一九二三年在臺北近郊的農村出生，此時適逢日本對臺灣半世紀的殖民統治時期中葉。一九九六年以前，臺灣總統都是由嚴密控制的國大代表成員選出，而李登輝改變了規則，那年舉行的選舉便是臺灣史上第一次由全民直選總統。這讓中國頗為不安，除了李登輝的臺灣人身分之外，讓中國更為火大的，還有在選舉前一年，美國允許李登輝出訪他的母校康乃爾大學（Cornell University），這在北京當局眼中，無異於美國認可了中國「叛逃」的省分——臺灣。

當年我在臺灣待了幾週，報導這場選舉以及臺海逐漸升溫的局勢，身材高大又有魅力的李登輝，似乎著迷於激怒北京。在某場訪問中，他表示臺灣和中國之間的關係，擁有兩個獨立國家之間關係的特色。這種說法不僅在北京眼中是異端邪說，甚至在他自己的黨內都是，因為許多國民黨員仍盼望最終兩岸能夠統一，只不過不是受共產黨統治就是了。我在臺北參加的某場活動中，李登輝滿面威嚴，看起來頗怡然自得，臉上永遠掛著一抹微笑，他表示：「中共才是怕的人嘛，對不對？他們能做的就只有試著嚇嚇臺灣老百姓，用軍事演習試著破壞我們的信心。」

不過李登輝確實取消了馬祖的訪問。馬祖是另一組由臺灣控制的列島，位於金門東北方約兩百公里處，得名自傳統信仰中的海上女神媽祖，據說能保護漁人及水手，此地距離中國海岸僅十六公里，最近的中國城市則是福州。李登輝辦公室表示取消的原因是安全因素，或許是覺得在那裡舉辦活動實在太過挑釁，但後來，我還是去了一趟。

開車前往馬祖主要城鎮南竿的路上，無數的爆炸聲迎面而來，幸好只是鞭炮，當地正在舉辦祭典，慶祝道教的灶神（上天述職）。當時馬祖約有二十萬名駐軍，這裡感覺像一座堡壘，但是比起戰鼓聲，我在這裡最常聽到的，卻是傳統舞獅的打擊樂器沉重聲響。馬祖居民正為了即將到來的農曆新年作準備，而中共就在幾公里外大聲嚷嚷，但馬祖人可不會讓中共鬧脾氣阻礙他們好好慶祝一番，及感謝為他們照看食物的神祇。而當問及受中共威脅的問題時，當地人最常見的反應總會以一個聳肩展開：「我們早就習慣了。」這不是在虛張聲勢，只是疲憊的接受罷了，這就是這片土地的背景噪音，是某種當地人學會與之共存的事物。

當年我也拜訪了金門，那時當地的旅遊限制才剛解除，從臺北搭飛機過去只要花一小時左右，感覺卻久上許多，因為小飛機會被該地惡名昭彰的強風猛吹，臺灣海峽就像是某種風洞一般。當時金門仍像是一座軍事要塞，國軍在此扎根，小心翼翼的監視中國海岸，人數也大幅超過平民，但官兵們的記憶中，卻沒有平民早已熟悉的宵禁、停電，及在規定的地下避難所中度過好幾個小時。金門沿岸有許多村莊都已廢棄，房舍也仍背負著砲彈轟炸的傷痕。

一九九六年，臺灣尚未開放直航中國，所以金門人要拜訪中國親屬，僅管只是隔水之遙，都必須先到臺灣本島，然後再前往香港轉入中國，而在檯面下，金廈走私也相當盛行，每晚都會有小船藉著夜色掩護航向海面，和廈門的商船會面交易，或是前往鄰近的村莊。走私的盛行程度，以及軍方容忍的意願，視臺海的緊張程度而定，隨著選舉逐漸接近，走私客也都待在家中，不過就連這些位於前線的島嶼，也籠罩在選舉的狂熱之下，道路兩旁充滿國旗及數不清的選舉海報。

隨著一九九六年三月二十三日的投票日越來越近，中國也在福建部署了十五萬名解放軍，包圍臺灣海峽，並進行一系列軍事演習，他們朝臺灣領海發射了可以搭載核彈的東風—15型（M-9）短程彈道飛彈，射向臺灣兩大主要海港附近的船隻航道，也就是北方的基隆和南方的高雄，其中一枚飛彈幾乎直接飛越臺北上空，接著在三十多公里外的海域墜毀。

美國的軍事分析專家警告，中國似乎是要「包圍」臺灣島，以準備直接進攻，美國國防部長威廉・J・裴利（William J. Perry）也警告北京，只要有一枚飛彈打到臺灣，就準備面臨「嚴重後果」。他下令一組航母戰鬥群轉向，以尼米茲號（Nimitz）為首，前進臺灣周邊海域，並在此加入已就位的獨立號戰鬥群，於臺灣東北方約三百二十公里處進行軍演[5]。

二十五年前，「獨立號」保住一次臺灣，這次呢？

C-2A型灰狗式運輸機（C-2A Greyhounds）的飛行員會告訴你，雖然這種矮胖的雙引

5 有關一九九六年一系列事件之深入分析，請參見巴頓・蓋爾曼（Barton Gellman）所撰之〈中美在一九九六年近乎開戰〉（*US and China nearly came to blows in '96*）一文，《華盛頓郵報》（*The Washington Post*），一九九八年六月二十一日，https://www.washingtonpost.com/archive/politics/1998/06/21/us-and-china-nearly-came-to-blows-in-96/926d105f-1fd8-404c-9995-90984f86a613/。

擎耐用飛機外觀並非最好看的，卻是航母戰鬥群的無名英雄，是他們的命脈，負責將必要的補給品運輸到航空母艦上。此外，也需要某種等級的飛行技術，才能將灰狗式運輸機停在移動的船隻上，距離阻擋繩只有毫釐之差，繩索能將飛機急速拉停，稍後則再使其從甲板上起飛，宛如一把巨大的彈弓。

一九九六年臺灣總統大選前幾天，我便從美軍在日本沖繩的基地搭乘一架灰狗式運輸機起飛，準備前往獨立號航空母艦度過週末，而且我也可以作證，降落在航母甲板以及從其上起飛的經驗，確實勝過多數我在平地搭機的經驗。

我和航母戰鬥群指揮官，當時官拜少將的詹姆斯．埃利斯見面時，情緒還未從降落中恢復，我的攝影師把握最後機會檢查我們的裝備，我則試著閒聊一下，說道：「這船還真不賴。」少將對我露出冷笑，並指向海面，有艘小船在遠處搖曳，他說：「請叫我長官。而且那才是船，這是一艘軍艦。」

這真的是艘相當大的軍艦，超過三百公尺長，飛行甲板占地四英畝，官兵超過五千名，可以載運超過七十架飛機，F－14和F－18戰鬥機日日夜夜在甲板上來回呼嘯，空中隨時都有高達十三架，他們在練習空中攔截和轟炸，埃利斯告訴我：「我們來此的目的，是要展現美國對此地和平穩定的承諾。」

航母戰鬥群共有七艘輔助艦，包括五艘戰艦及兩艘潛艦，獨立號當年已經服役三十七年，是美國海軍艦隊中最古老、經驗也最豐富的船隻，那個年代美國海軍的所有大型軍事行動，獨立號幾乎無役不與，包括越戰、入侵格瑞那達（Grenada），以及沙漠盾牌行動（Operation Desert Shield），當時其在波斯灣實施了禁飛區，後演變成第一次波斯灣戰爭。艦隊部署到臺灣前，獨立號原本停泊在日本的港口城市橫須賀外，橫須賀座落於富士山的陰影之下，東京西南方約五十公里處。而獨立號主要的活動地點原先是朝鮮半島。

加上尼米茲號航母戰鬥群後，這便是自一九五八年的金門危機以來，美國在臺海地區規模最大的海軍兵力集結，目的便是要威嚇中國，也成功使其不敢越雷池一步。雖然北京當局抱怨連連，仍無法干預選舉結果，而且如同我們稍後將會討論的，臺灣的民主此後更是越挫越勇、越發興盛。

不過中國確實學到了一課，在不遠的未來，當解放軍開始大規模擴張及現代化後，美國海軍便注定再也無法如此自由的來去臺海了，用軍事術語來說，中國採取了所謂的「反介入／區域拒止」（A2/AD）戰略，目的便是透過威脅美國，若再度嘗試類似一九九六年的干預，將遭遇無法接受的損失，阻止美國海軍接近中國海岸。

詹姆斯．埃利斯少將在負責指揮獨立號航母戰鬥群，並監督其在臺灣外海進行軍演超過二十五年後，也承認情勢已大幅改變，他在加州家中透過雲端會議軟體告訴我：「他們（中國）發誓這種情況絕對不會再發生第二次，而他們現在也相當成功，雕琢出了一個戰略，讓美軍的如法炮製變得更具有挑戰性，也更加困難。我現在已經不能毫髮無傷的前往以前去過的地方、做我以前做過的事了，這是個截然不同的環境，他們當時並沒有所謂的航母殺手東風21丙型彈道飛彈，還有今日我們所見的強大軍力。」

但不變的是北京當局嚴重的偏執，「我後來從情報來源得知，一九九六年時中國甚至以為我們是特別挑選的，他們認為我的航母戰鬥群獲選前往臺灣，是因為旗艦的名稱『獨立號』，他們以為這就是原因。我不禁笑了出來，心想，要是我們那時有這麼聰明就好啦。」

埃利斯後來到歐洲指揮美國艦隊，並在一九九九年科索沃危機[6]期間，帶領美國及北約部隊進行作戰及人道行動，他在二〇〇四年結束軍旅生涯前的最後一個任務，是擔任美國戰略司令部（US Strategic Command）的指揮官，負責監督美軍的戰略核武庫，換句話說，他是經驗相當豐富的軍人。他目前則是在史丹佛大學（Stanford University）的胡佛研究所（Hoover Institution）帶領國防任務部門，這也讓他回到原點，回到了臺灣。

他告訴我：「中國已經不再韜光養晦了，因為現在就是他們的時代，顧忌已越來越少。」目前在美國的政策制定者及軍事策略家之間，臺灣是受到最多關注的主題，而**在中國漸增的侵略面前，也已出現一種認知，即過往數十年的相關政策、圍繞臺灣這個島嶼的地位，以及美國協防意願上的模糊性、含糊心態、障眼法，已經不再站得住腳**，這些都是建立在已無法繼續維持的虛假敘述上。

「很顯然，這已經成為了大問題。」埃利斯表示。

臺灣就是上次冷戰期間的西柏林

有關臺灣的這種含糊心態，是建立在已有數十年歷史的「一個中國政策」上，各方理論上都同意，但這比較不像是個政策，反倒是個供人反對的協議，在這些年間，已經成了一種不斷演變的口頭扭曲及混淆。一中政策的中心概念，是世界上只有一個中國，而臺灣屬於這個中國的一部分，一九七二年，北京當局和華府初次達成協議時，這樣的模糊性還看似頗為合理，因為當時臺海兩岸都宣稱自己是整個中國的合法統治者，這樣的說法迴避了「一個中國」實際上究竟是什麼的問題，並擋下所有有關何時統一以及如何統一的討論。

但現今有許多人開始質疑，這個目標是否依舊是各方尋求或可行的，因為當初有許多假設都已不再成立，甚至根本從一開始便不成立。如同我在本書稍後將深入檢視的，臺海雙方已踏上截然不同的道路，且民主臺灣的大多數人已不再認同中國，同時在政治上也不想要和習近平正在建立的反烏托邦國家有任何牽連。

「一中政策」是另一個時代的產物，該詞首次出現是在一九七二年，時任美國總統理查・尼克森（Richard Nixon）劃時代訪中期間發布的《上海公報》中，目的是要安撫北京

6 編按：一九九九年北約部隊對南斯拉夫聯邦共和國的軍事行動，以回應後者對科索沃發動的種族屠殺行為。

當局，並盡可能維持華府當局和臺灣的關係，當時臺美雙方還有正式的外交。雙方建交自一九四九年蔣介石打了敗仗，帶著衣衫襤褸的國民黨軍隊撤退到臺灣，建立中華民國流亡政府後便一直維持。在那段期間，美國是從冷戰反共的角度看待臺灣，他們將勇敢的蔣介石視為「自由中國」在臺灣的領袖，他也以全中國合法統治者的身分，享有美國強大的外交及軍事後援。

但隨著地緣政治的變遷，這樣的敘述也開始轉變，尼克森及他的國務卿亨利・季辛吉（Henry Kissinger）和北京當局破冰的七年後，由吉米・卡特（Jimmy Carter）總統領導的當局讓中美關係正常化，在外交上的認定也從臺北變成北京，**這樣的轉變至少有部分是因另一種冷戰思維驅動，將中國視為平衡蘇聯的有效勢力**，因為彼時，這兩個共產巨人之間開始出現嫌隙。而美軍後來也適時從臺灣撤出，雖然美國仍持續供應武器供臺灣自衛，同時卻也對要是臺海開戰，他們將作何反應持模糊態度，這樣的政策後來便稱為「戰略模糊」[7]。

後來版本的「一中政策」，則強調應致力於「和平解決」臺灣問題，這表示統一只會以和平形式、在雙方同意下到來，中國在鄧小平統治下採取改革開放政策時，對華府當局的許多政策制定者，甚至是臺灣來說，這似乎也不是個太不合理的目標。他們認為在未來的某個時刻，這兩個政經系統將會結合，那時中國將會更為開放繁榮，帶來更高度的自由主義及民主，進而使臺灣更願意接受某種形式的統一，如同詹姆斯・埃利斯少將的看法：

「某種程度上來說，我們在一九七〇年代時有點算是放棄了保衛臺灣的正式承諾，因為我們以為中國在某個時間點會成為慈愛的父母，再次接納這個孩子。某種意義上而言，**當初許下那些承諾的背景，是預測了一個中國尚未抵達的未來，但現在看來，這個未來也不會到來了**，而這會改變一中政策背後的基本假設及宗旨嗎？我也不知道。」

這些年間，「一中政策」都將臺灣視為一個更廣大敘述的一部分，只是更寬廣地緣政治中的小角色而已，而非一個擁有能動性的重要角色，值得受到獨立看待及尊重。臺灣和中國之間的衝突，太常遭描繪成家庭紛爭，是國共內戰的未竟之事，而不是將臺灣當成一個擁有悠久、獨特的歷史文化，且值得享有自決權利的國家。值得注意的是，有許多當代評論家就這麼輕易接受了北京當局的敘述，特別是中共對於臺灣「回歸」祖國的那套說法，但歷史卻顯示臺灣和中國之間的關係其實更為複雜，且北京的主權宣稱至少也有可議之處。

如同我稍後會詳加檢視的，目前的兩種發展更是讓「一中政策」顯得極為過時：臺灣蓬勃發展的民主，以及北京當局在中國推行、越發盲目的愛國主義，其將「收復」臺灣視為重

7　有關「一中政策」演變之深入概覽，請參見凱瑞・布朗（Kerry Brown）及吳姿慧（Kalley Wu Tzu-hui，音譯）所著之《臺灣問題：歷史、美國、崛起的中國》（*The Trouble with Taiwan: History, the United States and a Rising China*）一書。

要的原則。臺海兩岸的發展，目前正快速朝相反方向奔去，民主和多元已成為臺灣認同的一部分，這樣的身分正在成長，且相當獨特，並由成功的高科技經濟支撐，這座島嶼很可能是全亞洲最自由的地方，生活水準在世界上也名列前茅。

而中國在習近平的統治之下，雖也變得更為富有，但對所有批評中共的人而言，都成了一個黑暗又危險的所在。習近平已使自己成為毛澤東之後最強大的領導人，不僅無法容忍異議人士，也無法忍受中國內部存在任何不同文化或民族身分，他對新疆維吾爾族的壓迫便是一例。科技對習近平也很重要，只不過是被當成維護他統治的工具，一個世上前所未見的監控國度。

臺灣這座島嶼之所以對習近平造成威脅，是因為其代表一個不同的未來，是各種對立價值的展現，以及中國有可能成為的另一種模樣。正因如此，也引來了**將臺灣比擬為上次冷戰期間西柏林的類比，並出現呼籲，認為應該要正視臺灣的防禦，程度如同當年那座圍牆矗立的德國城市**。如果中國攻打臺灣，就不單單只是領土奪取這麼簡單而已，而是對其他有著類似價值的國家所提出的直接挑戰，首當其衝的便是美國。

務實的鄧小平將臺灣視為可以等到未來世代再去解決的問題，並專注在經濟發展上，他的後繼者江澤民和胡錦濤雖增強了臺灣論述，卻從來都沒有足夠的軍事力量可以有太多作為。習近平現在則有了手段跟意識形態，他的「中國夢」是個國家復興的大夢，由歷史的積怨及民族優越性支撐，復興偉大漢人中國的目標，沒有空間容得下現代臺灣特色的複雜身分，以及其他與其競爭的主權或治理概念。「收復」臺灣在習近平的世界觀中非常重要，而從這樣的思路看來，他也成了自身論述的囚徒。

這些年來，中國對臺灣的政策軟硬兼施，結合威脅利誘，如同在金門所展現的，威脅之間會點綴促進經濟、文化、社會連結的利誘，中國訴諸臺灣人的情感和錢包，同時也警告要是臺灣正式拒絕其求歡，將面臨嚴重後果，但這兩者都沒用，於是習近平現在堅定的轉向使用脅迫手段。

北京當局試圖在國際上孤立臺灣，在威嚇上也動作更大、更具侵略性，對象還包括那些違背其敘述，認為臺灣不屬於中國的國家、企業、甚至公眾人物。而在大秀軍事肌肉、大聲嚷嚷統一的同時，**中共也開始對臺灣掀起「灰色地帶」作戰，形式五花八門，包括經濟脅迫、網路攻擊、認知作戰、假訊息等**，對於那些在中國試圖於全球各地強取豪奪期間，與其打交道的國家來說，這些工具可說是越發熟悉，而在中國的自家後院：南中國海，情況更是如此。

第2章 二戰以來最大的領土奪取——南中國海

「中國，我的朋友，我該怎麼客氣的表示呢？讓我想想……噢，有了……幹他媽的給、我、滾、出、去。」

——菲律賓外交部長提奧多．洛欽二世（Teodoro Locsin Jr.），二〇二一年五月

這句話或許是史上最不外交辭令的外交辭令了。二〇二一年五月，菲律賓外交部長提奧多．洛欽二世在推特（Twitter）上怒嗆北京當局，因為中國派出超過兩百五十艘「漁船」到菲律賓南中國海領海內的某座礁岩附近：「中國，我的朋友，我該怎麼客氣的表示呢？讓我想想……噢，有了……**幹他媽的給、我、滾、出、去**。」他接著還在推文中將北京比喻成一個「**醜白痴**」。

洛欽的頂頭上司，罵起髒話來也不是省油的燈的菲律賓總統羅德里戈・杜特蒂（Rodrigo Duterte），告訴他冷靜點。不過其實很容易就能理解洛欽的憤怒和挫折，菲律賓參議員龐菲洛・拉克遜（Panfilo Lacson）也在推特上表示：「外交部發出的所有外交抗議都遭到無視，彷彿根本沒發出任何通知一樣，持續的侵擾及霸凌終於讓他氣炸了。」

更火上加油的，還有杜特蒂極力試圖討好中國，背叛他在傳統上的美國盟友，他如此無所不用其極的避免冒犯北京當局，二〇一六年時甚至還想破壞自己政府在國際法庭上取得的勝利，該次判決將中國在南中國海的各式領土宣稱宣判為無效。

假避難真民兵，連杜特蒂都不放在眼裡

成群的中國漁船停泊在「牛軛礁」附近，這是南沙群島中一座迴力鏢狀的島嶼，距離菲律賓巴拉望島（Palawan）約兩百八十公里遠，絕對位在其兩百海里[1]的經濟海域之內。漁船在此停泊了好幾個星期，衛星照片顯示，船隻整齊的排排站、斗大的中國五星旗在船頭飄揚。北京當局宣稱這些船隻只是躲避惡劣天氣的漁船，但其規模和停留時間卻前所未見，熟

1 編按：一海里為一・八五二公里。

悉北京戰略的分析家，也將其視為「灰色地帶」作戰海上民兵的一部分，中國越來越常使出這招，當成其領土宣稱的前鋒。

牛軛礁根本就不是什麼重要的資產，長僅九·六公里，還只有在退潮時才會現出水面，且距離中國更超過一千零四十公里，是該地與菲律賓距離的將近四倍。但對中國來說，這在其試圖控制南中國海的努力中，算是又完成了一項目標，中國宣稱南中國海有九〇%都屬於其領土，此地是個超過三百二十萬平方公里的區域，是英國面積的十三倍大。即便帝國勢力的領土擴張通常與陸軍進占有關，但**中國在這麼廣袤的區域主張主權，仍代表著自二戰以來規模最大的領土奪取**。

二〇一三年，菲律賓便曾使用雙方都批准通過的《聯合國海洋法公約》（*United Nations Convention on the Law of the Sea*，縮寫為ＵＮＣＬＯＳ），挑戰中國的領土宣稱，該案算是個里程碑，源自中國霸占位於菲律賓南中國海經濟海域內的另一座礁岩：民主礁（Scarborough Shoal）。而北京當局對此次法律行動的回應，則是禁止進口菲律賓重要的兩種出口商品：香蕉及鳳梨，當作經濟制裁，數千噸水果在中國港口遭到扣押及銷毀。

在升溫的情勢下，我來到菲律賓軍隊在巴拉望公主港（Puerto Princesa）的西部指揮中心總部，這是距離爭議發生的南沙群島最近的地方。我的目標是混上補給艦，前往「母親山號」（Sierra Madre）生鏽的船殼，這是一艘二戰時期的舊坦克登陸艦，菲方刻意使其擱淺在仁愛暗沙，代表馬尼拉當局對該礁岩的主權宣示。

該船上住著一群孤立無援的菲律賓海軍，而他們唯一的補給方式，便是在夜間透過木製漁船或其他小型船隻，躲避裝備更為精良的中國海警隊包圍，這趟一百六十公里的航程即使在情況最好的時候也十分凶險，但讓我們失望的是，菲國海軍最後認定，在如此緊張的時刻帶上一組攝影人馬前往該地，其中風險實在太大，也太過挑釁。

他們以邀請我們見證突擊行動作為替代，目標是海岸更遠處某座隔絕的海灣，這是和美軍進行年度軍演的一部分，當地稱為「Balikatan」，意為肩並肩。我們看著一組聯合部隊帶著槍枝、搭乘充氣艇潛入、對海灣發動突擊，接著在煙霧彈產生的濃厚煙霧掩護下，對「恐怖分子基地」展開震耳欲聾的攻勢。

在背景迴盪的槍聲及爆炸聲中，一名美國海軍發言人表示這些都司空見慣，而菲方精力充沛的發言人尼爾．艾斯特拉（Neil Estrella）講話則是更為直白，指著南中國海的方向表示：「中國人，什麼都說是他們的。」他是名神采奕奕的男子，戴著不斷從鼻子滑下來的鏡面太陽眼鏡，並一臉不屑補充：「再來他們就會說美國也是他們的啦。」美國和菲律賓之間簽有共同防禦條約，但即便他們正在巴拉望舉行聯合軍演，馬尼拉當局也出現越來越多抱怨，認為美國在民主礁事件上沒有和他們肩並肩，甚至在中國的淫威前夾著尾巴尷尬撤退。

三年後，二〇一六年六月，荷蘭海牙（Hague）的常設仲裁法庭（Permanent Court of Arbitration）宣判時，裁決結果對菲律賓極為有利，其五百頁毫無異議的判決書，可說是激烈駁斥北京當局對南中國海宣稱的「歷史權利」，並認為在《聯合國海洋法公約》下，北京的主張根本不合法。法庭表示中國因干擾菲律賓的漁業和石油探勘，侵犯了其在經濟海域的主權[2]，北京當局則迅速表明自己根本無意受到國際法約束，憤怒的反對裁決，中共官媒《環球時報》便將其形容為「極端、無恥」，並表示「這是對中國領土主權和海洋權益的悍然否定」。

根據謠言，杜特蒂之所以成功選上總統，背後是有中國資金的幫助，而他在裁決公布前幾天才剛上任，結果公布後他心情頗為低沉，幾乎像是自己輸掉了一樣。他似乎相當擔憂中國的反應，因為收到來自北京的警告，表示如果他堅持實行裁決結果，可能會出現潛在「衝突」。而杜特蒂也迅速和美國交惡，二〇一六年十月初，時任美國總統巴拉克·歐巴馬（Barack Obama）批評他殘忍的反毒戰爭，其中有數千名嫌犯未經審判便遭槍決，他則表示美國總統可以「下地獄去」。

此言一出的幾天後，杜特蒂便首次出訪北京，並在此宣布他所謂的「脫離」美國，甚至一度向中國首都的群眾表示：「我再也不會去美國了，我們在那裡只會被侮辱，所以是時候跟我的朋友說再見啦。」

實務上，菲律賓和美國的軍事連結仍然維持，只不過是在較低層級，但政治上的信任已所剩無幾，杜特蒂顯然認為安撫中國會為他帶來好處，而起初看來也是如此。中國以數十億美元的基礎設施承諾回應他，他也將法庭的仲裁形容為「只不過是張紙」，可以丟進垃圾桶，並把中國稱為朋友和恩人。

或許他打的算盤是認為《聯合國海洋法公約》的裁決根本不可能強制執行，而且菲律賓的軍隊跟中國相比根本毫無勝算，他的支持者也持續指出美國在民主礁的對峙中極不可靠，他還不斷威脅要徹底撕毀和美國簽訂的《軍隊互訪協定》（*Visiting Forces Agreement*，縮寫為VFA），也就是雙方共同防禦條約的基礎。

二〇二一年底，隨著杜特蒂的六年任期即將結束，北京當年承諾的投資卻大多沒有成真，且比起感激，他得到的反而是輕視，中國漁船開始塞滿牛軛礁，徹底忽視菲律賓蒼白無力的憤怒。杜特蒂的總統大位，是建立在侮辱美國及對中國磕頭之上，而南海仲裁案的五年後，這個政策卻什麼成果也沒得到。他為大家提供了很棒的負面教材，告訴我們不要輕信中國，杜特蒂政府又躡手躡腳的回歸美國懷抱，不屑的北京當局則持續施壓，行為越發侵略，準備要把南中國海變成「南中國湖」。

南中國海的利益，價值上兆

中國的地圖將其宣稱在南中國海擁有的廣大領土，描繪成位於一段U形線內，這條線從

2　這起完整的《聯合國海洋法公約》裁決，請參見海牙常設仲裁法庭網頁：https://pca-cpa.org/en/cases/7/。

中國最南端省分海南島的南側和東側往外延伸數百公里、相當破碎，理由很可能是因為這是海上邊界，而非陸上邊界，並因此得名「九段線」。每一份在中國生產及販賣的地圖，都必須標示這條線，還要加上中國東海的第十段：把臺灣納入，將整個區域劃入中國的領土範圍內。這條線也出現在每一本中國的教科書及中國護照中，緊鄰菲律賓、馬來西亞、汶萊、越南的海岸，這些國家的領土宣稱全都和中國有歧異，且常常彼此重疊，臺灣也是。

因此，南中國海可說是世上競逐最激烈的海域，但沒有任何國家的領土宣稱，無論在規模和無恥程度上，像北京當局一樣獅子大開口。九段線的形狀類似牛舌，這或許也是最貼切的形容，因為這代表某種不確定、不斷變動、卻強大的事物，一部可以用許多方法使用的戰略裝置。對北京而言，這可以激起國內的愛國主義，並進一步獲取戰略及經濟利益。

九段線首次出現是在一九四七年，中共掌權兩年前的中國官方地圖上，不過某些學者也將其起源追溯至一九三〇年代初。當時中華民國提出的十一段線，包含南中國海九〇%的面積，以及數百座岩石、礁岩、沙洲、淺灘，大多數都無人居住或是根本無法住人，甚至有許多只在退潮時才看得見，常常就只是稱為「地形」而已。

一九五二年，毛澤東刪除了其中兩段，他為了表示社會主義的團結，將北部灣交給越南，這張地圖此後便塵封了五十七年、無人聞問。直到二〇〇九年，九段線才在北京當局遞交給聯合國的地圖中重新出現，諷刺的是，正是在中國和越南的領土爭議中，兩國的關係此時已不再稱兄道弟，比較像是公事公辦。

二〇一〇年起，北京開始加大領土宣示的聲量，並且越發積極實行，這恰好和習近平開始掌權，中共採用更加愛國主義的論調時期重疊。對於南中國海主權的宣稱，是建立在「歷史權利」上，北京當局聲稱中國對這片海域的控制，可以追溯至數個世紀前，且此地兩個主要的島鏈：東南方的南沙群島及西北方的西沙群島，都是中國神聖不可分割的一部分。但根本沒什麼證據可以支持這番說法，使得中國以外的大多數專家皆對此嗤之以鼻，《聯合國海洋法公約》的仲裁也將其駁為不符合國際法原則。

而中國的領土宣稱，是刻意如此模糊的，中國從未精確又詳細的指出九段線代表的意義，到底是只主張線內島嶼的主權，還是涵蓋整片海域的主權，包括位在牛舌範圍內的所有水域、資源、地形。但他們的行為卻越發像是自己真的全盤通吃一樣，透過會讓許多小型海軍自慚形穢的強化海警隊，積極的在島鏈巡邏。

二〇二一年九月，北京當局還頒布了新法，要求所有外國船隻在進入「中國領海」時，都要事先通知，但這條法律跟許多中國法律一樣，缺乏明確的指示，看來似乎也違反了海洋法，馬上遭到美國駁斥，美軍在此區的最高指揮官便表示，若中國試圖實施這條法律，可能會導致「潛在衝突及不穩定」。

以一八四三年發現此地的英國捕鯨船長命名，又稱「史派特利群島」（Spratly Islands）的南沙群島，可說是南中國海主權爭議的重點，此地由超過一百處地形組成，大多數是位於具有重要戰略性的漁場和航道上的珊瑚礁及沙洲，且海面下也可能蘊藏石油及天然氣。

二〇一三年，中國在七個地點展開大規模的填海造陸；二〇一五年，時任美國太平洋艦隊司令哈利・哈里斯（Harry Harris）上將便把建造人工島的過程，戲稱為「沙洲長城」[3]，同年九月，歐巴馬總統在華盛頓舉辦的高峰會上，和習近平對質此事。習近平雖重申中國「自古以來」便擁有此地的主權，卻也保證不會在新造的島嶼上駐軍，他表示：「中國在南沙群島所做的相關建設不針對或影響其他國家，中國也不會追求軍事化。」

但這是個謊言。一年多後，預定填海造陸的區域已來到十三平方公里大，中國正把礁岩和環礁變成島嶼堡壘，興建軍事機場和海軍基地，同時部署防空及反飛彈系統，菲律賓《詢問報》（*Inquirer*）獲得的航空照片，顯示中國已興建「燈塔、雷達遮罩、通訊設施、機庫、多層建物」，也指出存在地下隧道、防空洞、雷達、高頻率天線等設施。

中國加緊建設腳步，繼續獅子大開口主張主權，同時威脅及騷擾質疑者，並在二〇一九年七月的國防白皮書中，重申該地是中國領土「不可分割」的一部分，且「中國在南海島礁進行基礎設施建設，部署必要的防禦性力量，在東海釣魚島海域進行巡航，是依法行使國家主權」。北京當局將此區視為其「核心利益」，該詞是用在其認為無可辯駁的事項上，或是如解放軍海軍北海艦隊司令員袁譽柏所稱：「南中國海就像其名字的意味那樣，是中國的……因為它在歷史上，從唐朝開始，中國人就在這些島礁上有活動。」

北京當局對南中國海的主權宣示，除了是習近平愛國主義事項的重要部分外，也受到戰略考量驅策，背後的基礎則是根深柢固的不安全感。中國三面環陸，共和十四個國家接壤，而從唯一面海的東側望出，則遭遇一連串的島嶼阻礙，北起俄羅斯的堪察加半島，南至印尼婆羅洲，屏障的一部分則由日本、南韓、菲律賓組成，這些國家全都是美國的盟友，當然也還有臺灣阻礙。

南中國海因此在戰略及經濟上都算是個瓶頸，中國目前也仍嚴重依賴中東的石油，約有八〇%的石油供應是經由麻六甲海峽從印度洋輸入，並經過南中國海，且中國也有約四〇%的貿易走的是相同路線[4]，正是這種艱鉅的地理位置，使得中共越發偏執，深怕自己在各方面「受制」。

中國在南中國海無疑擁有戰略利益，但世界上其他國家也是，此地是最重要的全球貿易路線之一，每年的貿易總值約為三兆三千七百億美元[5]。根據估計，南中國海貿易量占世界貿易的比例，介於二〇%至三三%之間，全球每年也有將近三分之一的原油和超過一半的

3 參見哈利．哈里斯司令在坎培拉澳洲戰略政策研究所（Australian Strategic Policy Institute）的發言，二〇一五年三月三十一日，由美軍太平洋艦隊出版：https://www.cpf.navy.mil/leaders/harry-harris/speeches/2015/03/ASPI-Australia.pdf。

4 有關南中國海貿易的深入分析，請參見「中國實力」網站維護的資料庫之〈南中國海地區的貿易量〉（*How Much Trade Transits the South China Sea*）一文，二〇二一年一月二十五日更新，https://chinapower.csis.org/much-trade-transits-south-china-sea/。

5 同上。

液態天然氣經過此區，且確保一條能源供應路線，也對日本、南韓、臺灣的經濟發展極度重要。此外，全球也有超過一半的漁船位於南中國海，數百萬人仰賴這片海域的食物維生，只不過漁獲量已因過度捕撈而降低，競爭對手則怪罪在中國大型艦隊的侵略性擴張上。

已有大量推測指出，此處的海床可能蘊藏豐富資源，但石油和天然氣相關探勘仍頗為受限，此外，和中國關係緊張的另一原因是，北京當局大力阻撓其他國家的探勘嘗試，並對西方的石油公司施壓，要求他們不要和他國合作。而此地石油和天然氣蘊藏量價值的相關估計，也有頗大的歧異，中國方面給出的數字認為價值高達六十兆美元，是美國提出數字的十倍，且美國也認為多數資源都位於南中國海邊緣，而非在出現爭議的礁岩和島嶼下方，美方也指控中國透過脅迫阻礙該區發展，並導致鄰近國家無法取用價值兩兆五千億美元的能源。

造大船、闖深海、捕大魚，在別人家的海

對中國來說，南中國海可說是某種聖杯，中國對爭議島嶼的主權，全都維繫在一本六百年前的航海書籍《更路簿》這項「毋庸置疑的證據」上，這本手抄書籍據說是由一名退休漁民蘇承芬所有，而在二〇一六年《聯合國海洋法公約》仲裁案的一系列事件中，他飽經風霜的臉龐占據了所有中共官媒的版面，解釋著他這本書是如何代代相傳，引導他和遠親前往南中國海各處偏遠的礁岩。《中國日報》也引用中國國家海洋局海洋發展戰略所所長高之國的

話，怒吼道：「它是鐵證……我們從中可以推導出，中國在南海的歷史性的捕魚權、航行權和所有權。」

只不過這本書根本就不存在，英國廣播公司（British Broadcasting Corporation，簡稱BBC）的電視臺團隊，在海南島東海岸的漁港潭門找到一頭霧水的蘇老先生，並來到他家中，發現他正忙著在離海灘頗近的院子裡打造一艘模型船。問及那本書時，他表示：「主要是在教我們怎麼前往某個地方並回來，怎麼去西沙群島和南沙群島，還有怎麼回到海南島。」但是當記者跟他要書時，他卻說他扔了：「翻閱太多次了，手上的鹹海水腐蝕了書……後來根本就沒辦法讀了嘛，所以我把書給丟了。」

如果說這本書真的是什麼事情的鐵證，那就是北京當局為了維護其南中國海敘述，願意無所不用其極的操弄事實到什麼程度。海南島是個熱帶島嶼，從中國南部的海岸凸出，中共時常頗為超現實的許多官宣都是來自此地，運用神話和情感來為自己的行為辯護。

海南是中國南海研究院的所在地，還有一座中國南海博物館位於海南的潭門，這座博物館相當巨大，是新建的，擁有閃閃發亮的雙層斜屋頂，應該是要模仿海浪，也可能是要模仿一艘船，端看你從哪個角度觀察。「她時而像匍匐在大地，時而像浮在空中，伴隨著椰風海韻，默然不動，宛如神奏。」某個建築網站便如此讚嘆道。如果這段敘述聽起來彷彿不屬於塵世，那也很合理，因為這座博物館和研究機構述說的都是平行世界的故事，是根據神話而非歷史，其重要目標就是支撐中國的論述，宣稱南中國海自古以來便屬於中國。

這些操作也和資金雄厚的中國國家水下文化遺產保護中心互相唱和，他們將考古學當成武器，所有文物，從海面下的沉船，到從深海打撈上來最微小的杯、盤、碟碎片，都成了官宣的道具，用來展現中國對南中國海「不可動搖」的權利。

如果說中國的海洋神話有什麼象徵人物，那肯定非鄭和莫屬，他是名宦官將軍，於十五世紀初的明代前往南中國海及印度洋，展開一系列史詩旅程。中共官方不僅將他視為中國主權的象徵，也代表其「和平崛起」，官宣將他描繪為一名勇敢的探險家，拓展了中國的影響力，並控制了海上，但尋求的只有「友誼和合作」。二〇一七年，習近平在一帶一路論壇開幕式上的演講中表示：「這些開拓事業之所以名垂青史，是因為使用的不是戰馬和長矛，而是駝隊和善意；依靠的不是堅船和利砲，而是寶船和友誼……他們被認為是友好的使者。」

鄭和的重大貢獻規模毋庸置疑，他的七趟遠征中，每趟都有五十至兩百五十艘寶船，還有超過兩萬名全副武裝的將士，輕易便成為當時最為先進的海軍。但有更多中立的歷史學家，將鄭和的遠征視為「砲艦外交」之舉，目的便是要震懾他國，使其敬畏中國，以便控制貿易路線，並對不願向大明帝國稱臣者燒殺擄掠。

而或許那個時代最耐人尋味的一點，便是一切是如何一夕之間突然覆滅。就在中國的海上勢力看似要達到顛峰之際，明朝統治者實施鎖國政策，禁止所有航海活動、關閉造船廠，並將海軍縮減成小型的海防兵力。確實，除了明代那段曇花一現，以鄭和為代表的積極活動期之外，後繼的朝代都對海上探勘興趣缺缺，大大阻隔了自身與海洋的連結，因而現代的海洋法對中國所謂「歷史權利」的模糊宣稱，態度相當謹慎，也可說毫不意外，特別是在南中國海地區，中國的權力和影響力就算曾經存在，也相當流動易變。沒有太多證據支持有任何勢力曾用有意義或持續的方式，在此地行使主權，當時還沒有這種概念，也沒有必要。凌駕於一切之上的是貿易，而那幾個世紀間的中國朝代，對此事的態度顯然相當反覆。

中國官宣常會把蘇承芬這類漁民描繪成刻苦耐勞、技藝純熟的手藝人，靠著自身的智慧維生，並使用漁人代代相傳留下的知識、直覺、古書，在遙遠的海中導航，但事實上，潭門海岸林立的許多笨重漁船，根本就沒有什麼悠久傳統。

這些漁船是五百噸的現代鐵殼船，配有最先進的衛星導航及通訊設備，接受過基本軍事訓練的船員，也是潭門海上民兵的成員，習近平將其譽為「模範單位」，在港口當地的政府辦公建築中，甚至還有自己的博物館。潭門民兵在二〇一二年的民主礁對峙中扮演要角，他們的船隻負責騷擾及阻擋菲律賓人，隔年，習近平便造訪潭門，稱讚他們的努力，並拜訪博物館，還鼓勵他們「造大船、闖深海、捕大魚」。

這是個頗為模糊的指示，引發了一陣建設和現代化狂熱，中國政府開始大量補助造船，對民兵成員也提供有條件津貼，於是民兵現在由數百艘船隻組成，海南島的好幾個港口都有民兵單位，南沙群島的三沙市也有，負責管轄中國宣稱在南中國海擁有主權的所有地方。

二〇二一年占領牛軛礁的船隻正是來自海上民兵，並引發了菲律賓外長咒罵連連的推特，媒體將其形容為「小藍人」，和俄國二〇一四年派遣前往占領克里米亞半島的武裝「小緣人」類似，只差沒有別上標記，其他人則將其視為後備軍人。他們的主要任務似乎是待在原地刷存在感、揮揮五星旗，特別是在偏遠的南沙群島，還有蒐集情資，不過如有必要，他們也可以更具攻擊性，使用厚重的鐵船殼撞擊敵人相對來說較為脆弱的木製漁船。

海南可能位於中國塑造南中國海神話的中心，但同時也是其脅迫資產的基地，北京當局用以實施其領土宣稱，手段也越發激進，海上民兵稱為所謂的「藍船」，是中國三級強制執行系統中的第一層，另外兩層則是海警隊的「白船」，以及海軍的「灰船」[6]。

中國海警隊近來快速擴張，背後明確的目的便是要執行中國的領土宣稱，到了二〇二〇年，根據估計，他們就已擁有兩百六十艘可以在海上作業的船隻，近岸水域的船隻數量則有超過一千艘，數量增加最多的，便是噸數超過兩千五百噸的大型海上巡邏船，從二〇〇五年的只有三艘，變成二〇二〇年的預計六十艘，其裝備包含直升機、攔截船、甲板槍、大容量的水砲。此外，中國海警隊也是世界上規模最大的海巡隊，船隻數量比鄰近國家所有海巡隊的總和還多，其中還包含世界上最大的兩艘海上執法船隻。

中國海警隊自二〇一八年改組之後，便信心大增，成為狠角色，包括護送中國的研究船隻到越南經濟海域進行震波探勘，還阻止了馬來西亞的石油探勘活動。二〇二〇年四月，一艘三千五百噸的中國海警隊船隻，還在河內當局宣稱擁有主權的海域，衝撞並擊沉了一艘越南的木製漁船。二〇二一年初，中國頒布了新的《海警法》，賦予其船隻權力，能夠管理、控制、攻擊侵犯其「管轄海域」的外國船隻，該法也賦予中國海警隊權利，可以在中國宣稱擁有主權的海域，強制登上涉及「非法」活動、不願配合的外國船隻。

和許多中國法律相同，《海警法》措辭相當模糊，但卻賦予中國海警隊權力，可以「採取包括使用武器在內的一切必要措施」，來阻止侵害中國「主權」的外國人，中國大為光火的鄰國則指出，由於中國的領土宣稱已由國際仲裁法庭宣判為無效，那麼《海警法》本身應該也違反了國際法才對，但北京當局卻不為所動。

海南同時也擁有某些中國最為先進的海軍資產，集中在兩個相連的海灣：亞龍灣及榆林灣，位在海南島南端的熱門觀光景點三亞市東側。二〇二一年四月，在中國人民解放軍海軍建軍七十二週年的紀念活動中，習近平便造訪了亞龍灣基地，為三艘新戰艦授旗授證，包括可以載運數十架直升機、垂直起降戰鬥機、坦克、多達一千兩百名士兵的兩棲攻擊艦「海南艦」、飛彈驅逐艦「大連艦」、據傳有辦法載運十多枚洲際彈道飛彈的核動力潛艦「長征十八號艇」。

中共官方電視臺播放了數百名身穿白衣的水手，沿著船隻甲板及港邊立正，並在面無表情的習近平站上他們面前的平臺時，同步爆出如雷掌聲，中共領導人身穿脖子處沒有扣上的卡其色襯衫，將旗幟和命名證明授予三艘戰艦的艦長和政委。《環球時報》表示兩棲攻擊艦

6 出自美國海軍戰爭學院教授艾立信（Andrew S. Erickson）在美國國會的證詞。

和飛彈驅逐艦的結合將「具備很強的奪島能力」，並引用了據說是軍事專家的宋忠平說法，他表示：「這些戰艦在解決南沙島礁、東沙群島，甚至臺灣島及澎湖列島的問題上都有施展空間。」

亞龍灣擁有亞洲最大的核動力潛艦基地，榆林灣則有各項設施，以及由驅逐艦和傳統潛艇組成的艦隊，但據傳也開始加入核動力潛艦及航空母艦，這兩處可說是中國在南中國海的部署中心。目前認為，中共若要將船隻永久駐紮於他們在南沙群島建立的人工島，可能頗為困難，因為周圍的海面情況不佳，且距離中國也相當遙遠，但也有人推測北京當局正試圖將潛艦部署在永暑礁，上面擁有最為先進的軍事設施，包括一條夠長的跑道，足以讓任何飛機起飛，從戰鬥機、重型運輸機到轟炸機等，且此礁岩周圍的水域陡降至超過兩千公尺深，看似能成為潛艇艦隊理想的前哨基地，能夠增強中國對航道的潛在控制。

越南，最有本錢與中國對抗

在所有南中國海的玩家中，越南是最有本錢和中國對抗的，但他們在過程中相當小心謹慎，一九八八年衝突的陰影，仍縈繞在河內當局上空，當時造成六十四名越南士兵死亡，影片至今仍能在網路上找到，是從中國船隻上拍攝的，畫質粗糙，爆炸聲也頗為朦朧，搭配激動的中文旁白以及挑動情緒的軍樂，全部加起來使得片中景象更為慘不忍睹。

越南士兵站在淹沒的岩石上，水深及膝，其中一人拿著一面大旗，旗幟在手上的旗桿上飛舞，接著從中國船隻處傳來一陣平穩的重型機關槍掃射聲，水花彷彿在越南士兵四周炸開四濺，讓他們的旗幟顯得渺小無比，幾秒鐘內，就再也看不見了，整起事件簡直是以單方面大屠殺作結[7]。這便是中國奪下南沙群島赤瓜礁的那天，他們自此也在南沙站穩腳步。

而十四年前的一九七四年，中國也將南越軍隊從西沙群島趕到北方，此地現已完全處於北京當局的控制之下，這兩個日子在越南都沒有受到正式紀念，但大眾的積怨非常之深，有時也會爆發。二〇一四年五月，中國在河內宣稱擁有主權的西沙群島區域附近部署了一座鑽油平臺，這在海上引發一場緊張對峙，也在越南國內引發了致命的反中暴動和縱火，暴民鎖定中國人擁有的工廠及公司，至少造成兩名中國人死亡，北京當局則撤離了三千名國民。

到訪河內的遊客不須太費心尋找，便能發現獻給越南所謂「抗美戰爭」的紀念碑及博物館，這場為期十九年的衝突，最後以一九七五年四月西貢陷落，胡志明武裝游擊隊獲勝作結。不過河內和華府當局的關係近年仍逐漸加溫，很大一部分是因為對北京的共同擔憂，越南史學家會告訴你，和綿延千年的中國衝突相比，抗美戰爭只不過是小菜一碟而已。這源自

7 中國拍攝的赤瓜礁之戰影片，至今仍可以在 YouTube 上觀看，請參見：https://www.youtube.com/watch?v=uq30CY9nWE8。

西元前一一一年，西漢強迫越南併入中國版圖，而現代越南的國家認同，也大多反對中國。

雙方最近一次大規模衝突則是在一九七九年二月，中國派出二十萬軍隊入侵越南，目的便是要讓河內當局得到「教訓」，因為其一個月前推翻了鄰國柬埔寨由北京當局支持的赤柬政權。兩國在邊境附近激烈交戰的一個月內，就有高達五萬名士兵死亡，後來中國自行宣布「戰勝」並撤兵，結果證明，人民解放軍根本無法突破身經百戰的越南軍隊與其凶猛防守，而這場「中越戰爭」也是中國迄今發動的最後一場全面戰爭[8]。

根據估計，越南在南沙群島控制的二十七個地形中，共散布著四十九座前線基地，其中大多數是水下的礁岩或沙洲，不過也有十座左右大小不一的小島，越南正積極加強防禦，在其中一座小島上填海造陸建造了一座簡易機場、機庫，與防禦港口。不難理解為何海上邊界對河內當局來說如此重要，越南約有三分之一的人口居住在海岸邊，且半數的GDP都是來自海上活動，全國擁有超過三千兩百公里長的海岸線，並宣稱擁有從大陸棚往外延伸兩百海里，直至南中國海的經濟海域。

在南中國海，要計算哪個國家占領哪些地形，可說是個非常有挑戰性的任務，因為這視你對地形及占領的定義而定，而且宣稱擁有主權的國家還會把定義搞得更為混亂。所謂的「占領」，範圍可以從小型堡壘、其他簡易建築、菲律賓擱淺的船隻等，以及除此之外無法居住的礁岩上的主權象徵，一直到中國的大型人造島嶼都算。中國目前完全控制西沙群島，擁有一百三十個左右的地形，西沙距離中國最近，但越南和臺灣也宣稱擁有主權，而其中最大的永興島，已經變成了一座大型軍事基地，不僅擁有機場、機庫，還有一千四百名左右的平民。

而在南沙群島，中國則占領了七個地形，且如同我們先前所討論的，進行了大規模填海造陸，並建造了大型軍事設施。菲律賓在南沙群島占領了九到十個地形，馬來西亞則是五個，臺灣在南沙則只占領了一座太平島，但這是該區最大的天然陸地，當然也成了軍事基地。此外，臺灣也占領了位於南中國海北端的東沙島，就在臺灣和香港之間。這裡是個孤獨的前哨站，但位置絕佳，只要中國在南方有任何開戰意圖，臺灣就可以得到早期預警，而且也能執行反潛艦作戰任務。

讓情況更錯綜複雜的，還有鄰近國家都將「中國」兩字從這片海域的名稱中刪除，越南稱其為東海，菲律賓稱為西菲律賓海，印尼則偏好稱為北納土納海（North Natuna Sea）。雖然雅加達當局並未涉入此地的主權爭議，但中國的牛舌仍和印尼的經濟海域有部分重疊，且在印尼的納土納群島附近，也曾出現過緊張的對峙。

馬來西亞對北京當局則採取較為和緩的態度，但其耐心也一直受到嚴峻考驗，因為中國

8 有關一九七九年二月中越戰爭的深入分析，請參見沈大偉（David Shambaugh）的著作《中美爭霸：兩強相遇東南亞》（*Where Great Powers Meet: America and China in Southeast Asia*）。

不斷騷擾他們在自家領海進行能源探勘作業的船隻。根據馬來西亞政府的數據，二〇一六年到二〇一九年間，中國海警隊和解放軍海軍的船隻，共入侵了八十九次，其導火線便是卡薩瓦里（Kasawari）油田，此地距離馬來西亞東部的砂拉越（Sarawak）海岸僅約七十公里，距離中國則有將近一千九百公里。

二〇二一年六月，在十六架中國戰機接近砂拉越，且無視無線電呼叫後，馬來西亞也派出戰鬥機升空，吉隆坡當局也發出外交抗議，稱此舉「侵害空域及主權」，而中國的空中威嚇看來也和其海警隊對馬來西亞油管船的騷擾同步。馬來西亞和其他南中國海玩家相同，拒絕北京施壓，使中國無法在此區能源發展中分一杯羹。分析家也將中國的軍事騷擾，視為北京當局在警告吉隆坡不要一意孤行。

「天朝上國」的捲土重來

北京當局認為自己的兵力遠勝鄰近的其他國家，且其逐漸成長的海上霸權，也將會嚇阻對手，使他們默許其所作所為，包括個別國家以及大型的無能區域性組織——東南亞國協。而中國在此也挾帶巨大的經濟優勢，並讓大家知道他們很樂意將貿易、投資、開放國內市場，作為有影響力的武器，獎勵及制裁都可以。東協和中國已經協商了二十五年，想辦法就南中國海的區域性法規達成共識，他們目前仍在嘗試，但中國並不願意配合任何可能約束其行為的措施。

美國國務卿安東尼・布林肯（Antony Blinken）在《聯合國海洋法公約》南海仲裁案五週年之際表示：「以法律為基礎的海洋秩序，在南中國海受到極大威脅，其他地方都望塵莫及。」並指控中國試圖「脅迫及威嚇東南亞沿海國家，以這條重要全球海上高速公路的航行自由要脅」。南中國海周遭的大多數國家，在激起對立的川普任期結束後，都相當歡迎美國更積極參與相關事務，不過也仍頗為擔憂公開在美中之間日益嚴峻的對峙中選邊站。

美國和中國雙方都升級並加強了其在南中國海的軍事行動，這形成了所謂的「惡性循環」，北京當局越發囂張，不斷堅稱其主權，華府當局的回應則是持續升級他們口中的「航行自由行動」。美國同時也增加了偵察機的數量，根據美國海軍研究所（US Naval Institute）的數據，光是在二〇二一年八月，他們就部署了六組海軍任務團隊到南中國海執行任務，其中兩組來自美國，澳洲、日本、印度、英國則各派出一組。

北京當局執意在南中國海尋求戰略利益，使得沒有什麼外交或法律斡旋的空間，在他們提供的條件之外也沒有什麼協商選擇。中共使用歷史神話及國族情緒來掩蓋其主權宣稱，這背後的世界觀，也越發回溯到過往歷史上的時期，**當時這個區域是由中國的藩屬國拼湊而成**，並向皇帝俯首稱臣，而這種態度在北京當局前進東南亞時，也可說顯露無遺。

第3章 中國金援成長三十倍——東南亞各國

「中國是個大國，而其他國家都是一些小國，這是無法改變的事實。」

——中共中央外事工作委員會祕書長兼辦公室主任楊潔篪，二〇一〇年七月

數百座古老寺廟散落在廣袤的平原上，尖塔和紅褐色的磚牆在傍晚的陽光下彷彿活了過來。「中國啊，偉大的蒲甘王國就是亡於中國的。」我的嚮導輕蔑的表示，我們站在其中一座較大的寺廟高處，往外凝視著東南亞最偉大帝國之一的遺跡。

十一世紀至十三世紀間，蒲甘王朝統一了現代緬甸的大多數地區，王國熱愛興建寺廟，約有兩千座保存至今，損壞程度不一，但帝國本身早已遭忽必烈派出的軍隊擊潰。蒲甘王朝的末代國王那羅梯訶波帝在兵臨城下時倉皇出逃，而在現代緬甸的教室中，他則是稱為

「Tayok-pyay-min」，即「逃離中國人的膽小國王」之意，緬甸的詩作和歌曲在多年後的今日，也仍傳唱著對中國的反抗。

在我造訪不久前，一場地震襲擊當地寺院，造成嚴重損失，世界各國皆提議伸出援手，協助修復，其中也包括中國，但在我嚮導的眼裡看來，中國考古學家受歡迎的程度大概和忽必烈差不多，他抱怨道：「這邊也修、那邊也修，中國人想蓋的是迪士尼樂園（Disney）啦，不是要修復歷史。」我完全感同身受，我曾見識過共產黨是如何拆毀西藏拉薩的舊城，只為在原地重建一個蹩腳的複製品，我跟嚮導保證：「他們在這裡不會受到允許的。」嚮導則回答：「他們才不管呢。」

在緬甸街頭，你會以為自己身在中國

隔天一大早，我乘船沿伊洛瓦底江而上，朝曼德勒（Mandalay）前進，河況在最好的時候也堪稱危險，而在雨季時，暴漲的河水更加難以捉摸，凶險萬分。我的船在水流中發出劈啪聲、瘋狂打轉，船長才決定最好的航線應該是緊靠河岸，岸邊的河水比較平靜，他說他必須多加留意移動的沙洲和船隻殘骸：「殘骸還不少哦。」他邊說還邊微笑。

當時是二〇一七年九月，我正為我的第二本小說《第零日》（*Zero Days*）進行研究，這是本網路驚悚小說，裡面有許多駭客和其他數位詭計橋段，我的主角來到緬甸調查考古學家受到黑函勒索的案件，因為網路釣魚駭進了他的心律調節器，他只好被迫交出無價的文物。我相當期待來到曼德勒，這裡是緬甸最後一個王室首都，在我心中也是個佛教文化及信仰蓬勃發展的中心，我認為這對小說的場景來說，會是個很棒的背景，並想像我的主角在古老的木頭房屋和寺廟間尋找蛛絲馬跡。

渡過一百六十公里的水路花了超過十三個小時，等到我們停泊在城市郊區的凌亂碼頭時，已經黃昏了。從那裡開始，我就和一隻超凶猛的蚊子共享一臺破舊的日產（Nissan）計程車的後座，牠是個迷你逃脫大師，東躲西藏的，逃過我揮舞的手臂和巴掌。

外頭開始下起大雨，交通沿著淹水的道路緩慢前進，某種程度上來說，也有點像是縮小版的伊洛瓦底江，我盯著窗外蔓延的建築工地和醜陋建築骯髒的輪廓，如同成堆掛著霓虹招牌的雞蛋盒，並瞥見一間叫做「新龍」的旅館，正面是由玻璃建成，還有另一間「長城」旅館、有著中文菜單的火鍋店、各式中國時尚品牌及智慧型手機的廣告，我這是回到中國了嗎？計程車司機似乎發覺我的訝異，接續了蒲甘嚮導的話頭，他用不太好的英語說道：「**中國人是這裡的主人，一切都是中國。**」

曼德勒位於中國雲南省邊境西南方約兩百六十公里處，並成為運輸、貿易、各種走私的重要中繼點。根據某項數據，當地經濟將近有三分之二掌握在中國人手中，且該城一百二十萬的人口中，有高達一半都是中國人，

即便曼德勒早已存在華人社群，大多數中國人卻都是最近才到來的，只不過當地的生

意人表示，確切的數據很難統計，因為許多人都是透過賄賂移民官員而獲得緬甸國籍。曼德勒仍是緬甸超過半數以上僧侶的家園，但這個古老的宗教中心，如今已林立擠滿中國客的商店，他們想弄到手的是玉及其他緬甸聞名的寶石，市場中的商店也塞滿中國製的衣服、消費性商品、化妝品。中國也將影響力延伸至當地媒體，市政府也和中國電信巨人華為簽約，由其負責供應監視器和其他設備，屬於所謂「安全城市」計畫的一部分。

中國顯然是緬甸最重要的貿易夥伴、投資者與恩人，但正是在緬甸的第二大城曼德勒，中國的影響力才顯得如此無遠弗屆，他們的確帶來了新的繁榮，但也不難發現當地對這些新來者的不滿，他們某些行為可說是相當冒犯，而且違反文化。當地的喜劇演員將緬甸稱為「中華緬甸聯邦共和國」，曼德勒則是「雲南省曼德勒」，當地著名歌手玲玲（Lin Lin）的歌曲〈曼德勒之死〉（*Death of Mandalay*）也哀嘆：「我出生的城市早已不在，城裡的這些人是誰？」也如同歷史學家吳丹敏（Thant Myint-U）所寫的：「使用恐懼一詞就太強烈了，但是對中國的焦慮，已深植在緬甸人的思維之中。」

軍政府、翁山蘇姬、毒品金三角的叛軍，都是北京代言人

二〇二一年二月一日，緬甸軍隊發動政變奪權，推翻了翁山蘇姬領導的國家民主聯盟所獲得的壓倒性大選勝利。在將近十年的時間內，這些穿著制服的軍人都只是在忍受民主統

治，從頭到尾都在為自己保留可觀的權力，而現在他們想要一次奪回來，使緬甸回到殘酷獨裁軍政府統治的那段黑暗歲月。

在一九六二年至二〇一一年期間，他們摧殘整個國家，政變引發國際社會強烈譴責，但不包含北京當局。中國甚至還拖延聯合國安理會譴責政變的決議，甚至一度將軍政府的政變形容為「重大內閣改組」。也有報導指出，政變發生僅僅三週前，中國外交部長王毅造訪緬甸時，緬甸的軍事首長曾與其分享偽造的選舉無效宣稱，以替政變的正當性辯護，這引發了一連串的猜疑，認為北京涉入此次政變，或至少也獲得了事先警告。

在政變引發大規模抗議後，軍方以一貫的殘忍回應，將槍口對準抗議民眾，殺死數百人，坐牢的則有數千人。街頭的怒火對準的是穿著制服的軍人，但同時也是對中國的不滿，抗議民眾包圍了位在緬甸商業中心仰光的中國使館，並帶著標語，寫著「中國丟臉」、「緬甸的獨裁軍政府是中國生產」、「中國滾出緬甸」。

仰光工業區中由中國人擁有的服飾工廠，也出現縱火攻擊，中共官媒《環球時報》宣稱有三十二座工廠遭到蓄意破壞，損失三千七百萬美元，火上加油的，還有出現指控，表示中國協助軍方管控網路，並供應無人機監控抗議民眾。曼德勒的抗議人士大喊：「中國公司，滾回去！滾回去！」並威脅北京當局，揚言要對屬於中國的重要油氣管動手，他們重覆著：「燒掉中國的天然氣管！」

社群媒體上還有更多威脅，不久後，在曼德勒的油管分所，便出現身分不明的襲擊者，揮舞砍刀將三名守衛活活砍死。曼德勒是油氣管的重要中繼站，管線自印度洋起延伸近八百公里，經過緬甸，抵達中國邊境，天然氣管線是於二〇一三年啟用，從緬甸的離岸油田輸送天然氣；石油管線則是在二〇一七年開始服務，就在天然氣管線隔壁，從緬甸海岸的中國興建港口，帶來中東的原油。北京當局也要求緬甸軍政府加強保安措施，堅稱「管線的任何損害，都會對兩國帶來重大損失」。

緬甸的油氣管線可說是中國「一帶一路」戰略在當地最為重要的計畫之一，該戰略也涉及數十億美元的投資，包括能源、採礦、鐵路、道路、工業園區、仰光旁的新城市、深水港，時常通稱為「中緬經濟走廊」的一部分，截至二〇二〇年三月，緬甸政府據傳已通過超過兩百一十億美元的中國投資[1]。中共常將一帶一路形容為國際基礎設施計畫，但其卻缺乏實質的連貫性，所以最好將其理解成北京當局為了達成更廣泛經濟及地緣政治目標的一種手段，是一個無所不包的詞彙，其下擁有各式各樣的計畫。

以緬甸的例子來說，凌駕一切的目的是要讓中國能接觸到海洋，也就是所謂的「朝海長

1　有關中國在緬甸投資的深入概覽，請參見路卡斯·邁爾斯（Lucas Myers）為威爾遜中心（Wilson Center）所做的分析，二〇二〇年五月二十六日發表之〈中緬經濟走廊及中國貫徹始終的決心〉（*The China-Myanmar Economic Corridor and China's Determination to See It Through*）一文，https://www.wilsoncenter.org/blog-post/china-myanmar-economic-corridor-and-chinas-determination-see-it-through。

征」，如同我們在第二章中所討論的，中國的地理位置並不得天獨厚，而其在緬甸以及在整個東南亞的許多政策，都是為了降低自身對南中國海和麻六甲海峽貿易路線的經濟依賴，中國分析師稱緬甸是「中國的加州」，用以代替其缺少的西海岸。

對北京當局而言，緬甸同時也是原物料的重要來源，而中國在緬甸最大的投資項目之一，便是萊比塘（Letpaduang）銅礦，其占據了緬甸中部城市蒙育瓦（Monywa）附近一片加強防禦的複合建築。二〇一七年二月，國際特赦組織（Amnesty International）的某篇報告指出，該計畫「充斥人權侵害」，並提及各種問題，包括土地徵收、環境破壞、騷擾反對礦坑的抗議人士及村民等。

在緬甸還是民主統治時，礦坑確實有受到監督，但其背後有個強大的靠山，也就是由中國萬寶礦產及緬甸軍方擁有的企業合資的公司，而萬寶礦產則是中國國營軍火製造商，中國兵器工業集團的子公司，他們負責為緬甸軍方供應武器及其他裝備。二〇二一年的軍事政變後不久，礦工也展開罷工，根據報導，礦坑也已「因最近的混亂」停止生產。

中國幫也深深牽連更多非法交易，同樣也是和緬甸軍方手牽手合作，或是控制緬甸邊境的民兵，他們會從邊境走私木材、野生動物、寶石、毒品。二〇一九年三月，人權觀察組織（Human Rights Watch）的報告也指控緬甸和中國政府睜一隻眼閉一隻眼，竟允許人口販運克欽族（Kachin）的女人及女孩，將她們當成「新娘」賣給中國人，因為中國的性別比嚴重失衡，男性人數多上非常多，這是中國現已廢除的一胎化政策造成的後果，而在重男輕女的觀念下，代表女嬰時常會遭到墮胎。

二〇一一年，緬甸開始嘗試自由化，並向西方開放後，中國的計畫都受到監督，像是在北部和中國邊界接壤的克欽邦，投資三十六億美元預定興建密松大壩（Myitsone Dam）的計畫就遭到中止，該計畫預計在伊洛瓦底江興建水壩，淹沒和新加坡一樣大的區域，並將生產的九〇％發電量輸送至中國。而其他計畫，包括在孟加拉灣的皎漂（Kyaukphyu）興建深水港，也受到重新協商，縮減支出，並讓緬甸獲得更多股份，萊比塘銅礦也遭到中止，但接著又獲准繼續動工。

即便這些計畫是由前一任軍政府進行協商，目前的看法仍大致同意軍方當時做出的決定：允許緬甸回到民主法治統治，至少有一部分是因為想降低對北京當局的依賴所導致，因為這樣的關係就算對緬甸將軍來說，也都變得太過幽閉恐懼了。

這個策略起初看似行得通，二〇一一年十一月底，美國時任國務卿希拉蕊・柯林頓（Hillary Clinton）便出訪緬甸，一年後則是由歐巴馬總統本人親自出馬，總統在仰光大學爆滿的演講廳中演講，表示：「我帶著信心站在這裡，相信這個國家已經發生了無可逆轉的改變，人民的意志可以撐起這個國家，並向全世界樹立良好的榜樣，而在這段漫長的旅程中，美國也會成為你們的夥伴。」

那天我就身在聽眾之中，心想歐巴馬看起來頗為疲憊，他的演講也反常的單調呆板，不過無可否認，美國總統史上首次出訪緬甸，絕對是個歷史時刻。仰光鬧區的某面牆上，便用噴漆噴著一幅巨大的圖畫，畫中便是這位面露微笑的美國領導者，旁邊的文字「歡迎歐巴馬」似乎也捕捉到了大眾的心情，此外，歐巴馬還在緬甸反對黨領袖翁山蘇姬長年遭到軟禁的湖邊住宅和她合影留念，而西方國家也開始著手解除長達二十年的經濟制裁。

緬甸軍政府統治時期，西方避之唯恐不及，並對將軍進行經濟制裁時，保護他們的是北京當局，不僅提供武器，若出現侵害人權的指控，也在外交上給予支持，此外也包括投資及貿易，仰光當局當時沒什麼選擇的餘地。但二〇一五年十一月，緬甸二十五年來第一場民主大選中，由翁山蘇姬帶領的國家民主聯盟獲勝時，北京當局簡直大失所望，軍方雖仍因她的子女持有英國國籍，禁止她擔任總統，卻設置了「國務資政」的職位，使翁山蘇姬成為半民主政府的實質首長。

此後，北京的影響力看似逐漸衰退，直到緬甸境內的少數民族羅興亞族穆斯林，在二〇一七年八月開始遭到迫害及大規模逐出時，才使得權力平衡再次改變。諾貝爾和平獎得主暨緬甸的民主象徵翁山蘇姬，在軍方暴行及佛教激進分子的侵害和暴力前，竟默不作聲，使得她遭受西方民主國家過往支持者的嚴厲批評，並重新開始對緬甸實施經濟制裁，中國則一如往常的挺身而出，捍衛西方討厭之事。

北京當局重拾影響力，保護翁山蘇姬的政權，並協助擋下聯合國的軍隊，不僅稀釋了由英國起草的安理會聲明，還阻撓聯合國調查暴力事件的嘗試，而且還將自己視為緬甸和孟加拉之間的調停者，而孟加拉正是數十萬名羅興亞人逃往之地。

此外，中國也在翁山蘇姬和緬甸境內各個民族，達成長久和平共存的努力嘗試中，讓自己躍升為「掮客」的地位，其中有許多民族數十年來都在和中央政府作對，北京當局和許多這類民兵，都培養出穩固的連結，特別是在兩國交界之處，且也毫不猶豫運用這樣的優勢，為自身謀取利益。

二〇二一年一月，中國外交部長王毅出訪緬甸時，便催促政府加速「中緬經濟走廊」的建設，指的就是那些仰光當局仍躊躇猶疑的昂貴基礎建設，他也表示中國會繼續支持和少數民族民兵的和談，不過這兩個議題並沒有明顯的關聯，至少表面上沒有，而且也不需要有。

北京當局和擁有三萬名士兵的佤邦聯合軍（United Wa State Army）維持著相當密切的關係，這是緬甸最大的叛軍，武裝由中國供應，還遭指控使用童兵，其控制的領土範圍和比利時一樣大，位於緬甸東北部和中國雲南省交界處的撣邦（Shan），在仰光政府的勢力範圍之外。佤邦聯合軍將其控制的區域稱為佤邦，首府為邦康（Panghsang），這座城市位於兩國交界的河口，在各方面都相當依賴中國，幾乎和中國沒什麼兩樣，且和多數緬甸城市不同，這裡擁有優質的柏油路，並散發著繁榮的氛圍。

在佤邦，一連串的賭場和妓院主要為中國遊客提供服務，連接的也是中國的網路和電信通訊系統，人民幣和中文在此地也通用，此處的上層階級則會將子女送到中國學校，看病也是去中國醫院。佤邦座落於惡名昭彰的「金三角」中心，許多財富都建立在生產海洛因上，此地也曾是世上最大的海洛因產地，他們雖宣稱已戒除鴉片習慣，卻開枝散葉成甲基安非他命毒品，且依然是世界上最大的生產中心之一。

佤邦和中共的淵源可以追溯至許久以前，佤邦聯合軍便是源於緬甸共產黨分裂，並在緬甸獨立早年導致叛亂，當時緬甸還稱為「Burma」，而非軍政府改稱的「Myanmar」，叛軍受到毛澤東強力支持，他當時正忙著在東南亞各地傳播革命思想。

但就像佤邦一樣，中國也為了追求精打細算的自身利益，扔下了意識形態，毛澤東對革命的狂熱遭到鄧小平拋棄，並開啟更為務實的時代。現今中國則將佤邦視為脅迫的工具，對北京當局而言，這段關係在其和緬甸政府的角力上，能夠提供可觀的優勢，且如同我們稍後會討論的，也能用來為印度的暴動搧風點火。

柬埔寨經濟特區，九〇%公司來自中國

毛澤東時代的中國，顯然是波布（Pol Pot）種族屠殺赤柬政權的最大支持者，根據估計，該政權在一九七五年至一九七九年間，約殺害了兩百萬名柬埔寨人，約占國內總人口數的四分之一，從比例上看來，這真的是極度髮指的罪行，不過從絕對的數目來看，這和毛澤東殺死，或因其災難性政策而死的中國人總數相比，仍是小巫見大巫，可信的估計顯示，後者數量約介於四千萬人至七千萬人之間。但在中共官方的歷史中，這些事實大多沒有被提及，毛澤東對赤柬的支持也是，因為這和中國現今「不干預」及「和平崛起」的官宣相悖，

也不符合其為自己塑造的形象：國際政治上的受害者，而非侵略者。

一九七九年，赤柬政權垮臺後的新任政府外交部長，年輕的洪森（Hun Sen），便曾譴責道：「波布政黨野蠻的政權，是北京擴張政策的工具。」洪森本人曾是赤柬軍官，但後來叛逃，並和越南軍隊並肩作戰，推翻了波布，十年後，成了柬埔寨首相的他，則寫道：「中國是柬埔寨的萬惡淵藪。」

柬埔寨境內現今仍充滿紀念碑，紀念戰場上的死者，從擁有成堆骷髏和骨骸的佛塔，到更簡單一點的村莊聖壇，當年的處決地點受到詳細記錄，全國各地也找到將近兩萬座大型亂葬崗。然而，在柬埔寨官方的歷史中，中國的共謀也遭到抹除，而現今仍擔任柬埔寨首相的洪森，正是那個粉飾太平的人。

二〇一八年一部斧鑿痕跡明顯、無止境重播，描寫波布垮臺的政府紀錄片《通往國家的救贖》（*Marching Toward National Salvation*），便為整個敘述訂下了基調，其中一次都沒有提到中國。北京現在是洪森的主要贊助者，而對中國來說，**當年那個對抗赤柬的男人，現在則是他們在東南亞最為可靠的資產**，可以在東協等區域性組織為其擋下批評，同時也強烈支持中國在南中國海及周遭的地位。

洪森早年擔任首相時，相當依賴西方的援助，這也同時約束了其獨裁的意圖，但是中國的資金和政治支持讓他越發大膽，並在二〇一七年時，拋下了最後一絲殘留的民主偽裝：他解散了主要的反對黨，並以叛國罪逮捕其領袖根索卡（Kem Sokha），宣稱他和包括美國在內的外國勢力共謀，意圖推翻政府。

洪森則自封為「最高光榮總理暨總指揮官」，而英語報紙《柬埔寨日報》（*Cambodia Daily*）譴責他「淪為明目張膽的獨裁政權」後，便馬上遭到關閉，西方也同意該報的批評，但北京當局卻採取不同的觀點，稱讚洪森「維護國家安全及穩定的努力」。首相後來也中止和美國的年度聯合軍演，且頭一遭和中國舉行共同軍演，截至二〇一八年，柬埔寨共有超過半數的外國投資是來自中國，大多數都是在一帶一路的名義之下，範圍包括道路、機場、發電廠，甚至是整座城鎮，且該國占超過四分之一GDP的暴增外債，也有半數的債權人是北京當局。

柬埔寨一度冷清的濱海城市施亞努市（Sihanoukville），便是描繪中國影響力快速擴張的最佳範例，該城位於暹羅灣的半島上，因中國資金帶來的建設狂熱改頭換面，新的飯店、公寓住宅區、餐廳、酒吧、休閒名勝、賭窟如雨後春筍般林立，全都裝飾著閃閃發亮的中文霓虹燈招牌。

二〇一四年至二〇一九年間，施亞努的地價暴漲了十倍之多，在新冠肺炎疫情重創當地旅遊業之前，十個遊客裡有九個是來自中國，商店也堆滿中國商品。隨著**施亞努市變成中國黑幫的基地，犯罪和暴力活動也開始飆升**，這裡是線上博弈、其他線上詐騙、人口販運、毒品的淵藪，且這些行為似乎全都是在當地腐敗警方的保護下進行。

在施亞努市外快速擴張的經濟特區中，共有九〇%的公司來自中國，總數超過一百間，

特區還由私人中國保全保護。北京也投資了全新的四線道高速公路，價值二十億美元，這是柬埔寨境內第一座高速公路，連結施亞努市及首都金邊，當地官員也將其形容為「另一個柬中之間友誼堅不可摧的證明」。但施亞努市並非沒有自身的赤柬種族屠殺記憶，在東南郊區便有兩座亂葬崗，每一座裡面都有一千具遺體[2]，二〇二二年初，谷歌地球（Google Earth）的圖片便顯示建築工事在兩座亂葬崗附近留下的巨大傷痕。因此，這個中國支持暴行的殘酷提醒，遭到中國出資的水泥塵封，感覺也只是時間早晚的問題罷了。

施亞努市北方的海灣對面，也有一座全新的七星海（Dara Sakor）國際機場從叢林中橫空出世，其背後是一間形跡可疑的中國公司，叫作「優聯發展集團」。這間總部位於天津的公司，獲得了柬埔寨約二〇％海岸長達九十九年的租約，承諾要建造一個全新的都會區。該公司的宣傳炫耀著在觀光景點、奢華高爾夫球場、賭場、船塢、高檔住宅區、貨櫃碼頭、工業園區上，總值三十八億美元的投資，但我在撰寫本段時，其提供的證據就只有一座簡易的度假名勝，遊客人數則相當冷清。

當然，還有叢林中的機場，這一切似乎違背了經濟邏輯，但對中國的軍事計畫制定者而

2 赤柬種族屠殺的完整亂葬崗、監獄、其他各式相關地點資訊，請參見耶魯大學（Yale University）的柬埔寨種族屠殺計畫（Cambodian Genocide Program）網站：https://gsp.yale.edu/case-studies/cambodian-genocide-program。

言，在戰略上卻極為合理。七星海國際機場三．二公里長的跑道是柬埔寨最長的跑道，比商用飛機所須的長度還多出許多，對旅遊業最狂野又樂觀的估計也不符合，不過對中國的長程戰鬥機、偵察機、軍用運輸機、轟炸機來說，卻是再適合不過了。

二〇二〇年九月，美國將優聯發展集團列入黑名單，表示其是在當地強制徵收來的土地上建設，而川普當局的美國國務卿麥克．蓬佩奧（Mike Pompeo）也引用了「可信的報告」，認為七星海國際機場有可能成為中國的軍事資產。

但這座機場也並不是北京當局在該地區建立的唯一一個軍事據點，**雲壤（Ream）海軍基地便座落於施亞努市另一側的半島上**，其中包含數座原先由美軍建造的設施，並擁有一支由十多艘柬埔寨海軍巡邏艦組成的艦隊。據傳，柬埔寨和北京當局簽訂了祕密協議，給予解放軍此地一部分設施的獨占使用權，根據這項協議的草案，解放軍將能在此處駐紮軍隊、存放武器、停泊戰艦，此外也允許中國在此建造兩座新碼頭，並將港口挖得更深，以便停泊大型船艦，**使其成為北京在東南亞的第一個海軍基地**。

不管是在柬埔寨建立空軍及海軍基地，還是將這類設施當成後勤或補給站，都能協助中國執行其針對南中國海的領土宣稱，並使美軍在開戰時馳援臺灣的行動變得更為複雜。

控制多條亞洲大河源頭，展開巨型水壩計畫

現在，把場景拉到二〇一〇年七月的河內，在此發生的事件，是那種不會激起太多人興趣的區域性國防會議，至少檯面上是如此，因為這並不是東協做事的方式，他們喜歡在閉門會議中低調的處理爭議——如果真有爭議發生的話。但這次場面相當緊張，美國國務卿希拉蕊・柯林頓和中國外交部長楊潔篪出席會議，警惕的彼此對視，希拉蕊提出應立法規範在南中國海的行為一議題時，楊潔篪也反擊，告訴她管好自己的事就好。

接著，楊潔篪還對東南亞各國的領袖表示：「中國是個大國，而其他國家都是一些小國，這是無法改變的事實。」全場無不為之震驚，而且不只是因其傲慢而已，對許多人來說，這都讓他們想起了中國的天朝心態，也就是以中國為中心的世界觀，將東南亞這個地區視為「中國」，即中央王國的附庸，並要求其他弱國知所進退。

這樣的思維是源自古代中國的「天地」概念，中國和其皇帝位於普世秩序的中心，由地位較低的藩屬和蠻族圍繞[3]，中國天朝舊有的預設立場，就是以皇帝的姿態和外邦人接觸，

3 有關中國過往的天朝心態，如何渲染及形塑其當代政策的深入探討，請參見傅好文（Howard W. French）的著作《中國擴張：歷史如何形塑中國的強權之路》（*Everything Under the Heavens: How the Past Helps Shape China's Push for Global Power*）。

或是根本置之不理。從這個角度看來，意識形態可說完全起不了作用，評斷、獎勵、哄騙其他國家的標準，是按照對方對中國稱臣的意願而定，根據新加坡前資深外交官比拉哈里・考斯甘（Bilahari Kausikan）的說法：「在『中華民族偉大復興』的敘事中，收復失地的復仇主義可說是不可或缺的一部分。」

很少亞洲外交官和考斯甘一樣，跟中國外交官打了這麼久的交道，而他表示中國外交官的文化優越感，以及近乎巴夫洛夫（Ivan Pavlov）制約式的服從要求，使得西方外交中的斡旋沒有什麼空間可以發揮，他表示：「中國不僅想考量自己的利益，也期望東協成員可以內化對其利益的服從，並將之當成一種思維[4]。」

北京當局將這種心態視為自然的狀態，特別是在中國自家的後院中。現今的中共領導階層，不僅將重新建立某種類似古代秩序的狀態，視為理所當然，也幾乎將其當成注定會發生的情形，是「中華民族偉大復興」不可或缺的一部分。

如同中國對南中國海的「歷史權利」宣稱，中共領導階層也將古代中國和東南亞之間的關係予以神話化。古代確實有許多東南亞國家向中國天朝稱臣進貢，這個儀式可以追溯至超過兩千年前，朝貢任務的頻率和規模不一，使節會帶著禮物和訊息晉見皇帝，並獲得回禮和回訊，但有關古代朝貢的實質意義究竟為何，卻眾說紛紜。

朝貢行為確實經過儀典化，不過對幾乎不曾親自出馬的東南亞國王們來說，這類行為的意義和在中國皇帝眼中看來截然不同，比較像是一種娛樂皇帝的行為、一種實質的表示，對確保互惠的貿易非常必要。東南亞各王國從未單單將自身視為中國秩序下的一部分，國際關係其實更為複雜且瞬息萬變，擁有彼此競爭的權力中心，例如該地區廣袤的寺廟群，從緬甸的蒲甘，到柬埔寨的吳哥窟和印尼的婆羅浮屠，便是印度文化對東南亞深遠影響的證據。

和其祖先相同，**現代的東南亞各國也在試圖適應崛起中，且有時頗為傲慢的中國，並從其身上獲益，以及保護自身主權之間難以尋求的平衡**。在新加坡外交部門擁有三十七年資歷的比拉哈里・考斯甘，便根據其經驗表示：「只有腐敗到無可救藥，或極度天真的政府，才會認真看待北京當局那套『命運共同體』的說法。」話雖如此，還是有許多國家買單中國的利誘，也可能還要加上那些遭到西方民主國家或國際資金迴避乃至制裁的國家。

中共敘述中很重要的一部分，便是所謂的「不干預」政策，而這在實務上，則代表要在其和最為腐敗且令人討厭的政權之間，找出共同利益，這些政權便是最有可能在中國的意志面前卑躬屈膝者，因為他們別無選擇。我們已在緬甸和柬埔寨的案例上看見這樣的現象，但這在泰國也相當明顯。

從歷史上來說，**泰國人一直都是在多方國際關係中取得平衡及多邊押寶的大師**，近年來

4　這些觀察出自二〇一六年三月三十日，比拉哈里・考斯甘在新加坡政策學研究所（Institute of Policy Studies）的演講，兩天後刊登在《海峽時報》（*Straits Times*）上，參見：https://www.straitstimes.com/opinion/pavlovian-conditioning-and-correct-thinking-on-the-south-china-sea。

也成了西方最為可靠的盟友之一，但二〇一四年，情勢在西方民主國家抨擊泰國軍事政變後大為改變，中國此時帶著經濟及外交支援介入，並因而將其影響力擴張至曼谷當局中。軍事政變一年後，泰國軍政府將一百名逃離至曼谷，尋求庇護的維吾爾族穆斯林遣返回中國，以表感謝之情，聯合國難民署將此次遣返稱為「明目張膽的違反國際法」。同年，一名高調批評北京當局的香港書商，也在泰國的度假住處遭到綁架，背後似乎便是曼谷當局的協助。

諷刺的是，正是那些對中國最百依百順的東南亞國家，成了北京當局最惡毒權術底下的受害者。中國控制了多條亞洲大河的源頭，包括湄公河、薩爾溫江、雅魯藏布江，並展開巨型的水壩興建計畫，完全不顧下游國家的死活，光是在湄公河北部流域，中國就擁有十一座巨型水壩，這使得北京當局對共享河流的國家、數百萬以河流維生的居民經濟狀況，以及當地生態系統擁有巨大的權力。

湄公河可說是泰國、緬甸、柬埔寨、寮國，當然還有越南的命脈，但北京當局卻拒絕和下游國家針對水壩興建及管理展開任何協商，**中國將湄公河視為自身擁有主權的資源，且不願和其他國家共享，而且他們也真的可以就這麼把水龍頭關掉**。

二〇一九年時中國便因此受到譴責，因為這種行為造成湄公河下游流域的嚴重旱災，農作物收成及漁獲量降至數年來的低點，但上游實則出現了破紀錄的雨量和降雪。根據華盛頓智庫史汀生中心（Stimson Center）的調查，「中國儲存的水量多到前所未見，這造成下游水位不穩定及災難性的改變」，因而湄公河乾季的水流就如同「隨機暴漲及探底、走勢無可捉摸的股票指數圖」。

在東南亞發生的情況，就像菲律賓在南中國海討好中國，最後卻沒有獲得任何有用的回報或尊重一樣。依賴湄公河的柬埔寨、寮國、緬甸、泰國，可說是最願意對北京當局俯首稱臣、百依百順的東南亞國家，但在攸關他們國家命脈的基本議題上，他們無力的抱怨一點用處也沒有，沒有任何國家能獲得對如此重要的資源表達意見的權力。

只要是華人，不管國籍，都對中國有義務

隨著中國在東南亞的影響力與日俱增，也帶來了一波中國移民潮，可說是「中國經濟地位成長的突擊隊」，持續擴張中國的權力及影響範圍，其中許多人都是因為一帶一路計畫到此工作，其他人則是來此尋求合法程度不一的發財機會。如同先前討論的，在曼德勒及施亞努市等地，中國人口已超過當地人，而這時常引起後者的不滿。根據估計，目前也有數以十萬計的中國人在菲律賓首都馬尼拉工作，當地的中國線上博弈公司，數量也已超越本來蓬勃發展的國際客服中心。

而在寮國與緬甸及泰國接壤的湄公河流域，中國也正在建立「金三角經濟特區」，堪稱是「中國博弈、走私、劣跡之城」，該城通用的貨幣是人民幣、當地的維安警力來自中國招募，標示也都是簡體中文。此外，該區目前比例最高的遊客，也同樣來自中國。東南亞地區

中國移民的準確數量實在很難統計，因為許多人從事的都不是正式工作，但人數絕對數以百萬計。

不過，我們也不應將新來的中國移民，和在東南亞歷史更為悠久的華人社群混淆，當地華人的數量應超過三千萬人，他們在貿易和商業上長久以來都扮演要角，在環太平洋地區建立起大型家族企業，可說是「環太平洋之主」。在某些國家中，例如泰國，他們融入得非常好，但在其他國家，比如印尼和馬來西亞，就並非如此，他們長年面臨歧視，有時甚至遭遇到種族暴力。

當中國開始改革開放之際，海外華人便是第一批發覺新機會到來的人，也是最大的早期投資者。但從歷史上來看，當時中國對他們的態度頂多只能說是不明確而已，就算到了近期的一九九八年，印尼雅加達爆發排華暴動時，北京當局的反應也相對沉默，將其視為純粹的印尼國內事務。

相較之下，習近平對於「中華民族」的身分，以及其對祖國擔負的義務，採取了更寬廣的觀點，不過他基本上還是將中國視為中共就是了。他把定義變得非常模糊，將出生在國外、長期定居海外，且具有他國公民身分的華裔人士，也就是「華人」，以及近期移民出國，可能為了工作或學業暫時落腳海外的人士，即「華僑」，兩者統稱為「海外僑胞」，而他們的任務便是「促進中華民族偉大復興」。接觸這類延伸出去的中華大家庭的任務，便由中共的中央統戰部負責，這個組織的目標即為宣揚中共影響力，包括在檯面上及檯面下的。

習近平便是透過這種方式，**強調共同祖先及民族的重要性勝過國籍**，這是一種民族上的理解。有關中華民族為何的真諦，在這樣的價值觀之下，不管某個華人在另一個國家的根源有多深、他們拿的是哪國護照、他們的祖先又在多久以前就已離開家鄉，**他們都仍然對中國負有義務**，如同中共所展現的一般。

這是種極度恐怖的做法，無所不用其極的延伸中共的影響力，且也對那些有著種族衝突歷史，並對華裔人民充滿不信任的東南亞國家，直接發起挑戰。習近平正在海外華人社群身上，加上一道相當艱鉅又危險的連結，在他們居住的國家中，激起對其忠心的懷疑。

東南亞紛紛擾擾，印度卻鮮少表態

世界上中國影響力最為明顯的地方，非東南亞莫屬。中國想要宰制自家後院，而在其與美國的影響力大戰中，此地也逐漸成為關鍵的舞臺，組成東南亞國協的十個會員國和中國相比，根本就是小蝦米對上大鯨魚。

汶萊、柬埔寨、印尼、寮國（中國稱老撾）、馬來西亞、緬甸、菲律賓、新加坡、泰國、越南十國共擁有近七億人口，經濟亦蓬勃發展，GDP加總接近三兆美元；而中國是東南亞最大的貿易夥伴，且在二〇一一年至二〇二一年十年間，中國在該區的投資成長了三十倍，承諾的金額總計約為四百二十億美元左右，其中大多數都是基礎建設，包括在一帶一路之下的大型跨國公路、鐵路、油氣管計畫等。

如同我們所見，認為東南亞和中國之間貌似恢復古代朝貢關係的說法，實在太常忽略了錯綜複雜的國際關係，並無視印度在歷史上的重大影響。在中國越發擴張影響力的同時，當代的印度卻退居次要位置，在這些年間與中國的關係中相當掙扎。不過，兩國在經濟合作上似乎越發密切，直到在「世界屋脊」上發生了一場野蠻衝突，雖看似違反邏輯或常識，卻也讓我們對習近平的思維，有了嶄新的觀點。

第4章 世界屋脊上的野蠻衝突——中印邊界

「你們在對中國軍隊和全體中國人進行不自量力的挑釁，你們正在懸崖邊上笨拙的倒立逞能！」

——《環球時報》，二〇二〇年九月

加勒萬河谷（Galwan Valley）是地球上最荒蕪、最不宜人居的地方之一，位於喜馬拉雅山區深處，為印度拉達克（Ladakh）和西藏接壤之處，也是印度和中國發生爭議的邊境。

二〇二〇年六月十五日晚間，這裡上演了近乎中世紀野蠻行為的凶殘徒手搏鬥，士兵們揮舞著石塊、棍棒、柵欄，甚至是纏有刺鐵絲或釘子的狼牙棒，這場在皎潔月光照耀之下的衝突，沿著一座狹窄的山脊展開，海拔高度約為四千兩百公尺，並引發了這兩個持有核武的鄰國之間，數十年來最嚴重的危機。

待衝突終於告一段落之時，有二十名印度士兵死亡，數十人受傷，他們抑或被湊合著的武器擊倒，或者被打下陡峭的河谷，摔進下方冰寒徹骨的河水中。這是雙方自一九七五年以來，首次因衝突造成傷亡，在當時有四名印度士兵在另一處偏遠的邊境關口死亡。

根據《環球時報》報導，中國後來也承認在這次衝突中失去了四名「衛國戍邊」的士兵，報導中還引述了某位駐守在附近的解放軍士兵說法，他表示：「寧可犧牲生命，不丟國土一吋。」其他報導則指出，中國損失的士兵人數可能多達三十八人。

流血衝突後，印度的經濟反制

這場衝突中沒有使用任何槍枝，因為在一九九六年的協議中，規定在該地不得使用火藥，因此坦克、機關槍、大砲都被留在後頭。根據北京當局後來公布的報告，其宣稱中國軍隊使用了微波武器，並奪回了被印軍占領的兩座戰略山頭。報告中提及之微波武器，是透過集中高頻率的電磁脈衝或波束，造成敵方不適及痛苦。

根據中國人民大學國際關係學院教授金燦榮的說法，該武器「把山頂變成了一個微波爐」，他在某場演講中宣稱，微波武器是從下方發射，不到十五分鐘後，占領山頭的印軍全都開始嘔吐：「站不起來，跑了，我們就是這樣奪回山頭的，我們沒有報導，是因為我們解決得很漂亮，他們（印度）不報導，因為他們輸得很慘。」不過針對這項宣稱，並沒有獨立來源證實。

在這道偏遠又劃分不清、被稱為「實際控制線」的邊境，緊張情勢已醞釀數週。衛星照片顯示，在嚴苛的氣候條件允許時，中國便會在傳統上夏季雙方共同巡邏的區域，持續駐紮更多軍隊及建立據點，印度媒體則指出，衝突正是在某支印度巡邏隊試圖於其中一個這類緩衝區中，驅趕中國軍隊時發生。印度的國防分析師在衝突發生前一個月，便曾警告解放軍動作頻頻，試圖控制整座河谷，其位置可以俯瞰印度近期升級的一條重要戰略道路，根據某項估計，中國強占了多達將近六十平方公里的領土。

北京當局將衝突怪罪到印度身上，並宣稱該區自古以來便是中國的領土，時任中國外交部發言人趙立堅堅稱「加勒萬河谷地區主權歷來屬於中國」，並警告印度如果想要避免衝突，就應該嚴格約束一線部隊。印度外交部長蘇杰生（Subrahmanyam Jaishankar）則反駁中國的宣稱，認為其「反映出一種改變既定事實的意圖，違犯了雙方所有協議」，這樣的領土奪取嘗試，根本就像是出自北京當局的南中國海教戰守則。

而在對全國發表的演說中，印度總理納倫德拉．莫迪（Narendra Modi）表示：「印度追求和平，但要是刻意挑釁，印度也會做出適當回應。」他緊急加派了數萬部隊和重型裝備前往邊境地區，並著手限制中國在印度的經濟活動，禁止了數十款手機應用程式，包括熱門的短影音程式 TikTok，並全面加強對中國公司的監管，進口的中國製手機及其他貨物被卡在印度港口，競標印度政府合約的中國公司也受到限制，要求他們必須從印度外交部及內政部獲得「政治和國防許可」。

輿論也轉變為要求印度降低對中國這個巨大鄰國的依賴，印度前外交部長暨前駐美及駐中大使尼魯帕瑪．拉奧（Nirupama Rao）便表示：「這是個轉捩點，是雙方關係的重大轉折，在加勒萬發生的事，流了這麼多血，是不可能一切如常的。」

高喊亞洲世紀大合作，卻在疫情期間奪取領土

對許多關注中國的人來說，北京當局這次舉動的時機根本毫無道理可言。沒錯，邊境爭議已經醞釀了數十年了；沒錯，中國也是印度的對手——巴基斯坦的「全天候夥伴」，但德里當局和北京當局之間的貿易和投資連結，也正在成長及深化。

印度雖不是中國一帶一路計畫的成員，但中國科技公司卻是印度的主要投資者之一，為印度新創公司挹注了數十億美元。阿里巴巴、騰訊、華為帶起了這股風潮，並對印度越發精通科技產品的年輕人感到相當興奮，將其視為一個廣袤又相對未受開發的市場。而印度也是中國消費性商品急遽成長的市場，進口數目屢破紀錄，在加勒萬河谷衝突發生之際，中國正坐享巨大的貿易順差。

雙方的政治連結也益發緊密，衝突發生前九個月，印度總理莫迪才在印度南部的寺廟城

市馬拉普朗（Malappuram）舉辦的兩天高峰會中，和習近平會晤，並合影留念，用意便是傳達雙方加溫中的關係，兩人還坐下來享用了一頓奢華的當地珍饈，包括「嫩烤印度羊肉」及「馬拉巴龍蝦」。而在此一年前（二〇一八年），莫迪也曾出訪武漢，他和習近平一同搭船，並在綻放的梅花下散步，德里當局中已出現共識，支持深化雙方的關係。

畢竟，現今應該要是「亞洲世紀」才對，而印度和中國攜手，更能推動這一切。更為樂觀的經濟分析師，也開始將兩國合稱為「中印」（Chindia），反映的便是這段涵蓋全世界三分之一人口的合作關係，所擁有的巨大潛能。隨著故事繼續發展，不出幾年，兩國加起來將能貢獻全球超過一半的產值，用習近平最愛的口頭禪來說，這絕對是個雙贏局面，只要雙方能夠放下歷史分歧就行了。

即便這永遠都是個巨大的「只要」，但中國入侵的時機乍看仍相當詭異。這場衝突不僅破壞了中國公司在印度的繁榮前景、雙邊政治關係，也把德里當局推往美國，還有區域強權澳洲與日本的陣營。而且衝突發生的時間點，也是在北京當局焦頭爛額之時，他們正身陷和川普當局越發嚴峻的貿易戰中、加強對新疆及香港的壓迫、臺灣海峽和南中國海的局勢也日益緊張，何必還要挑起另一場紛爭呢？

印度分析師認為，中國是刻意選在德里當局和世界上其他政府，皆專心對抗新冠肺炎疫情之時奪取領土的。北京當局當時正從國內最初的疫情爆發中恢復，且早已在實際控制線附近集結兵力好一段時間，而印度則因為疫情，延後了慣例的夏季活動。

還有人推測，習近平積極想在國內激起同仇敵愾的國族情緒，以便分散對他初期防治新冠肺炎不力及隱瞞事實的注意力，這兩個原因可能皆有之，但二〇二〇年六月的加勒萬河谷，很顯然為習近平提供了一個機會，讓他得以在老對手身上獲取戰略優勢，而且在行動的同時，他也不怎麼在意地緣政治的餘波或經濟上的代價。

更為寬宏的一種詮釋，則是習近平估算錯誤，並沒有認真重視印度的憤怒程度，以及其反應的力道。雙方展開一系列軍方會談，試著平息緊張情勢時，也存在一些謹慎的樂觀，但是協商進展卻因敵意和不信任頗為緩慢，接著，孟買大停電降臨了。

孟買最嚴重的大停電，竟是中國所為？

二〇二〇年十月十三日，加勒萬河谷衝突四個月後，擁有兩千萬人口的印度金融首都孟買電力突然中斷。火車停駛、交通堵塞、股市休市、商店關門，且孟買當時是全世界新冠肺炎疫情最嚴重的城市之一，因此收治數千名病患的各個醫院，也被迫改用備用發電機，以讓呼吸器繼續運作。

印度對停電並不陌生，但這是孟買數十年來最嚴重的一次大停電，孟買所在地馬哈拉施特拉邦（Maharashtra）的能源部長尼定．勞特（Nitin Raut）便暗指此為人為蓄意破壞，促使主管電力輸送網路的當局下令調查。一個月後，政府的網路部門表示停電可能是因電腦病毒造成。

該部門的警察總長雅沙維・雅達夫（Yashasvi Yadav）揭露，在加勒萬河谷衝突發生後的五天內，針對印度的銀行、資訊服務、基礎建設等，都出現了大規模的網路釣魚攻擊，他表示：「至少出現了四萬零三百次網路攻擊嘗試，其中多數都能追蹤到中國的成都地區。」言下之意便是，病毒早已被預先安裝在電力公司的電腦中，後來才遭到喚醒，並導致孟買的電網癱瘓，不過他並沒有透露太多額外的細節。

美國網路資安公司 Recorded Future，則蒐集到令人不安的進一步證據，顯示印度的電力系統中，確實存在惡意的程式碼。該公司在二〇二一年二月公布的某篇報告中，便指出有十個印度電力部門的組織，在所謂「對印度重要基礎設施發動的同步作戰」中遭到鎖定，包括五座「區域負載調度中心」中的四座，這些中心的任務，便是透過平衡印度各地的電力供需來管理電網。

Recorded Future 在仔細檢視駭客使用的策略、技術、程序後，也做出結論，認為電腦病毒是來自某個由中國政府資助的團體「RedEcho」，他們並不覺得駭客的目的是間諜活動，因為竊取資訊的機會有限，且能夠獲得的數據作用也不大。相較之下，他們指出之所以預先將病毒軟體安裝在電腦系統內，是為了供未來行動使用，很可能是進行破壞。

調查人員雖無法將他們的發現確實連結到孟買大停電，但在報告公布幾天後，馬哈拉施特拉邦政府的網路部門，也提出了他們對所謂「針對政府電網攻擊」的發現，結果和美國公司公布的非常類似。

該邦的內政部長阿尼爾・德什慕克（Anil Deshmukh）表示：「所以，從網路犯罪部門和電力部門專家的發現看來，十月十三號的大停電，似乎確實是因此（蓄意破壞）造成。」德什慕克相當謹慎，從未直接指名中國，他說道：「有人從國外嘗試登入我們的伺服器，我們會再進行進一步調查。」印度素來喜歡吹噓自身強大的網路能力，而部長的謹言慎行，很可能正反映了其中的尷尬難堪，因為自己的系統竟然這麼容易就被攻破。

Recorded Future也發現了證據，指出某個疑似由中國政府資助的團體，駭進了發行頗受敬重的《印度時報》（*Times of India*）的媒體集團、某個警政單位，以及負責管理印度全國身分證資料庫的機構。這一次的目標似乎就是竊取資訊，而非破壞，其中印度身分證局（Unique Identification Authority of India）正是資源相當豐富的潛在目標，駭客可以用以辨識「具高度價值的目標，例如政府官員，以進行社交工程攻擊，或者擴充其資訊來源」。

北京當局方面則是一成不變的反駁了駭客攻擊的指控，中國外交部發言人汪文斌表示：「不能在拿不出證據的情況下向特定方潑髒水，這種做法不僅不負責任，而且別有用心，中方對此堅決反對。」然而，隨著邊境情勢持續緊張，北京當局看似是在告訴德里當局：「**滾回去，不然印度就可能會全國大停電。**」

對臺灣說三道四？小心你家武裝起義

對外人來說，印度東北部的阿薩姆邦（Assam）或許是以茶葉聞名。當地泰茲普爾（Tezpur）北部，位於大河布拉馬普特拉河（Brahmaputra River）岸邊的丘陵，覆蓋著大片茶園，工人幾乎全是身穿亮麗傳統服裝紗麗的女子，在茂密的灌木間移動，採摘鮮嫩的綠葉，然後放進背上的籃子中。

這是個極度寧靜的場景，但這片區域卻充滿過往中國侵略的苦澀記憶。一九六二年，在一場短暫的邊境戰爭中，中國占領了泰茲普爾北部大部分區域，而在後續年間，此地也持續受到中國背地支持的暴動侵擾，暴力事件近年雖較為零星，但就在孟買大停電的五天後，北京當局又威脅要再次煽動暴動。

「印度東北地區這些武裝分離組織，目前在印度軍方的強力鎮壓下雖較為疲弱，卻仍未遭到徹底剿滅。」熱衷宣揚愛國主義、中共常將其視為自家獵犬的《環球時報》如此提及，此外也語帶威脅補充：「因為缺乏外部支持，他們發現很難發展及成長，但要是有了支持，就能讓他們有辦法發動起義。」

《環球時報》之所以如此大做文章，便是因為印度媒體訪問了臺灣外交部長吳釗燮，還在臺灣雙十國慶期間播放相關廣告，因此他們也對印度發出直白的威脅：「如果印度真打『臺灣牌』，只會引火燒身，接受東北部的混亂焚身。」北京當局通常不會抗議這麼低層級或是私底下和臺灣的接觸，因此這個警告，就像停電一樣，其實也是和邊境持續緊張情勢有關的威脅。

泰茲普爾的居民，有人仍記得一九六二年邊境戰爭造成的大騷動，或稱「hahakar」。當時印度軍隊撤退，該城也大規模撤離，因為其是距離戰爭最近的大型聚落，茶園遭到拋下，鎮民和工人橫越布拉馬普特拉河逃往南邊[1]。不過，在那場戰爭中，解放軍從來沒有真的打到那麼南面過，毛澤東在一個月後便突然下令撤兵。

泰茲普爾也是獲獎的印度導演希倫・波拉（Hiren Bora）的家鄉，他當年僅十二歲，並記得祖父是怎麼告訴全家人收拾好全部家當出逃，而這位大家長自己則留下來保衛城鎮。二〇一九年時，波拉便拍攝了一部有關這起事件的電影《沒說的故事》（*The Untold Story*）獻給泰茲普爾，他表示：「一九六二年的中國入侵，在印度東北部的歷史上是個重大事件，卻不像印度和巴基斯坦的衝突那樣，在流行文化中很少被描繪，也少有相關書籍和電影。」這也許是因為印度屈辱的慘敗沒有任何榮耀可言，但是當印度人望著他們北邊的鄰居時，這段記憶卻深深烙印在國族的意識之中。

阿薩姆邦和印度東北部周圍另外六個較小的邦，常被通稱為「七姐妹」，包括阿魯納查（Arunachal Pradesh）、阿薩姆、曼尼普爾（Manipur）、梅加拉亞（Meghalaya）、米佐拉姆（Mizoram）、那加蘭（Nagaland）、特里普拉（Tripura），這七個邦形成了印度主要國土東北方長相怪異的附屬，並以一條稱作「雞脖子」的狹窄走道與前者相連。緬甸位在七姐妹邦東邊、孟加拉在西南邊、尼泊爾在西邊、不丹則座落在西北邊，當然還有巨大的中國在此地北面若隱若現，中國宣稱擁有阿魯納查邦的主權，並將其稱為藏南。

一九六二年的戰爭結束後，毛澤東開始支持這個地區各式各樣的叛軍，他們大多數以民族或部落為基礎，不過有許多也在口頭上贊同模糊的「毛主義」概念，其中兩個團體阿薩姆聯合解放陣線（United Liberation Front of Assam，簡稱ULFA）及波多蘭民族民主陣線（National Democratic Front of Boroland，簡稱NDFB），迄今仍在活動中。中國多年前便已停止公開對這些團體提供軍事支援，但他們究竟和中國軍隊之間還存有多少連結，在印度仍是個引發大量爭論的主題。

阿薩姆聯合解放陣線的領導人巴拉許・巴魯阿（Paresh Baruah），便居住在雲南省邊境的城市，他曾在此接受印度媒體訪問，而他們雖簡陋卻一樣有效的軍火，則是來自緬甸佤邦的軍火工廠及黑市，這類團體同時也可以前往該地尋求庇護。如同我們在上一章討論的，佤邦聯合軍和中國的關係更是密切，印度東北部的其他民族叛亂團體，也都在緬甸及雲南建立了基地。

1 有關這段時期泰茲普爾的記述，請參見安庫什・薩奇亞（Ankush Saikia）的〈泰茲普爾大撤退：家庭回憶一九六二年印中戰爭出逃故事〉（*The Evacuation of Tezpur: A family recounts the story of its flight during the India-China war of 1962*）一文，《印度斯坦時報》（*Hindustan Times*），二〇一七年八月二十一日。

中國將這些團體當成對印度施壓的手段，以便控制西藏流亡宗教領袖達賴喇嘛，以及位於印度丘陵城市達蘭薩拉（Dharamshala）的西藏流亡政府活動。如果中國真的實行其威脅，在中印雙方於加勒萬河谷周遭對峙的同時，開啟某種類似代理人戰爭的前線，那麼就代表事態已急速升溫，且這也完全和北京當局利用這類團體的目的一致。

吞併西藏邊界，一切爭議的起點

印度和中國共享四千公里左右的邊境，從西邊的河流、冰河、雪原，到東邊覆滿蓊鬱森林的山脈，兩國曾出現不少領土爭議，主要的爭議區域有二，一個在東方，一個在西方。在西方，印度宣稱擁有阿克賽欽（Aksai Chin）的主權，這是一片高海拔的沙漠，目前由中國實際管轄，就位於二〇二〇年發生衝突的加勒萬河谷後方，中國在東方則宣稱擁有印度的阿魯納查邦，該邦座落在阿薩姆後方的喜馬拉雅山丘。

當年劃定國界時，英國的地圖繪製師通常會選擇山頂當作界線，如此較易防守，而對於這些天然界線的合法性、其劃定背後的意圖、是否反映當地民族實際情況，以及英國殖民時期行政區實際界線、甚至是這些地區是否正式受到有效統治，相關文獻卷帙浩繁。印度方面大致上接受從英國繼承而來的國界，中國方面則駁斥其為殖民統治留下的產物，更偏好根據時常充滿神話色彩的中國天朝國界，來詮釋其擁有的廣袤領土範圍。

使情況更為錯綜複雜的，還有以英國外交官亨利．麥克馬洪（Henry McMahon）命名的兩國東方國界「麥克馬洪線」。該線於一九一四年時，由英屬印度，及在一九〇五年大清王朝已無力統治、自行宣布獨立的西藏，雙方達成協議，並按照喜馬拉雅山區最高的山稜線繪製。而在西方，意為「白石灘」的阿克賽欽，大部分地區都無法居住，其海拔超過五千公尺，此地的主要重要性為古代貿易路線，夏季時會有來自西藏和新疆的犛牛商隊通過。某條英國早年劃定的國界中將該區劃為印度，國界盡頭是北方的崑崙山，後來的某份地圖則將國界沿著喀喇崑崙山劃定，使得阿克賽欽成為中國的一部分。

英國的偏好在不同時期會視其戰略利益改變，但是雙方在一九一四年同意以麥克馬洪線為界時，英國人採用的是早年的地圖，一九四七年甫獨立的印度也繼而採用，即便中國後來也按照自身利益選擇性的採用地圖，但他們對於該區，事實上並沒有所謂的「歷史權利」。

因此，中印邊境的爭議可說是顆未爆彈，不過印度第一任總理尼赫魯（Jawaharlal Nehru），卻不盡然用這種方式看待，緬甸歷史學家暨作家吳丹敏便寫道：「他將中國視為朋友，以及帶領後殖民時代亞洲的現成夥伴，而且即便在中共統治中國之後，他對中印密切合作的願景仍十分穩固。」**中印之間起初有獨立的西藏作為緩衝，但其壽命相當短暫。**

一九五〇年十月，人民解放軍對西藏發動軍事突擊，隔年西藏領導層便簽下協議，讓北京當局得以控制西藏的對外關係，並接受其軍事占領，西藏的邊境於是便成了中國的邊境。彼時雙方也同意讓西藏在政治上自治，但這也同樣短命，到了一九五六年時，西藏境內便已處於公開叛亂的狀態。三年後，藏人在拉薩起義失敗，達賴喇嘛流亡印度，並在達蘭薩拉建立了流亡政府，使得印度和北京當局之間的關係更是剪不斷、理還亂。

一九六二年的中印邊境戰爭，在全世界都因古巴飛彈危機而瞠目結舌時爆發，戰事在兩國東方和西方交界同時展開，印度在兩邊都打了敗仗，但中國卻突然撤軍，在東方撤回原先的國界，在西方則併吞了阿克賽欽。針對這場戰爭的原因及過程，有非常多的討論，有人認為毛澤東最主要的意圖是給尼赫魯一個教訓，並削弱他在不結盟運動中的地位，毛澤東這兩項目標都成功了，尼赫魯因為這場戰爭心力交瘁，不到兩年後便過世。

而中印戰爭也有效轉移了對毛澤東統治國內問題的注意力，當時他想要讓中國變得現代化，但災難般的大躍進政策引發了大規模饑荒，數百萬人因而死亡。此外，這場戰爭也強調了雙方領導人——律師尼赫魯和革命分子毛澤東——之間，天差地別的世界觀。尼赫魯誠摯相信法律和協議的普世應用性，但毛澤東從來都不太在意這兩者，而這樣的思維也能同等套用到今日的習近平身上。

幫忙不丹修路、建村，只為抓住印度雞脖子

迷你的不丹王國位於阿薩姆邦西北方，夾在中印之間的喜馬拉雅山區，又稱「Druk Yul」，意即雷龍之國。這個偏遠又多山的佛教國家，人口僅有八十萬人，數世紀來幾乎都

與世隔絕，只有在一九七〇年代期間短暫向外界開放，此地直到一九六〇年代以前都沒有聯外道路及貨幣，電視也一直到一九九九年才引進。不丹迄今雖仍極度保護其古老傳統，但依舊沒辦法逃過習近平所統治的中國這個掠食者的注意。

二〇一一年，習近平入主北京前一年，我曾前往不丹報導一場王室婚禮。時年三十一歲、綽號「喜馬拉雅迷人王子」的不丹國王吉格梅．凱薩爾．納姆耶爾．旺楚克（Jigme Khesar Namgyel Wangchuck）與愛打籃球的大學生暨機師之女吉增．佩瑪（Jetsun Pema）成婚，傳統的佛教婚禮於十月一日早上八點二十分，在古老的城堡中舉行，這是由王室占星師挑選出的良辰吉日，接著是為期三天的慶祝。

上萬名穿著傳統長袍的民眾，來到不丹首都辛布（Thimphu）試圖爭睹這對王室新人的風采，並欣賞精心編排的歌曲、舞蹈，與不丹的國民運動——箭術演出。此外，也沒有任何國家首長受邀參加婚禮，因為不丹國王希望這是場「人民的婚禮」。

我也正是在那次拜訪期間，了解到「國民幸福指數」（Gross National Happiness，簡稱GHS）的存在，這個概念由不丹發明，是個衡量幸福程度的指標，會考量各式各樣的文化、環境，與經濟因素。我同時也得知，不丹和中國並沒有正式的邦交關係，而我也確實懷疑這兩件事之間是否存在關聯，中國總是老大不爽的「戰狼」外交官，竟然沒有大聲嚷嚷，吹噓自家人民的幸福指數有多高。但不幸的是，婚禮隔年，北京當局便開始以一種保證會把這些世界最快樂臉龐上的笑容抹去的方式，蠶食鯨吞不丹邊境。

不丹和印度的關係，在傳統上非常密切，其基礎便是文化、共同利益、以及對中國的猜疑。不丹雖沒有正式受到印度保護，但德里當局仍將自身視為這個迷你王國的保護者，並於二〇一七年派兵來到洞朗地區（Doklam），不丹將這片高原視為其領土，但彼時，中國竟開始在上面修路。

對印度來說，中國的修路行為代表更長遠的戰略重要性，因為此地鄰近「雞脖子」，也就是在戰略上相當重要的狹窄「西利古里走廊」（Siliguri Corridor）。這條走廊如同我們方才所討論的，是將印度偏遠的東北部地區和國家其他部分連結的重要命脈。

印度軍隊於是出手介入、阻止修路，接著駐紮在爭議發生的地區，確保中國不會捲土重來，這引發了印度和北京當局之間的緊張對峙，持續整整兩個月，雙方都在該區集結兵力。不過，雖然這次事件最後和平解決，印度撤回部隊，中國也中止修路，卻沒能終結北京對不丹領土的覬覦。

二〇二一年五月，由倫敦大學亞非學院（University of London's School of Oriental and African Studies，簡稱SOAS）研究現代西藏歷史及政治的學者暨作家羅伯・巴聶特（Robert Barnett）進行的研究，揭露中國已不只是在蠶食鯨吞不丹的邊境而已，甚至直接強占了一大塊數個世紀以來被這個喜馬拉雅王國視為聖地的領土。巴聶特結合衛星影像、中國媒體報導、其他開源地圖和文件，指出中國在不丹境內極北端興建了三座村落、總長一百零五公里的新公路、一座通訊基地、一座小型水力發電廠，以及至少五座軍事或警察前哨站。

他在《外交政策》（*Foreign Policy*）雜誌中也寫道：「這涉及到一項中國過往在陸地邊境上前所未見、極度挑釁的戰略。在他國境內建造一整片聚落，可說是肆無忌憚，大大超越了一九六二年導致中印戰爭爆發的魯莽巡邏和時不時的修路活動、一九六七年及一九八七年的軍事衝突、二〇二〇年共計二十四名中國及印度士兵死亡等種種事件。」這樣的領土奪取，也違反了北京當局和不丹在一九九八年簽訂的協議，其中同意雙方「不得訴諸單方面改變邊境現狀的行動」。

中國奪取的其中一個不丹地區，在當地稱為「Beyul Khenpajong」，平均海拔為四千公尺，在宗教上對不丹極為重要。「Beyul」一詞意為「隱密山谷」，自十五世紀以來便在不丹傳統文學及神話中使用，形容高聳山脊環繞的神聖山區，根據傳說，這些地點只有擁有特殊靈性力量的人才能找到。就連至少可以追溯至一九八〇年代的中國地圖，也顯示北京當局強占的這個地區屬於不丹。

但根據巴聶特的說法，衛星影像和媒體照片現在則顯示新建的傑羅布（Gyalaphug）村落中，有棟嶄新的大型行政建築，上面畫著象徵中共的槌子和鐮刀，還有寫著「黨群服務中心」的簡體中文招牌。一幅巨大的中國五星旗圖畫遮蔽了某座建築的牆面，還有大型紅色布條對山中新來的勢力表示效忠，寫著：「堅決維護以習近平總書記為核心！堅決維護黨中央的權威和集中統一領導！」

根據報導，中國也建立了另一座村落龐達村（Pangda），就在鄰近洞朗高原的不丹領土上，二〇一七年的中印衝突便是在此發生。此外，北京當局還突然宣稱擁有不丹東部面積一千九百平方公里的薩克滕野生動物保護區（Sakteng Wildlife Sanctuary）主權。辛布當局原本向美國的「全球環境機構」（Global Environmental Facility）尋求協助，進行公園內的計畫，卻遭到中國代表反對，表示這片區域主權有爭議，但先前根本從未出現類似情形。

這是次相當唐突的主權宣稱，大多公認是為了把小小的不丹，拖進中印主權爭議這灘渾水中，很可能是為逼迫辛布當局交出洞朗高原上的領土，以換回北部遭強占的地區，而印度絕對不可能接受這項交易，不丹的安全在印度眼中，可說是脣亡齒寒的關係。

用你的小老弟、老仇人圍堵你：尼泊爾與巴基斯坦

二〇二〇年六月，在加勒萬河谷衝突事件一週年後，中國召開了一場線上區域性會談，尼泊爾、巴基斯坦、孟加拉、斯里蘭卡、阿富汗都有參與，但印度卻缺席了，該會議表面上看來是要討論新冠肺炎疫情及對抗貧窮等議題，但這其實也向德里當局傳遞一則強力的訊息，表示北京當局目前在印度長期以來視為自家後院之地，擁有的影響力已相當強大，且持續成長中。

其中，中國特別關注尼泊爾，想方設法挑撥其和印度的關係，印度長久以來都將這個喜馬拉雅山區的國家當成某種小弟，也是其影響力的重要範圍。**北京當局向尼泊爾提供數十億**

美元建設工廠、發電廠、高速公路，尼泊爾的旅遊業也越發傾向中國遊客和登山客。

而中國在加德滿都當局時常混亂的政治局勢中，影響力也漸長，尼泊爾對中國威脅利誘的反應，則是鎮壓國內兩萬人西藏難民社群的活動，北京當局的目的便是說服尼泊爾不再提供從中國逃離的西藏難民庇護。

此外，他們伸出援手時也帶有政治上的精準。二〇一五年尼泊爾當地發生地震，中國便馬上派出搜救隊，並提供醫療物資，加德滿都當局也盡責的拒絕了臺灣派出的搜救隊，還警告印度軍方搜救隊避開中國空域，即便最需要支援的地區，其實就位於中國和尼泊爾邊境。

二〇二一年春季，尼泊爾的新冠肺炎確診人數暴增時，北京當局也炫耀般的提供了一百萬劑疫苗，而當時，醫療產業規模堪稱「世界藥房」的印度，卻已停止出口疫苗，以因應國內的新冠肺炎危機。

二〇二二年二月，尼泊爾對中國越發依賴的危險性開始浮現，當時一份尼泊爾的政府報告流出到BBC，指控中國沿著兩國邊界入侵尼泊爾，北京當局嚴正駁斥這項指控，尼泊爾政府則是公開淡化這份報告的衝擊，似乎出於害怕，不敢違逆自己的中國恩人。

中國和巴基斯坦長久以來都關係密切，北京當局曾提供巴基斯坦核武計畫的重要技術及相關知識，而伊斯蘭瑪巴德當局也是一帶一路計畫下獲得最多資金的國家，投資金額總計高達六百二十億美元。中國沒有任何正式的盟友，但巴基斯坦和俄國可說是極為接近，中共也將兩國的關係形容為「全天候戰略合作夥伴」。

巴基斯坦是中國軍火的主要買家，包括主戰坦克和無人戰鬥機等，且兩國在軍事上的合作也越發密切。二〇二一年五月，雙方便在西藏舉行聯合軍演，距離和印度出現爭議的邊境相當接近，一系列越演越烈的軍演也引起了印度軍事戰略家的警覺。一帶一路計畫中的一個關鍵項目，便是巴基斯坦位於阿拉伯海巴魯支斯坦省（Baluchistan）的瓜達爾港（Gwadar）。

印度擔心這個為了防護巴魯支（Baloch）叛軍的港口，會成為中國海軍的基地；另一方面，中國也已獲得斯里蘭卡漢班托塔港（Hambantota）的控制權，用以抵押該國的外債，並在緬甸西部建造皎漂港，不安的印度戰略分析師，則將這個印度洋周遭潛在軍事基地的網路，稱為中國的「珍珠鏈戰略」（String of Pearls）。

二〇二二年初，喜馬拉雅山區邊境情勢仍然頗為緊張，數輪和談並未帶來太多實質的成果，零星衝突依舊持續發生，兩國互控彼此入侵分隔雙方的籠統國界，情勢降溫的承諾，也受到雙方繼續集結武器及兵力的舉動遮蔽，總計約部署了二十萬名士兵。根據報導，中國也在喜馬拉雅山區附近駐紮了長程轟炸機，某個印度軍官便表示這樣的兵力集結「前所未見」，其中也包括帶來更多重型大砲，並將戰鬥機連隊調動到觸手可及之處。

中共官媒《環球時報》也怒吼：「我們必須在此嚴厲警告印方：你們越線了！你們的一線部隊越線了，你們的民族主義輿論越線了，你們的對華外交政策越線了。你們在對中國軍隊和全體中國人民進行不自量力的挑釁，你們正在懸崖邊上笨拙的倒立逞能！」

北京當局還宣稱，印度軍方訓練了超過一萬名流亡藏人，並將其假扮成當地牧人，實則是要滲透中國邊境。而在這樣狂熱的氣氛之下，二〇二〇年六月的衝突發生以前，很大一部分協助維持局勢和平穩定的一系列非正式邊境協議，也都遭到拋棄，前印度駐中大使班浩然（Gautam Bambawale）表示：「整個維持和平及平靜的架構都崩毀了，成了一片廢墟。」他還將邊境的緊張情勢稱為「災難的配方」。

印度派駐到中印邊境的某些額外兵力，是從印巴邊境調派而來，但印度自此之前都將巴基斯坦視為自身最嚴重的威脅。印度智庫政策研究中心（Center for Policy Research）資深研究員暨耶魯大學訪問講師蘇尚．辛格（Sushant Singh）便表示：「去年的邊境危機使印度政策制定者恍然大悟，發覺中國會是未來最大的戰略挑戰，並使關注從巴基斯坦身上移開。」德里當局已開始重新思考自身戰略連結，並尋求深化和美國、澳洲和日本等區域強權之間的關係。

中國點火 vs. 印度點火，引發眾怒

其中一個結果，便是印度對長期以來都沒有太多動靜的四方安全對話（Quadrilateral Security Dialogue，簡稱 Quad）重燃興趣，這個非正式戰略對話由美國、澳洲、日本、印度四方組成。二〇二一年九月，兩艘印度戰艦在關島海岸加入四方安全對話的軍演，關島

是美國在西太平洋的領土之一。此外，印度海軍也加入了英國的伊莉莎白女王號（Queen Elizabeth）航空母艦及其戰鬥群，在孟加拉灣軍演，並和越南、菲律賓、印尼、新加坡、澳洲海軍在南中國海舉行聯合軍演。替印度總理莫迪的戰略舉動錦上添花的，還有他在二〇二一年七月，公開他親自打電話給中國的死對頭達賴喇嘛，祝他八十六歲生日快樂，完全不顧任何可能來自北京的潛在抱怨。

印度智庫觀察者研究基金會（Observer Research Foundation）針對印度年輕人進行的一項民調也指出，有七七％的參與者都認為中國是最不可信賴的國家，並認為美國才最值得信賴。而一則在中國類似推特的社交媒體平臺「微博」上的貼文，也在印度引發眾怒，該貼文是兩張照片的對比，一邊是中國太空梭發射，另一邊則是印度當時因新冠肺炎導致的大型火葬，圖說寫著：「中國點火vs.印度點火」。

文中的語氣得意洋洋，對印度的新冠肺炎災難極其嘲諷，然而，**該圖片並不是來自什麼心態扭曲的愛國小粉紅，而是來自相當強大的中共中央政法委員會官方帳號**。此外，在宣布二〇二二年北京冬奧正式開幕的聖火傳遞儀式上，中共也挑選在加勒萬河谷衝突中受傷的解放軍軍官祁發寶擔任火炬手，這看來幾乎就是設計好的挑釁行為，而在不到一天內，德里當局想當然耳也宣布對北京冬奧採取外交抵制。

一般認為，經濟整合具有重要的衝突嚇阻功能，也是遵循共同規則的動機，而且在全球層級上，這也會讓中國變成一個負責任的合作夥伴；相較之下，強大的雙邊經濟連結，則會削弱政治或戰略差異，但這樁在世界屋脊上的野蠻衝突，以及印中關係隨之而來的崩壞，在在證明了這個觀念是錯誤的。

北京當局的所作所為，在外交上及經濟上都帶來了反效果，習近平卻依舊不為所動，這不僅顯示他已經準備好承擔風險，也代表在他的世界觀中，在中國胃口越來越大的戰略及國防利益面前，其他一切全都是次要的。而隨著北京當局將魔爪伸入全新的疆界，這對國際社會而言，是非常重要的一個教訓。

第5章 天上、海上、冰上都有絲路

「中國願同世界各國分享發展經驗，但不會干涉他國內政……建設和諧共存的大家庭。」

——習近平，二〇一七年五月

一直以來，位於格陵蘭的小鎮納薩克（Narsaq）在採石客之間都很受歡迎，他們是業餘的地質學家，會在夏季月分到來、尋遍克耶納蘇特山（Kuannersuit），這座雲霧繚繞的山峰座落於小鎮後方。採石客們在此蒐集的，是可以在附近找到的色彩豐富的石頭。該鎮位於世界上最大的島嶼——格陵蘭島南端深邃的峽灣岸邊，並擁有各式綠色、紅色、黃色、赭色的木造房屋。

當冬季大雪和寒冰逼近時，犬隻拉的雪橇是最好抵達此地的交通方式，不過降落在當地足球場上的直升機交通，占比也逐年穩定提升，因為納薩克扮演了新的角色——**中國和西方之間地緣政治的導火線**。

誰掌握稀土，就掌握未來

克耶納蘇特是世上最豐富的稀土蘊藏地之一，且未經開採。稀土指的是十七種稀有礦物，通常會一起出現在大自然中，並擁有磁性及導電性，其在我們的數位生活中，有著多種重要的應用。這些元素對現代電子產品來說極度重要，幾乎所有產品都會用上微量稀土，從晶片、螢幕、醫療器材、充電式電池、磁鐵，到導彈系統、戰鬥機、其他最先進的武器等，稀土也將推動再生能源的科技化為可能，包括風力發電機及電動車。

根據某份產業報告顯示：「在短短幾十年期間內，稀土元素便已深深滲入現代科技及工業的紋理中，且也證實極難被複製或取代。」而隨著全球對氣候變遷的擔憂加劇，各國推動減用化石燃料，稀土的需求也將水漲船高。

中國宰制了整個稀土市場，且也越來越樂於操弄這項優勢，中國目前開採全世界高達八〇%的稀土，加工比例則接近九〇%，後者的過程成本高昂又頗為麻煩。二〇一〇年時，在一艘中國漁船和一艘日本海上保安廳的巡邏船隻，於中國東海爭議島嶼發生衝突後，中國便限制了出口到日本的稀土；二〇一九年，北京當局也揚言要在如火如荼展開的中美貿易戰中動用稀土；二〇二一年初，甚至考慮將稀土加進受限制的原物料列表中，以便「維護國家利益」。據傳，官員也曾向產業專家諮詢，這樣的禁令將對美國國防產業帶來何種影響，特別是在生產F－35戰鬥機的計畫中。

但幸好，稀土其實並非那麼稀有，之所以稱為稀土，是因為其原子特性，而中國有辦法壟斷整個市場，則是激進工業政策帶來的結果，不僅大幅補助及保護相關中國公司，同時也願意承受提煉稀土的有毒過程造成之環境破壞。目前**已知有大量稀土蘊藏在中國、巴西、澳洲、越南、印度、美國境內，當然也包括格陵蘭——根據某項估計，此處的蘊藏量可能高達全世界的四分之一**。

二〇〇七年，澳洲公司「格陵蘭礦業」（Greenland Minerals）取得執照，可以在克耶納蘇特進行探勘，該公司除了受此地稀土蘊藏量的大好前景吸引，也因為此地豐富的鈾礦而來。探勘和實際開採不同，且須取得必要的許可，以便開始認真挖掘一座巨大的露天礦坑，並把山體挖出一大塊，這個過程相當緩慢又充滿爭議，且受到環保人士的激烈反對。此外，納薩克鎮民也意見分歧，一度支撐全鎮的漁業正在凋亡，而在二〇一九年的前十年間，全鎮人口也減少了將近五分之一，此時居民只剩下不到一千四百人。

二〇一六年，在一部頗為令人動容的紀錄片《克耶納蘇特，又稱克夫聶斐德》[1]（*Kuannersuit; Kvanefjeld*）中，便記述了小鎮面臨的各式衝突及問題，片中透過一系列在連綿山脈和冰山峽灣的絕美背景前的訪談，深入探討小鎮的希望與恐懼，有些人將克耶納蘇特視為救贖，可以創造數百個工作機會，並讓小鎮開始發展，其他人則以末日般的詞彙，描述環境的破壞，以及和土地連結的原住民文化。

而對某些人來說，這已經成了一個不再能公開談論的主題，因為其在鄰居之間，挑起了激烈又分歧的熱情，甚至連在這個緊密連結社群中的家庭裡也是。此外，這在國家政治議題上也造成分裂的看法，支持者認為礦坑帶來的財富，將為格陵蘭鋪下獨立之道，目前這座冰雪覆蓋的大島是屬於丹麥的自治領土。

接著，就是蹚進北京這灘渾水的爭議了。二〇一六年年底，**格陵蘭礦業公司宣布其和一間名為「盛和資源」的中國礦業公司成為戰略合作夥伴，對方買下他們一二·五%的股份，成為其最大的股東**，兩間公司也同意中國公司未來可以買下澳洲公司高達六〇%的控制股權。此事在盛和資源知會上海證券交易所後遭到披露，引發激烈反對聲浪。

格陵蘭礦業公司試圖「澄清」這則聲明，起初否認存在這種選項，接著又堅稱這不具約束性，僅是同意等到獲得礦坑所需的所有執照後，會與盛和資源展開協商，販賣大量股份給他們而已[2]。但對了解中國全球野心者而言，格陵蘭的收購傳遞的是一則毋庸質疑的訊息：在全球戰略上最為重要的原物料之一上，北京當局意圖維持自身幾近壟斷的地位。

1 該片由「核能文化」（Nuclear Culture）組織出資拍攝，該團體旨在透過藝術探討核能議題。

二〇一九年，盛和資源則和國有的中國核工業集團展開合作，在這樣的關係下，雙方合資的公司將會從格陵蘭進口那類在加工過程中，會產生鈾和釷的稀土，這兩種放射性物質可以用來製作核燃料。中國核工業集團是核電生產公司，和中國的核武計畫關係深遠，該公司在其網站上，形容自己是「國家核科技工業的主體、核能發展與核電建設的中堅、核技術應用的骨幹，擁有完整的核科技工業體系，肩負著國防建設和國民經濟與社會發展的雙重歷史使命」[3]。二〇二〇年，美國將中國核工業集團加入和解放軍相關的公司名單中，川普後來也發布了一紙行政命令，禁止美國資金投資名單上的所有公司，認為這類投資會對國家安全帶來風險。

單單這起事件本身，就已經夠令人擔憂了，但北京當局的野心更加無遠弗屆，人口約是北極熊數量兩倍、僅有不到六萬人的格陵蘭，已經被穩穩鎖定在十四億人口、對資源相當飢渴的中國戰略十字準星上。

人口不到六萬的格陵蘭，中美歐盟都在搶

中國下定決心要將其影響力拓展到北極圈內，二〇一七年時便出資**在格陵蘭興建了三座機場**，包括在將近三分之一人口居住的首府努克（Nuuk），其短小的跑道當時雖只能供小型螺旋槳飛機起降，但對格陵蘭來說，這帶來了更大型的噴射機，以及打開國境、迎接國際旅

客的期望。某間中國國有公司，還提議要買下一座廢棄的海軍基地，某間中國國有大學也宣布將在島上興建一座極區研究天線。

二〇一八年，**中國更在其首份北極政策白皮書中，自稱「近北極國家」，有權在該地區發展航運、科學研究，以及開採石油、天然氣、礦產、其他天然資源，甚至是捕魚**，而隨著全球暖化為北極冰冠敲響喪鐘，相關機會也很有可能開啟，解放軍海軍在北極海也越發活躍，包括在阿拉斯加位於白令海的阿留申群島（Aleutian Islands）不到七十公里處部署戰艦。

這類野心使華府及哥本哈根當局警鈴大作，也可說毫不意外，他們擔心格陵蘭會無力支付興建機場共約五億五千五百萬美元的貸款，進而使中國獲得擁有潛在軍事用途的跑道控制權，該地離美國東岸只有幾個小時的飛行距離。兩國於是對格陵蘭施壓，其最終也同意由丹麥提供較為便宜的替代貸款方案，美國則在機場的基礎建設方面協助，中國絕對不能涉入，丹麥也擋下了海軍基地的購買計畫，格陵蘭政府亦否認他們准許中國設置研究天線。

二戰期間，美軍在格陵蘭擁有十三座軍事基地及四座海軍基地，現在則僅剩最北端的設

2 有關二〇一六年格陵蘭礦業公司與盛和資源交易的深入司法分析，請參見網友 Jichang Lulu 的部落格文章〈更多有關盛和資源交易之事〉（*More on Shenghe's Greenland Deal*）一文，https://jichanglulu.tumblr.com/post/151328982186/more-on-shenghes-greenland-deal。

3 中國核工業集團完整的簡介及其他細節，請參見其網站：https://en.cnnc.com.cn/2016-02/01/c_49164.htm。

施：美國空軍的圖勒（Thule）基地，其中擁有一部分的彈道飛彈早期預警系統。該基地在丹麥和美國之間長期以來簽訂的協定下建立，於一九六八年冷戰情勢最緊張時聲名大噪，或許也可說是惡名昭彰：當時一架載有四枚核彈的B－52轟炸機，於基地西側約十一公里處的海冰上墜毀，飛機在機艙起火後嘗試緊急迫降。起火原因是某名機組員在暖氣孔前塞了太多座墊，核彈雖未爆炸，卻依舊破裂，並造成該區放射性汙染。這起事件使美國和丹麥之間的關係極度緊繃，也是反核觀點以及更廣泛的環保主義，在格陵蘭如此盛行的原因之一。

二〇一九年，美國總統川普表達了購買格陵蘭的興趣，這個提議遭到格陵蘭及丹麥政府嚴厲譴責，丹麥總理也表示任何有關出售格陵蘭的討論都是「無稽之談」，對多數旁觀者來說，這都看似是個頗為無腦的提議，但其中其實存在著某種邏輯。一年後，美國便在努克設立了領事館，並展開魅力攻勢，提出貿易和國防合作，還有加碼的援助方案，同意讓格陵蘭負責維護圖勒基地，此舉應能協助振興當地經濟，雙方也簽署了備忘錄，在稀土開採上合作，並促進相關投資。

到了二〇二一年時，歐盟也突然發覺自身對中國的危險依賴，並利誘格陵蘭加入歐盟的「歐洲原物料聯盟」（European Raw Materials Alliance），歐盟在此嘗試將其戰略性原物料的供應來源多樣化，同時承諾為稀土礦坑和加工廠提供投資及種子資金。北約祕書長延斯・史托騰伯格（Jens Stoltenberg）在研究更廣泛的國防環境後，表示：「北極圈的融冰，可能會導致世界不同強權間的地緣政治緊張關係升溫。」他提及了俄國的活動還有中國益發明顯的存在，並認為全球暖化對北極地區的影響「改變了國防情勢」。

話雖如此，格陵蘭礦業公司及其中國合作夥伴，仍保留了巨大的克耶納蘇特礦坑控制權。不過，二〇二一年四月，該計畫硬生生擱淺在格陵蘭當地的政治上。在該月提前舉行的大選中，支持環保的左翼政黨因紐特人共同體（Inuit Ataqatigiit），以三七%的得票率成為議會最大黨，並準備籌組聯合政府。該黨長期以來都激烈反對採礦，二〇二一年十一月，格陵蘭議會便通過法案，禁止開採鈾礦，並終止克耶納蘇特計畫，格陵蘭礦業公司股價隨後暴跌，即便公司仍表示會想辦法讓計畫重新展開。幾週後，格陵蘭政府又撤回了另一間中國公司俊安集團在首府努克附近開採鐵礦的執照，因為該公司無法按時付款，政府要求其交回所有地質數據，並清空該區域。

格陵蘭的故事便是西方民主國家視而不見的例子之一，即便該地擁有豐富的重要原物料，美國、歐盟、丹麥卻都過了許久才發現，自己在北極圈這個雖偏遠、戰略地位卻極度重要的角落，已被北京當局捷足先登，但這也只是西方在中國掌控了對未來科技而言極為重要的供應鏈時，讓自己淪為旁觀者的其中一例而已。

中國想壟斷的，遠遠不止稀土

充電式鋰電池對「再生能源」來說相當重要，它能為電動車，以及大多數可攜式電子產品提供動力，例如手機及筆電等，其相關市場正快速擴張，且也是由中國宰制。根據某項估計，二〇一九年時，中國公司在全球精密電池原物料生產上的占比，便高達八〇%，他們也掌控了生產電池所需多數重要原物料的加工過程，包括稀土、鋰、石墨、錳、鎳、鈷，**二〇二九年以前，全球預計興建的一百三十六座鋰離子電池工廠中，就有超過一百座位於中國**，中國也已在全球各地收購鋰礦坑，並負責加工全球近六〇%的鋰礦供應[4]。

此外，全世界的石墨則有三分之二由中國生產，不過其只有全球四分之一的蘊藏量；其錳蘊藏量雖僅占全球六%，負責精煉的比例卻高達九三%；鎳在地球上分布則頗為平均，但中國仍掌控了其三分之二的化學加工；中國的鈷蘊藏量只有全球的一%，卻宰制了其開採和精煉，全世界超過三分之二的鈷都由非洲的剛果民主共和國（Democratic Republic of the Congo，簡稱民主剛果）生產，而在二〇二〇年時，該國的十九座鈷礦中，有十五座都是由中國公司擁有或資助。

這類中國公司無論是國有或名義上私有，似乎都享有來自北京當局的無限信用額度，屬於宰制再生能源經濟系統性戰略的一部分。根據某項估計，由中國政府在背後支撐的機構，已為民主剛果的鈷礦公司，提供了一百二十億美元的貸款及其他資金，而採礦合約也時常屬於更大型合約的一部分，中國在這類合約中承諾提供道路、橋梁、發電廠和其他基礎建設。

但在近期，民主剛果國內在快速與中國交好上，也已出現令人不安的反彈，二〇二一年十二月，民主剛果東部的三個省分出現針對中國移工的騷亂後，中國大使館也建議公民離開當地。同時，據說當地政府也開始重新檢視相關合約，中國公司進而面臨承諾跳票、安全標準寬鬆、腐敗的指控。

在未來的時代，可否取得重要礦物供應、其可靠性、相關供應鏈的控制權，都將變得極為重要，因為根據大多數的預測，隨著全球開始過渡到化石燃料的下個階段後，很可能會面臨嚴重的礦物短缺。國際能源總署（International Energy Agency）便預測，稀土及電池級鎳的供應將會變得相當吃緊，同時也在和氣候變遷目標一致的解決方案中，警告道：「在二〇三〇年以前，現有礦坑和建設中計畫的預估供應量，只能達到預定鋰及鈷需求的一半，銅的需求則是八〇％。」

二〇二一年十一月，全球在面臨潛在的嚴重鎂短缺時，就得到了未來情況令人擔憂的驚鴻一瞥。中國對該礦物也有近乎壟斷的地位，汽車產業警告停工將近，因為鎂是生產鋁合金的原料，鋁合金則是用來製造變速箱、轉向柱、油箱蓋、座椅支架的原料，在生產鋁片的過程中，沒有原料可以替代鎂。而在電力短缺導致供應全世界八五％鎂的中國工廠停工後，全球存量也開始降低，歐洲官員緊急和中國領導層開會商討，擔心中國會把縮小的產量用在自

4 這類數據及更多資訊請參見能源研究機構（Institute for Energy Research）的報告〈中國宰制全球鋰電池市場〉（*China Dominates the Global Lithium Battery Market*）一文，二〇二〇年九月九日公布，https://www.instituteforenergyresearch.org/renewable/china-dominates-the-global-lithium-battery-market/。

身工業上，完全停止出口。

國際鎂價在一個月內飆漲七五%，來到破紀錄的一公噸九千美元以上，歐洲市場格外脆弱，由於無法和中國便宜的進口品競爭，其已經關閉了境內所有生產鎂的工廠，他們指控中國公司用低於成本的價格大量傾銷，只為趕走競爭對手，在二十年間獲得近乎壟斷的地位。這種掠奪性貿易活動是相當熟悉的指控，使得全世界在某項重要原物料上，幾乎完全依賴北京當局。

幸好最糟糕的恐懼並未降臨，汽車產業挺了過去，但這對他們以及西方領袖來說，卻是次醍醐灌頂的經驗，而這同時也在該月於倫敦格羅夫納大宅酒店（Grosvenor House Hotel）的豪華廳（Great Room）中，舉辦的倫敦金屬交易所（London Metals Exchange）年度晚宴上，促進了席間對話展開。

該晚宴在前一年（二〇二〇年）因新冠肺炎疫情取消，將近千名身穿晚禮服和優雅洋裝的賓客香檳在手，大家都很開心能夠重聚。擁有一百四十四年歷史的倫敦金屬交易所，是全球最古老、規模也最大的工業金屬交易場所，賓客舉杯祝賀「圓環」（the ring）重新開幕，這是世界上少數還會舉辦公開面對面喊價、近乎戲劇性活動的最後堡壘，在此之前已經因為疫情關閉了十八個月，不過氣氛並不如往常喧囂熱絡，而且有許多人都在討論無法預測的市場及金屬短缺。

倫敦金屬交易所可能也反映出了自身同樣奇特的地位，也算是另一種最後堡壘，幾乎是世上僅剩沒有被中國宰制的金屬供應鏈。中國掮客雖試圖在交易所中站穩腳步，但他們的進展受到繁文縟節、文化衝擊、缺乏明確戰略的大幅限制，即便中國製推土機已經一路開進採礦及精煉業，並獲得宰制性地位，倫敦金屬交易所古怪的運作方式，迄今仍使他們的貿易商不得其門而入。

一帶一路的各種偽裝

當中國宣稱自身是個「近北極國家」時，其表明的野心便是要開採該區的資源，並開啟因全球暖化化為可能的新航線，以形成其所謂的「冰上絲路」，而此舉也將他們在北極的戰略目標，囊括至一帶一路計畫的範圍之下。

我們已經見識過不少一帶一路的偽裝，其中包含多條陸上、海上、數位「絲路」。真正走過絲路的商人馬可．波羅（Marco Polo）若親眼看見北京當局如此廣泛的運用這個詞彙，可能會頗為一頭霧水。一帶一路已然成為中共全球野心不斷變形、無所不包的大雜燴，是其重塑世界秩序的嘗試，也是其強大經濟力量的侵略性運用。

一帶一路是頭稀奇古怪的洪水猛獸，中共的宣傳將其視為數兆美元的基礎建設投資計畫，理論上會重現古代透過海陸連結東西方的貿易路線，而在過程中，世界則可以享有中國興建的道路、鐵路、港口、機場、發電廠、電信通訊設施，當然還有礦坑，習近平也將其形容為「造福各國人民的世紀工程」以及「和諧共存的大家庭」。中國宣稱已有超過一百三十八個國家加入了一帶一路計畫，而要找出花費總額的精確數字相當困難，因為這類計畫大多晦澀難解，且共同簽署的備忘錄及投資的承諾，也不盡然會完全轉化為花費。

一帶一路目前是中國最主要的外交政策計畫，也已成了一個前後內容頗為不連貫的標語，可以囊括北京當局在國外進行所有事的方方面面，包括各式各樣的計畫，而且也不存在真正的地理邊界。葡萄牙前歐洲事務部長布魯諾．瑪薩艾斯（Bruno Maçães），曾針對一帶一路進行深入的研究，他也將其形容為「一個國際政治工程的巨大計畫[5]」。

一帶一路計畫不僅遭到大肆宣傳，也缺乏原則，完全不受任何公開透明和良好治理的惱人概念阻礙，同時也缺少從國際組織或西方國家借款，通常會伴隨的環境、勞工、人權保障，**這使得中國能夠出口其過剩的工業產能及資本，並按照自身想像及利益來形塑世界**。從許多方面看來，這都是個經典的新殖民式企業，且也讓人想起我們在南中國海已經見識過的、古代以中國為中心的世界觀。此外，這類計畫通常也包含進口中國勞動力，並使接受的國家擔負可能無力償還的巨大債務。

一帶一路計畫中的基礎建設元素，引來了大量關注，這類計畫也是中共熱愛宣傳的，彷彿一帶一路是個巨型慈善組織、是筆巨大的慈善資金。其他人則指出中國從其建設中獲得的戰略優勢，尤其在港口上，例如斯里蘭卡因無力償還債務，被迫把耗資十三億美元興建的漢班托塔港，交給某間中國公司管理。

在非洲，吉布地（Djibouti）龐大的外債，則使其成為全球外債占GDP比例最高的開發中國家，且許多外債的債權人都是中國，北京當局也運用了這樣的依賴，在該國建立了額外的戰略據點：**吉布地現在成了中國唯一海外軍事基地的所在地。**此外，中國也在柬埔寨、緬甸、阿拉伯聯合大公國等地，投資了數十座港口設施，而這些設施都有潛在的軍事用途。

領先全球的中國技術：數位監控

在習近平所有的「絲路」之中，最耐人尋味的或許是所謂的數位絲路，而這也是中國的影響力最為陰險之處，日漸支撐了一帶一路計畫的其他元素，同時也描繪了中共野心之巨大及其本質。就以長期受到西方強權忽略，被稱為「中國第二大陸」的非洲為例，北京當局目前已成了非洲最大的投資者、貿易夥伴、援助者，而這也創造出了一種依賴，其程度嚴重到就連中國的網路間諜被揭露，竊取了非洲聯盟（African Union）的檔案時，也沒有引發一絲抱怨。

5　這段引言引自二〇一七年五月十四日，習近平在一帶一路國際合作高峰論壇開幕式上的演講，該演講也收錄在《習近平談治國理政》第二卷中，此處作者引用的是英文版《*The Governance of China*》。

代表五十五個非洲國家的非洲聯盟，可承擔不起惹惱恩人的代價，中共竟然在非洲聯盟位於衣索比亞首都阿迪斯阿貝巴（Addis Ababa）新總部的電腦系統中，安裝了後門軟體，這座總部便是由北京當局興建，並當成禮物送給對方。除此之外，中國也在非洲大陸各地捐贈了各式議會及政府單位建築。

中國電信巨人華為及中興通訊，也負責建造非洲大多數的通訊基礎設施，即所謂的「數位絲路」，華為據說便建造了非洲七〇%的4G通訊網路，而除了網路節點之外，華為也供應非洲智慧型手機、電腦、各式監控設備，非洲人認為其產品便宜又耐用，而銷售也受到中國政府提供、看似無限的信用額度協助，就和前文的採礦公司相同。

華為的旗艦產品之一，便是所謂的「安全城市解決方案」，這是一套先進的監控工具，在中國研發及調校，根據該公司的手冊，能夠提供「無所不在的感測」和「即時警告及監控部署」，以便「促進公共安全產業的數位轉型[6]」。這類產品在全世界的獨裁國家相當盛行，共有七一%的「安全城市」協議，是由「自由之家」（Freedom House）組織評為「不自由」或「部分自由」的國家簽訂，包括安哥拉、埃及、衣索比亞、哈薩克、俄羅斯、沙烏地阿拉伯、泰國、阿拉伯聯合大公國與烏茲別克。

我們最好將「數位絲路」視為一個科技生態系統，範圍包括5G通訊網路、雲端運算、其他數據儲存，到GPS衛星定位系統及其他網際網路基礎建設。根本上而言，中共在兜售的便是所謂的「科技極權主義」（techno-authoritarianism），並以其在自家國內建立的監控國度當成榜樣，最惡名昭彰的例子便是中共對新疆維吾爾族及其他穆斯林少數民族的壓迫。而這也會讓中國對巨量數據擁有潛在控制權，數據便是權力和影響力的另一個來源。

其他開發中的「數位絲路」元素，還包括一種中心化的數位貨幣，即所謂的數位人民幣，從許多方面來說，這都是終極的監控工具，能夠提供個人所有交易的即時資訊，包括交易的金額、地點、頻率、內容，堪稱無所遁形。而在國際上，數位人民幣則是種挑戰美元宰制地位的方式，在一帶一路計畫下由中國協助建設的國家中，使用數位人民幣可能會變成和中國做生意的條件。

二〇二二年北京冬奧開幕之前，中共也大力宣傳數位人民幣，希望遊客和運動員在賽事期間可以使用這種數位貨幣。英國著名情報單位政府通訊總部（Government Communications Headquarters，簡稱GCHQ）的首長傑瑞米・佛萊明（Jeremy Fleming）爵士，便在一場罕見的訪問中提出警告：「如果運用錯誤，這便能賦予一個不懷好意的國家監控交易的能力，讓他們有能力……能夠控制以這類數位貨幣進行的行為。」

同時，中國也費盡心力形塑重要的國際技術規格，這將會影響未來科技的相容性及資

---

6 請參見華為公司的手冊《華為安全城市解決方案》，https://e.huawei.com/en/material/industry/safecity/04042f765c04a518e3e25c87fea5133。

訊安全，這類規格便是技術規則的高速公路，也是巨大的權力及影響力來源，共有約兩百多個國際組織及實體參與規格設立，而中國在這類論壇中皆非常活躍，例如在二〇一六到二〇一九年間，向國際電信聯盟（International Telecommunications Union，簡稱ＩＴＵ）遞交的二十項臉部辨識科技規格申請，就全部都來自中國，其中多數和錄製到的影像與音訊儲存及分析有關。

國際規格雖是自願採用，但亞洲、非洲、中東的開發中國家通常仍會採用，這些地方是中國的重要市場，如果北京當局的規格受到採用，那其就能處於極其有利的位置，獲得巨大的科技及商業優勢，且影響也遠遠不止於此。

大多數情況下，科技都不是中性的，同樣的科技可以用許多不同方式部署，並為各種目的服務，科技規格因此便展現了政治、經濟、更廣泛的道德及倫理價值，比如人權團體便抗議國際電信聯盟採用臉部辨識科技規格的程序，將使其他人沒有機會改變中國設下的規則，或是在隱私及言論自由議題上採取防護措施。

在商言商，不許討論中國內政

一帶一路計畫，一方面是中國用來促進其經濟、科技、戰略利益的手段，同時也創造出了一個依賴網路。這並不是蘇聯在上一次冷戰中控制的那種意識形態和軍事同盟「集團」，而是創造許多百依百順的國家，可以迫使他們在政治上支持中國，比如在國際論壇上壓下批評聲浪，或是在臺灣、香港、西藏這類議題上，鸚鵡學舌北京的敘述。

中共針對高達一百五十萬人的維吾爾族，和其他穆斯林少數民族，罪證確鑿的大型監禁活動，包括強迫勞動、強迫絕育、文化滅絕等，全都是由一套壓迫的監控支撐，也遭西方描繪為種族清洗及反人類罪。但巴基斯坦總理伊姆蘭・汗（Imran Khan）卻不這麼認為，他在媒體大篇幅報導中共的壓迫行為時，表示：「老實說，我不太清楚這些事。」

他支吾其詞、言詞閃爍，認為巴基斯坦尊重中國原來的樣貌，在切入重點前，還詢問：「這在西方世界怎麼會是個這麼大的問題呢？」並堅稱中國一直都是「我們在艱困時期最要好的朋友之一」，且任何棘手的對話都是「在閉門會議中」發生。

巴基斯坦正是一帶一路計畫最大的受益者，投資金額總計高達六百二十億美元，其中也包括在戰略上相當重要、位於阿拉伯海的海港瓜達爾，此地將會透過預定的三千兩百公里公路及鐵路網和中國連結。

中國也將巴基斯坦稱為「鐵友」，這是個相當貼切的稱呼，因為巴基斯坦根本就是被其對中國的依賴緊緊箝制，宛如用鐵手銬銬在一起般，即便伊姆蘭・汗總是迅速譴責世界上其他地方所謂的「伊斯蘭恐懼症」（Islamophobia），他卻沒膽鼓起勇氣譴責我們這個時代，對伊斯蘭信仰最巨大也最惡名昭彰的攻擊。

而大多數以伊斯蘭人口為主的國家，包括馬來西亞及印尼在內，也都盡量迴避談論這個主題，以免遭到中國報復。二〇二一年十月，四十五個國家簽署共同聲明，支持中國對新疆採取的政策，他們還在聲明中將新疆描述成一個「各民族的人民在和平穩定的環境中，享受快樂生活」的省分。

簽署的國家之中，包含一如往常反對西方的各個獨裁政權，像是古巴、俄羅斯、白俄羅斯、伊朗，還有那些如點名般加入，從中國獲得極大利益的國家，包括安哥拉、柬埔寨、埃及、伊朗、莫三比克、緬甸、尼泊爾、巴基斯坦、斯里蘭卡、敘利亞、坦尚尼亞、烏干達、辛巴威。

而北京當局努力耕耘影響力的中東地區，也沒有缺席，阿拉伯聯合大公國、巴林、沙烏地阿拉伯也全都支持這份聲明，聲明則接著繼續表示：「我們也理解並注意到，中國已經依法採取一系列措施，回應恐怖主義及極端主義的威脅，以保衛新疆所有民族的人權。」

北京當局確實很有理由為他們投資的回報感到高興。此外，根據外交官員的說法，烏克蘭原先也支持由加拿大發起的呼籲，要求中共允許獨立的觀察員進入新疆，但中國威脅要是他們敢這麼做，就會中止原先預定運往基輔的至少五十萬劑科興疫苗，因此烏克蘭最終也退出了簽署行列。

中國也盯上了那些對新疆棉花田及工廠的強迫勞動，表達擔憂的企業。西方大型服飾品牌，在中國便面臨了「愛國小粉紅」受中國社群媒體精心煽動、推波助瀾的抵制及威脅活動，H&M便是損失最為慘重的公司之一，他們直接從中國網站上被消失、產品在主要的中國電商平臺上遭到下架，最後只好在官方微博上發表聲明，表示其「尊重中國消費者」以及他們「不代表任何政治立場」，而博柏利（**Burberry**）、愛迪達（**Adidas**）、耐吉（**Nike**）、優衣庫（**Uniqlo**）、拉科斯特（**Lacoste**）等品牌也都被中共盯上。

在西方，許多公司都會將人權和環保等價值融入其品牌形象，但他們到了這時才發現，這對於在中國採購原物料和做生意來說，是多麼如坐針氈。美國晶片製造商英特爾（**Intel**）在寫給供應商的信中，呼籲不要採購新疆的產品後，便在中國引發爭議，只好道歉，後來還修改了信中措辭，刪除提及新疆的部分。

而德國汽車製造商福斯汽車（**Volkswagen**，中國譯為「大眾汽車」），則以堪比巴基斯坦總理伊姆蘭．汗的方式，和新疆的命運緊緊糾纏，他們在新疆省會烏魯木齊有座工廠。二○一九年，在上海車展的場合上，福斯汽車執行長赫伯特．狄斯（**Herbert Diess**）不斷遭到逼問人權問題後，竟表示他「不知道」新疆再教育營的存在[7]。

而在後來的某場訪問中，時任福斯汽車中國區總裁史岱芬．瓦倫斯坦（**Stephen Wallenstein**），雖沒有拒絕承認再教育營的存在，卻仍表示：「我能向你保證，我們沒有強

---

7 二○一九年四月十六日與赫伯特．狄斯的完整訪問影片，標題為〈福斯汽車老闆「不知道」中國再教育營存在〉（*VW boss "not aware" of China's detention camps*），請參見ＢＢＣ新聞網站，https://www.bbc.com/news/av/business-47944767。

迫勞動。」不過在遭到進一步逼問後，他也改口說自己無法完全確定。中國除了是福斯汽車最大的市場外，批評者也認為，福斯汽車應該要負起更嚴重的道德責任，**因為該公司便是由納粹黨在一九三七年創立，並於二戰時期使用強迫勞動力，其中就包括集中營的囚犯。**

中共也透過制定所謂的《反外國制裁法》，來向外國企業施壓，該法賦予執法當局明確的權利，可以對遵守國外指示、對中國實施經濟制裁的企業及個人，採取懲罰行動。換句話說，所有響應西方針對新疆及香港遭到壓迫，實施經濟制裁，或是抵制中國黑名單科技公司的企業，都會發現自己的中國區高層遭到逮捕或遣返，資產也會受到扣押。

銀行業便是最有可能受到中國鎖定的產業，美國政府已經明確警告，他們將會遭到中國嚴加審視，看看他們是否有與任何經濟制裁相關的實體及個人往來，中國則設立了北京金融法院，專門處理可能造成中國境內投資者「合法權益」受損的銀行，或其他金融公司相關訴訟。這些措施在實務上究竟會如何運作，仍有待觀察，而且中共若真要進行脅迫，當然也並不真的需要法律依據撐腰，黨是凌駕在法律之上的，不過法案本身依舊讓風險暴增。

而企業也面臨更多壓力，被逼到地緣政治緊張局勢的中心，且中國實際上也告訴他們要選邊站，中共想要一併控制他們說的話和他們的行為，在習近平的統治下，中共對於那些時常不經意迷航、不慎踏入越來越密集的地雷區中的個體、企業、國家，懲罰及報復可說變本加厲，他們必須支持中國的立場，當作打入中國市場及獲得相關投資的代價。

此外，中共也試圖讓外國企業代表自身進行對外遊說。根據報導，二〇二一年十一月，中國駐華盛頓的大使館便向高階主管、企業、商業團體施壓，要求其在美國國會中，反對對中國不利的法案，其中便包括《美國創新及競爭法》（*US Innovation and Competition Act*），該法目的旨在促進美國及中國間的競爭，並投資亟需的半導體產業。

中國官員警告各企業，要是該法案通過，他們便會面臨失去中國市占率或營收的風險，某封信件中便表示：「我們誠摯的懇請您……在敦促國會議員放棄零和思維及意識形態偏見上扮演正面角色，停止推動與中國相關的負面法案，並刪除負面條款，才能在為時已晚之前，共同創造雙邊經濟和貿易合作上的優良環境。」

中共的宣傳部門也要求亞馬遜（Amazon）協助推動習近平的個人崇拜。根據報導，二○二一年十二月，美國電商巨人便刪除中國版網站上，針對習近平書籍的負面顧客評論及評分，甚至也同意中國政府的要求，只允許浮誇褒揚習近平的五星評論出現。面對批評聲浪，亞馬遜則表示他們「不管在什麼國家經營，皆遵守所有當地適用的法律及規定，在中國也不例外」，而這也成了遭控與中共共謀壓迫的所有公司，千篇一律的樣板回應。

在英國對於中國的投資及人權侵犯越發詳加審視之際，中共也開始尋求英國企業的支持。時任中國總理李克強便和三十間英國企業舉辦了線上對談，包括阿斯特捷利康製藥（AstraZeneca）、高偉紳律師事務所（Clifford Chance）、英國石油（BP）、捷豹荒原路華（Jaguar Land Rover）、資誠聯合會計師事務所（PWC）、力拓集團（Rio Tinto）、渣打銀行（Standard Chartered）、滙豐銀行（HSBC）等，根據《新華網》報導，他在其中表示：「希望英方為中國企業赴英投資興業提供公平、公正、非歧視的營商環境。」

談話間並未出現對這些企業在中國商業利益的明確威脅，也不需要有，因為許多公司都一點就通。有人將這個狀況形容為某種斯德哥爾摩症候群（Stockholm Syndrome），即身為人質的外國企業，逐漸對中國綁匪發展出信任、同情、依戀感，並主動配合後者一切要求的行為。

國旗跟著貿易走，地緣經濟的一級玩家

運用經濟手段達成政治目標的方式，便是所謂的地緣經濟，而中國在這方面可是世界領頭羊，包括運用開放市場、貿易、投資來脅迫，北京當局在這些事項上可說「戰功彪炳」，這就是為什麼，對於未來重要科技的供應鏈，即本章開始探討之處，我們應該如此擔憂。

地緣經濟是中國偏好的戰鬥模式，而且也極為成功，很大一部分便是因為中共掌握了這麼多地緣經濟手段，以及如此巨量的資本。美國雖是個更富有的國家，但政府對於這些資本該如何部署，卻沒有如此直接的控制權。即便華府當局動用經濟制裁，中共也毫不手軟，同時亦善用其對全球美元基礎金融系統的控制權，西方的地緣政治手段卻更為分散，影響力也較為有限，許多貿易和投資決策都掌握在私部門手上。

地緣經濟也可以是透過間接方式，例如中國的經濟影響力，便曾對世界銀行（World

Bank）及國際貨幣基金（International Monetary Fund），這兩大頂尖國際金融機構的公信力造成威脅。二〇二一年十月，一項獨立調查便發現，克莉絲塔莉娜・喬治艾娃（Kristalina Georgieva）在擔任世界銀行執行長時，曾向職員施壓，要求其提高中國在該機構年度經商便利度指數（ease of doing business index）中的排名。

當時世界銀行正在尋求更多中國資金，而中國是其第三大股東。世界銀行的經商便利度報告，會根據各國的經商環境對其進行排名，而在喬治艾娃據稱出手干預以前，中國的排名原先應該會降低幾名才對，但等到報告公布時，她已經離開世界銀行，轉而到國際貨幣基金擔任總裁。批評者要求她辭職，以維護這兩個機構的廉潔及相關數據，因為其在傳統上都受到各企業及組織的極度信任，不過喬治艾娃依然待在原先的職位，還表示她基本上反對該報告的結論，並否認曾要求修改數據。

傳統的西方殖民擴張時代，造就了「貿易跟著國旗走」這句格言，當時把領土控制視為必須，以便發展能夠支持母國工業的貿易；而中國則將這句話顛倒過來，變成「**國旗跟著貿易走**」，透過經濟手段創造依賴，北京當局也不斷想方設法，以保障其在全球逐漸成長的利益及資產。其中一個面向，便是中國「私人」保全的成長，另一個則是尋找海外基地。

二〇二二年四月，北京當局和南太平洋島國索羅門群島（Solomon Island）簽訂安全協議，允許中國在其上駐紮軍事人員與警察，還有偶爾的「船隻來訪」，表面上是為了「保護在所羅門群島上中方人員和中國主要項目的安全」。澳洲、紐西蘭、美國全都嚴正抗議，但之後很可能還會出現更多這類協議，因為中國正試圖挑戰美軍在太平洋地區的主宰地位。

地緣經濟也可說是「其他形式戰爭」的其中一個元素，即運用一整套尚未達全面軍事衝突層級的脅迫手段，而網路武器也屬於手段之一。中國長久以來都頗為擅長網路間諜活動，也仍持續擴充其軍火庫，不僅張開雙臂欣然接受線上假訊息的使用，也在需要時結合網路犯罪輔助，進而演變成破壞行動，並將自身影響力拓展到網路空間最為黑暗的角落。

第6章

假訊息、間諜活動：網路貓熊伸魔爪

「接下來十年間中國如何變化，很可能會是驅動英國未來網路安全最大的單一因素。」

——英國國家網路安全中心（National Cyber Security Centre）二〇二一年年報

瑞士生物學家威爾遜・愛德華茲（Wilson Edwards）非常憤怒，他在臉書（Facebook）和推特帳號上宣稱，他發現美國試圖推翻世界衛生組織（World Health Organization，簡稱WHO）對新冠肺炎起源的調查。

「來自美方及特定媒體來源的巨大壓力甚至是威脅，」他在二〇二一年七月寫道：「WHO的消息來源告訴我，美國如此執著於在來源追蹤的議題上攻擊中國，因而不願張開眼睛，正視數據及發現。」

中共官媒熱情轉貼愛德華茲的貼文，中國外交單位的社群媒體帳號也是，中共《人民日報》的某篇頭條，也控訴美國「將世界衛生組織作為維護自身利益的工具」，《中國日報》則要求「科學先於病毒」，中共的宣傳機器可說是熱切的將這位受人敬重的生物學家之意見，當成美國說謊的進一步證據。

神祕的瑞士生物學家，中國官宣產物

愛德華茲應該會對他貼文產生的影響力感到十分高興，前提是如果這個人真的存在的話。因為在一個月後，一頭霧水的瑞士駐中國大使館便以推文表示：「協尋威爾遜・愛德華茲，據稱是瑞士生物學家，其言論在過去幾天內時常受到中國媒體及社群網站引用，如果你存在的話，我們很樂意跟你見面！但這比較有可能只是則假新聞，我們在此呼籲中國媒體和網民撤下這些貼文。[1]」

瑞士大使館表示，沒有任何紀錄顯示瑞士有位名叫威爾遜・愛德華茲的公民，在他們的生物學領域中，也沒有半篇文章是以此名發表，他使用的臉書及推特帳號，都是在發布新冠肺炎相關貼文的同一天創立，兩個平臺上的情況都一樣。他的臉書帳號大頭貼是張牛津大學圖書館的圖片、僅有三名好友，且沒有其他貼文，相關貼文除了被中國官媒轉貼外，也被數百個臉書及推特假帳號分享及傳播。

威爾遜．愛德華茲的成名時刻曇花一現，瑞士大使館揭穿他不久後，他的社群媒體帳號便遭到刪除，中共官媒吹捧他智慧及遠見的相關文章，也開始從網路上消失，他只是個虛構的人物，幾乎肯定是中國官宣機器的產物，當時這部機器正全速運轉，大量產出各式有關新冠肺炎起源的陰謀論，目的便是將注意力從中國的過錯上轉移。

多數專家皆同意，可以開始抽絲剝繭之地，便是該病毒於二〇一九年十二月初次現蹤之處，即中國的武漢。而最為可信的理論，包括病毒透過某種媒介，從最可能是蝙蝠的某種動物身上自然傳染給人類，或者也可能是由當地研究蝙蝠病毒的某座實驗室外洩。

流行病學家認為，了解新冠肺炎的起源，在對抗未來的疫情上，可說相當重要，但是WHO和其他單位試圖得知真相時，卻遭遇中國處處阻撓，不讓他們接觸數據、設施、相關人員。威爾遜．愛德華茲的聲明，只不過是中共精心調動，以運用西方社群媒體，讓情況更撲朔迷離的一次嘗試而已。

1　瑞士大使館的這則推特貼文以及某些無價的回應和迷因，請參見：https://twitter.com/SwissEmbChina/status/1425042973289504770。

「翻牆」才能使用的平臺，卻有成千上萬中國帳號

假訊息是情報單位過往稱為「積極措施」的關鍵要素之一，背後歷史相當悠久，形態也時常頗為多采多姿，特別是在上次冷戰期間，約翰霍普金斯大學（Johns Hopkins University）教授，曾撰寫假訊息歷史相關著作的湯瑪斯．李德（Thomas Rid），便將這段時期形容為「假訊息及專業組織性謊言的巨大實驗室」。

當時的目的便是散播歧見、懷疑、不信任，並尋找及濫用漏洞，以便削弱目標，這些目的基本上直至今日仍然維持不變，改變的是手段。網路成了非常好的消息傳播來源，可以兜售一套平行世界的現實，並如同李德所述：「網路不僅將積極措施變得更便宜、更快速、更能隨機應變、風險更低，也讓這類措施變得更為活躍、更為失控。」

俄羅斯從蘇聯繼承了強大的積極措施血統，並在二〇一六年最終由川普當選的美國總統大選期間，發揮得淋漓盡致。這類措施包括殭屍帳號工廠，大量創立美國社群媒體的假帳號，並傳播在政治上相當激進又分歧的內容和假新聞文章；此外，俄國駭客也鎖定與希拉蕊．柯林頓競選活動相關的重要人士及機構，竊取並洩漏令人難堪的內部電郵。

中國雖較慢加入假訊息賽局中，卻迅速迎頭趕上。二〇一八年以前，北京當局在西方社群媒體上幾乎沒什麼外交單位帳號，且這類媒體在中國本土也遭到禁用。但在接下來兩年間，其存在感日益增強，等到**新冠肺炎疫情爆發時，推特和臉書上共有將近兩百個中國外交**

單位帳號，到處大聲嚷嚷、咆哮尋釁。

這些帳號成了中國侵略性「戰狼」外交的步兵團，此名稱來自一系列同名的藍波動作風格愛國電影，西方社群媒體也變成他們首選的平臺，從此處向國際受眾放送其威脅及嘲諷，這類帳號現在已是中國越發侵略的前鋒部隊，試圖在各式各樣的主題上形塑國際輿論，並且和官媒互相唱和，不管在線上還是線下，都快速擴張其國際存在感。

在二〇〇九年到二〇二一年間，中國官方新聞機構新華社的海外通訊處數量便成長兩倍，來到兩百間，中國國際廣播電臺的節目時數也成長超過三倍，並以三十六種語言播出。此外，中國環球電視網也在海外以新品牌的姿態崛起，共有五種語言、二十四個頻道。

中國外交單位和官媒與瞬息萬變的假帳號大軍聯手合作。在新冠肺炎疫情爆發初期，北京當局便利用數萬個推特假帳號或非法取得的帳號，將自身描繪成公共衛生領袖及贊助者，同時抨擊西方民主國家跌跌撞撞的防疫努力，並散播有關病毒來源毫無根據的理論。

2 有關二〇一六年美國總統大選期間，俄國網路活動的深入概覽，請參見提摩西·桑默斯（Timothy Summers）的〈俄國政府如何在二〇一六年大選中運用假訊息及網路戰：白帽駭客深入解析〉（*How the Russian government used disinformation and cyber warfare in 2016 election – an ethical hacker explains*）一文，The Conversation網站，二〇一八年七月二十七日，https://theconversation.com/how-the-russian-government-useddisinformation-and-cyber-warfare-in-2016-election-an-ethicalhacker-explains-99989。

歐盟便指控中國進行「全球假訊息活動，以轉移疫情爆發對其帶來的指責」，並且散播「巨量」錯誤事實。比利時布魯塞爾當局便提及某個案例，中國駐巴黎大使館竟宣稱法國照護人員拋下職責，將照護對象留下來等死，並訛傳法國立法單位使用種族歧視字眼，辱罵世界衛生組織祕書長譚德塞（Tedros Adhanom Ghebreyesus）。

根據華盛頓倡議團體「保障民主聯盟」（Alliance for Securing Democracy）統計，在二〇二〇年四月及五月間，和中國政府相關的推特帳號，在其新冠肺炎假訊息閃電戰中，共發布了九萬條推特，且訊息內容也越發激進及訴諸陰謀論。二〇二〇年六月，推特關閉了十七萬個和中國政府有關的帳號，並表示這帳號參與了「各式經過協調的輿論操弄活動」。

而光是在二〇二〇年第二季，YouTube 也刪除將近兩千五百個頻道：「這屬於我們正在調查中，和中國有關、經過協調的影響戰的一部分。」此外，推特也禁止中國環球電視網播送廣告，因為擔憂他們會散播有關香港民主抗爭的假訊息。

中共的假訊息機器，起初都是針對新冠肺炎議題，但焦點很快轉向香港及新疆，因為中國正因對這兩地的壓迫，面臨全球批評聲浪。他們的貼文充滿嘲諷，對象便是關注人權侵害的各智庫、政治家、媒體、學者，《經濟學人》還將其稱為中國的「新罵戰」。而貼文同時也強調來自邊緣媒體、可疑「專家」、陰謀論者的說法，以支持中國的平行現實。

這類訊息有時相當拙劣，甚至到了超現實的程度，比如和中共相關的組織，在臉書上張貼了一系列廣告影片，內容是滿面春風的新疆維吾爾族人，不僅手舞足蹈，還完全符應每一個庸俗的種族刻板印象，停下手邊的動作只為了歌功頌德中共的慈悲與恩惠。根據報導，臉書職員雖曾在內部討論版和其他討論中提出疑慮，認為公司這樣也參與了中國宣傳的共謀，卻沒有太多明顯成效。

澳洲戰略政策研究所（Australian Strategic Policy Institute）的某份報告也發現，中國官媒和外交單位推特帳號提及新疆的貼文頻率，在二〇二〇年突破歷史紀錄，每月平均會有將近五百則相關推特，數目幾乎是前一年的兩倍：「中共正使用各式戰略，包括利用美國的社群媒體平臺，來批評及誹謗維吾爾族受害者、研究此議題的記者及學者、相關組織。」該機構如此提及，並預期情況將越演越烈。

只不過，中國駐華盛頓大使館的外交人員可能有點太過興奮，大使館的推特帳號在發布維吾爾族女性已從極端主義中「解放」，不再是「生小孩機器」的相關貼文後，便遭到停用。該則貼文是在中國遭指控對穆斯林少數族群採取強迫絕育、強迫墮胎、脅迫的家庭計畫後發布，推特表示其違反了他們針對「貶低他人」的政策。

虛構的生物學家暨美國新冠肺炎的抨擊者威爾遜．愛德華茲，還算相當容易識破，北京當局更常利用的其實是真正的西方人，不管多邊緣或多可疑，都還是會說中國好話。官媒越來越常利用容易受騙的外國 YouTuber[3]，通常是在中國教外文或做生意的人，他們上傳到 YouTube 的影片中，一般都會結合旅遊或日常生活的影像，並抨擊外國媒體對相關人權議題「說謊」，一邊大聲替中國辯護。

二〇二一年三月，中國外交部便發掘了一名叫作丹尼爾・鄧布爾（Daniel Dumbrill）的加拿大YouTuber，他上傳了一部十二分鐘的影片，其中指控美國把新疆當成限制中國的藉口，並警告要小心「無腦照單全收又鸚鵡學舌」的西方政治宣傳。

鄧布爾是住在深圳的精釀啤酒吧老闆，對一個滿懷抱負的地緣政治「權威」來說，似乎不是最為可信的背景，但中國外交部仍會在每週記者會開始前，播放他充斥陰謀論的影片。然後，即便YouTube在中國當地遭到封鎖，只能透過規避審查的VPN工具連接，該影片還是在中共官媒間廣為流傳，他們將鄧布爾描繪為國際關係專家，而影片在中國社群媒體上也同樣瘋傳。

種族衝突與暴亂：官媒最順手的武器

中共官宣的其中一項重要宗旨，便是西方民主國家——特別是美國——終將傾頹衰退，二〇二〇年夏天期間，這點則成了更廣泛也更具侵略性的假訊息活動基礎。北京當局此時開始針對美國某些最棘手，也最為分化的議題搧風點火。而有關警察和種族議題的抗議活動，便提供了大好機會。

中國外交單位欣然接受「黑人的命也是命」（Black Lives Matter）運動，將其當成抨擊美國政府的手段，指控美國在人權議題上偽善又雙重標準，時任美國國務院發言人摩根・奧特加斯（Morgan Ortagus）發推文表示全世界熱愛自由的人民，應該要讓中共為壓迫香港負責時，中國外交部發言人華春瑩則回嗆：「我不能呼吸。」這正是在被捕過程中遭到警察謀殺的非裔美國人，喬治．佛洛伊德（George Floyd）最後的遺言[4]。

而在二〇二〇年美國總統大選及其混亂的餘波期間，北京當局則極力迴避表態支持川普或拜登，這個想都不敢想在國內允許自由選舉的政府，反倒嘲諷起了美國的民主程序，中共黨媒無不強調大選過程間的混亂、失能、暴力威脅，且也透過社群媒體大力傳播。當暴民衝進美國國會大廈時，中國共青團在微博上發文表示這真是「最美麗的風景線」，中國外交部則是將其比擬為二〇一九年時，香港抗議人士攻占立法會綜合大樓。

二〇二一年初，美國針對亞裔人士的暴力犯罪事件激增，許多評論家都認為這是源自川普總統和其他共和黨人的反中言論。同年三月，亞特蘭大有名男子到三間按摩院開槍掃射，共造成八人死亡，其中六人是亞裔女性，在亞裔社群中點燃了恐懼及憤怒。兩週後，有名六十五歲的亞裔婦人，也在曼哈頓遭到殘忍攻擊，襲擊者將她打倒在地、又踢又打，而她當時只是要前往時代廣場附近的教堂而已，襲擊者口出反亞裔的辱罵，並告訴她：「妳不屬於

3　編按：以 YouTube 為平臺的影片創作者。
4　摩根．奧特加斯二〇二一年五月三十日的推特貼文及華春瑩的回覆，請參見：https://twitter.com/spokespersonchn/status/1266741986096107520?lang=en。

這裡。」

監視器捕捉到了紐約的這場襲擊，影片迅速瘋傳，激起大量譴責及憤怒，也讓時任中國外交部發言人趙立堅度過了一個成果豐碩的下午，他從位於北京的辦公室，用他的官方帳號連發了二十條推特，並重覆轉貼影片高達十二次，向他的一百萬名追蹤者表示：「我們不禁自問，誰會是下一個受害者？這一切何時才會結束？」

他轉貼的美國貼文不一定是最憤怒的，但全都充滿了對國家的絕望，包括「大家他媽的是發生什麼事了？」、「這真是不忍直視」、「我的天啊，這個國家是怎麼了？」、「這是緊急狀況」。

趙立堅的言論受到官媒傳播，他們使用臉書、推特、YouTube帳號，形塑美國種族主義及種族仇恨的敘述，《環球時報》的推特便張貼了一張圖片，圖中是拿著槍的自由女神像，高踞在一個小小的紙板人形之上，小人身上寫著「亞裔」，胸口還有槍枝瞄準的紅點[5]。

另一則由中國環球電視網海外官方帳號分享的漫畫，則描繪了一間美國新冠肺炎疫苗中心，還有一名亞裔年輕人詢問醫生：「順帶一提，種族主義有疫苗可打嗎？[6]」中國將仇恨犯罪形塑成美國政府對北京當局越發堅定立場造成的後果，《環球時報》也發推文表示：「專家表示（仇恨犯罪）源於美國政客誹謗中國是新冠肺炎的源頭，惡化的雙邊連結也影響了歧視的浪潮。」

北京當局恣意運用所謂的「那又怎麼說？」主義（whataboutism），透過荒謬的對比，來轉移對中國壓迫的注意力，他們在新疆棉花田強迫勞動的證據遭到公布後，才開始採用這項戰略。針對此事，趙立堅則發推文回應：「#美國強迫黑奴採集棉花，才是歷史事實！到底是誰搞強迫勞動？別拿新疆說事！新疆沒有強迫勞動！」後來又補充：「美國和西方的震驚陰謀：讓#新疆動盪&限制中國的發展，棉花田的誹謗只是更大陰謀的一部分而已[7]。」

隨著越來越多西方政治家開始將中國在新疆的所作所為形容成「種族滅絕」，《環球時報》也宣稱美國已籠罩在「種族主義恐怖」中，還在沒有任何證據的情況下，聲稱舊金山民眾發起了「掌摑亞裔挑戰」，這是受到社群媒體鼓吹、鼓勵民眾在搭乘大眾運輸工具時，賞所有亞裔外表人士巴掌的活動。

至少從帳面上看來，中國官媒和外交單位，在推特和臉書上都乍看擁有追蹤人數前幾多的帳號。截至二〇二一年底，中國環球電視網擁有一千三百四十萬推特追蹤者，及一億一千七百萬臉書追蹤者；《環球時報》推特追蹤者為一百八十萬，臉書則是六千五百萬；《中

5 這則〈瞄準亞裔〉漫畫，最初是於二〇二一年三月二十日，在《環球時報》上發布，參見：https://www.globaltimes.cn/page/202103/1218915.shtml。

6 中國環球電視網二〇二一年三月二十四日張貼的漫畫〈種族主義有疫苗可打嗎？〉，請參見https://twitter.com/CGTNOfficial/status/1374551542037053443/photo/1。

7 中國外交部發言人趙立堅，可說是開創了中國外交單位所使用的大多數線上「戰狼」式修辭，這則推特以及其他許多類似發文，請參見趙立堅的推特動態：https://twitter.com/zlj517/status/1376518976373620738?lang=en。

國日報》推特追蹤人數四百二十萬，臉書追蹤人數一億零五百萬；中共官方的新聞機構新華社，在推特上則是有一千兩百三十萬人追蹤，臉書則是九千兩百萬。

此外，各個形跡可疑的外交單位也快速累積了媲美好萊塢名流的追蹤者數量，但這類迂腐的官方宣傳真的有這麼大的市場嗎？其實是中國已迅速學會社群媒體的基本守則之一：**比起枯燥乏味的事實和外交宣傳，引發衝突、挑釁、陰謀論等內容，更能催化互動**。

此外，他們也接受了其他許多社群媒體暗黑兵法，這些數字幾乎肯定是造假的，由自動化程式產生假帳號及假的按讚，數量才會如此膨脹，背後的概念便是要提高這些專頁的公信力及觸及率，進而吸引合法的用戶。而中共也會使用假帳號及非法取得的帳號，當成推廣貼文、使其成為熱門話題的「擴大器」。

從社群媒體到維基百科，向世界輸出中國影響

根據美聯社（Associated Press）及牛津網路研究所（Oxford Internet Institute）進行的某項調查，二〇一〇年至二〇二一年間的中國駐英大使劉曉明，於二〇一九年加入推特，並迅速累積十一萬九千名追蹤者，而在二〇二〇年六月到二〇二一年二月期間，他的貼文獲得超過四萬五千次轉貼，但幾乎有半數都是來自假帳號，且許多都在模仿英國公民的身分。

美聯社便提及：「這類虛構的人氣，可以提升中國使者的地位，並創造出一種受到廣泛

支持的假象，同時也能濫用平臺的演算法，其設計目的便是為了推廣人氣貼文的觸及，因而也可能使得更多真正的用戶，接觸到中國政府的官宣。」

而世界上流量最高的網站之一——維基百科（Wikipedia），也成了另一個戰場，這個線上百科全書是由志工負責管理及更新，且在中國遭禁，只能透過VPN連接，但根據擁有該網站的美國非營利組織「維基百科基金會」（Wikipedia Foundation）的說法，這並沒有阻止中共試圖以一種威脅到「維基百科根本」的方式，影響其內容。

二〇二一年九月，基金會表示他們遭到某個團體滲透，其目的便是嘗試控制網站內容，並達成「中國的目的」。基金會的副總瑪姬．丹尼斯（Maggie Dennis）表示：「這個案例的規模堪稱前所未有。」同時聲稱其他志工也受到「相當可信的威脅」，基金會最後封鎖了七名來自中國的使用者，並移除了另外十二人的管理權限，也表示他們成立了假訊息團隊。

諷刺之處在於，中國向西方受眾傳播官宣及假訊息的能力，很大一部分都來自美國的社群媒體平臺，這些平臺在中國都遭到封鎖，光是試圖連上就可能受到審訊並坐牢。而如同我們先前討論的，推特、臉書、YouTube在中國假訊息變得根本不可能忽略時，確實有進行處理，但他們的措施並不連貫，常常是一盤散沙。

即便推特和臉書目前會把中國帳號標示為「隸屬官方」或屬於「重要政府官員」，美聯社及牛津網路研究的調查仍認為，其標示並不一致、標準也不明確，且在英語之外的語言也不夠清楚。

微信是「萬用程式」，脅迫跟審查也做得到

中國也讓自己的社群媒體在國際上的能見度越來越高，而其對這些平臺則有更為直接的控制，其中最重要的，便是科技巨人騰訊擁有的微信（WeChat）應用程式。該軟體在中國國內以「萬用程式」著稱，因為其提供各式各樣的服務，不但是這座監控國度的重要元素，也是社會控制、審查制度、傳播假消息的武器。

微信國際版的主要客群，則鎖定中文使用者，對他們來說，這個軟體已成為和朋友、家人、中國大小事保持聯繫的重要方式。此外，中共的國防官員也將其當成脅迫流亡維吾爾人、藏人、其他異議人士的工具，時常透過家中親屬向其傳達威脅。

更深遠的危險，則是這類平臺藉由大量傳播愛國官宣至中文社群，形塑他們讀到及看到的資訊，並創造出同溫層並加深歧見，如同先前討論的，在習近平的世界觀中，**只要是華人，不管他們住在哪裡，又已經離開祖國多久，都應該要對中共擁有凌駕一切的忠心。**

在美國的反亞裔暴力爆發之後，中國便迅速將自己描繪為這類社群的救星，較早建立的移民社群以及政治流亡人士，幾乎沒時間搭理中共的官宣，但初來乍到的移民，特別是那些近期才為了工作或教育機會出國的人，可能會更容易接受來自微信的官宣及愛國主義的甜言蜜語。

接著還有 TikTok，這個短影音分享應用程式，可說是中國第一個真正成功的全球網路神

話，其迅速在美國累積一億名活躍用戶，英國則有三百七十萬人。該軟體是由中國公司「字節跳動」所有，在十六歲到二十四歲的族群間非常受歡迎，並因為瘋狂蒐集個人及相關數據的安全性而飽受批評。

二〇二一年，TikTok同意支付九千兩百萬美元，針對一樁集體訴訟進行和解，該訴訟指控其在未經使用者同意的狀況下，非法追蹤使用者，並分享來自照片及影片的生物識別數據，這類數據包含臉部掃描，據傳會和第三方分享，其中某些便位於中國境內，而字節跳動公司否認了所有指控。

在TikTok應用程式的中心，是個不透明的演算法，會決定使用者看見的內容，這其實頗為常見，但比起推特和臉書的使用者，大多時候獲得的是來自他們訂閱帳號的內容，在TikTok上出現的影片可能來自任何來源。應用程式會考量各式各樣的輸入因素決定，包括你觀看什麼類型的影片、持續時間、你的按讚、回覆、分享內容，以及使用者資訊，例如年齡、性別、位置等。

即便字節跳動公司確實有在國外僱用工程師，主要的控制權仍牢牢掌握在中國祕密團隊的手上，他們已實驗過各式先進的輸入因素，包括臉部和語音辨識，以及情緒分析，其精確的演算法不得而知，但其中牽涉實在太過敏感，導致二〇二〇年八月，川普當局看似正可能強迫字節跳動賣掉TikTok時，北京當局竟將內容推薦技術列入其出口管控的清單中。

該公司在中國便是運用這項技術來審查內容，並推動中共的官宣，其也和微信一樣，宣稱國際版應用程式不會受到審查，但是**根據法律規定，所有中國公司都必須在「國防」上和中共合作**，這是個非常有彈性的定義，雖然 TikTok 的演算法可能不像中國版應用程式「抖音」那麼公然的說謊，也還是有相當充裕的空間，可以進行更細緻的操弄。

而上述一切，還全都發生在一個中共成功掌控世界上多數華文媒體的時代，此情況在中國二〇一九年舉辦的某場論壇上相當明顯，當時集結了超過四百名華文媒體代表，來自全球六十個國家，包括美國、澳洲、英國、加拿大，一名高階中共官員還告訴他們，在「重要時刻」從中共官媒處「重新傳播」新聞，是他們的「使命及責任」。

根據估計，中國境外共有超過一千家華文媒體，在天安門大屠殺以前，其中規模最大的集團或公司都來自香港及臺灣，並強烈反共，但是中共已透過直接及間接的資助和內容供應，馴服了這些媒體。

FBI：每十二小時，就有一樁中國駭客的新案子

在運用網路間諜獲取商業及經濟利益上，中國同樣是全球領頭羊，他們以工業級的規模大量駭進西方企業的電腦中，目標則和中共認為他們想在世界上取得領導地位的先進科技密切相關，例如人工智慧及綠能產業等，美國國家反情報執法辦公室（Office of the National Counterintelligence Executive），便將中國駭客形容為「世界上最活躍，也最鍥而不捨的商

業間諜罪犯」。

而美國網路作戰司令部（Cyber Command）暨國家安全局（National Security Agency）時任局長基斯・亞歷山大（Keith Alexander）將軍，則將美國因網路間諜活動，在智慧財產權及其他產業資訊上的損失，稱作「史上最巨大的財富轉移」，這個形容也相當著名。

歐巴馬當局曾試圖區別因軍事或政治目的進行的合法間諜活動，以及竊取資訊獲取商業利益的違法行為。二〇一五年九月，歐巴馬在某場高峰會上便和習近平達成協議，理論上應該使謀求經濟利益的駭客行為成為非法，一個月後，中國也和英國就網路安全達成類似的協議。但這類協議非常短命，因為中共根本從未理解歐巴馬對不同駭客行為的分類，對黨來說，這些事情全都一模一樣，中國企業不管是國有或是名義上私有，全都是國家權力和中共政策的工具，而且駭客活動實在是太有效了。

這類協議到頭來，反而讓北京當局可以減緩漸長的經濟制裁威脅，並為其提供了喘息空間，能夠重整旗鼓，並重新聚焦其網軍的目標，然後帶著更強大的野心強勢回歸。歐巴馬被中國的表裡不一狠狠打臉，他原先擁護和中國積極互動，但他對北京當局一而再、再而三破壞協議感到的挫敗，在他的回憶錄《應許之地》（*A Promised Land*）中便清晰可見，他寫道中國的崛起，都是受到系統性的「規避、扭曲、破壞所有針對國際經濟達成的共識及規則」所促進。

二〇二一年七月，美國加入英國、歐盟、澳洲和其他盟友的行列，指控中國和犯罪組織合作，破壞微軟（Microsoft）的電子郵件系統，並影響了世界各地數萬家企業及公部門組織。這樣的合力譴責可說前所未見，美國國務卿安東尼·布林肯便表示，中國國家安全部「培育了一個職業犯罪駭客的生態系統，在執行國家資助的活動外，也為自身的經濟利益進行網路犯罪」。

拜登總統也告訴記者：「我的理解是，中國政府跟俄國政府沒什麼兩樣，都不是自己進行這類活動，而是保護進行這些活動的人，甚至可能還培養他們去做這些事。」

中國通常會對其駭客組織有著直接控制，網路學者因此為他們取了「貓熊」的綽號，並根據其使用的技術、工具、目標，細分為不怎麼可愛的其他貓熊，大多數駭客都和解放軍或國家安全部過從甚密，「電貓熊」、「石貓熊」、「閘貓熊」是其中較為活躍的三種[8]。

此外，即便北京當局不會使用傀儡組織，卻培育出一個「愛國駭客」網路，用來對付他們認為冒犯中國的目標，這些目標都受到嚴格監控。微軟遭駭的事件，則是西方國家首次直接將北京當局和犯罪組織連結，同時直接將其和莫斯科當局的戰略相提並論，俄國便長期運用網路犯罪集團當作駭客活動的掩護。

二〇二一年三月的攻擊，是利用Microsoft Exchange伺服器軟體的漏洞，一開始只是大規模的國家支持網路間諜活動，搜刮各式電子郵件、聯絡人、其他資訊，但後來迅速升溫成駭客大混戰，因為網路罪犯跟在間諜之後蜂擁而至。其中許多人都使用網路犯罪勒索軟體，他們一般會在電腦中安裝程式碼、將數據加密，並「凍結」系統，也就是將電腦當成人質，直到對方支付大量贖金，交換解鎖系統的密鑰，且通常都是偏好以加密貨幣形式付款，這次攻擊因而堪稱「無差別、不顧後果、極度危險」。

長年以來，**中共在網路竊盜行為上，都是和中國各大學的電腦專家合作，現今則似乎頗熱切的培育新一代駭客**。

二〇一七年，中國便禁止國內資安學者參加國際駭客比賽，接著在幾個月後開始舉辦自己的年度競賽「天府杯」，二〇二一年十月，便提供了高達一百五十萬美元的獎金，給那些能夠在熱門瀏覽器中發現漏洞的人，目標包括微軟的 Exchange 伺服器及蘋果公司（Apple Inc.）新上市的智慧型手機 iPhone 13 Pro。

「漏洞獎金」比賽其實不算罕見，但中國版最為令人震驚之處，在於其和中共國安及國防單位的強烈連結，讓他們可以及早接觸到該競賽中發現的高價值漏洞。在二〇一八年的天府杯中，首次遭到發現的 iPhone 零時差攻擊漏洞，於比賽結束兩個月後，便被用於監視海外的維吾爾族異議人士，蘋果隨後才緊急發布了安全性更新。

但中國的網路間諜技術可能沒那麼高竿，北京當局的網路間諜時常會留下犯案痕跡，資

8 編按：其中，電貓熊又被稱為 APT 10、Bronze Riverside、Cicada、Potassium；閘貓熊又被稱為 APT 2、中國人民解放軍 61486 部隊、TG-6952。

安學者及對手的情治單位則辛勤撿拾，而這些證據也確實證明了中共以企業界及政府為目標發動的攻擊，其規模和野心有多大。

二〇二一年十二月，也許是受到Microsoft Exchange被駭事件刺激，微軟的數位犯罪團隊表示他們掌握了屬於某個中國駭客團體的網站，該網站是用於蒐集美國、英國及二十七個其他國家中各政府機關、智庫、人權團體的情資，微軟表示這類攻擊「極度精密，並運用了各種技術，但幾乎總是只有一個目標：安裝極難偵測的惡意軟體，以協助入侵、監控、數據竊取」[9]。

而網路資安公司Recorded Future的獨立報告，則揭露在二〇二一年一整年內，疑為中國的駭客，在對於其一帶一路戰略極度重要的南中國海及東南亞國家中，鎖定了反對目標，包括海軍單位、總理辦公室、國防部、外交部等。

二〇二一年十月，美國聯邦調查局（Federal Bureau of Investigation，簡稱ＦＢＩ）則在佛羅里達州突擊了百富環球科技的當地辦公室，這是間中國供應商，為全球數百萬間企業及零售商提供銷售點資訊管理（point-of-sale）設備，資安學者懷疑，這類設備不僅在散播惡意軟體，也是當成所謂的「命令及控制」工具，以策劃網路攻擊及蒐集相關資訊。

二〇二一年五月，習近平在中國科學院某場會議的演講上表示：「科技創新成為國際戰略博弈的主要戰場，圍繞科技制高點的競爭空前激烈。」而這很顯然也是ＦＢＩ局長克里斯多夫・瑞伊（Christopher Wray）的感受。

他在二〇二二年二月表示，北京當局的駭客行動，以及其對美國創意和創新的竊取，已來到新的層次，可謂「前所未有的無恥，也造成空前損害」。他也提到局內有兩千項針對中國的調查，並警告：「對於我們的創意、創新、經濟安全而言，沒有國家比中國帶來的威脅更大。」此外，FBI每十二個小時左右就會成立一樁新案子，以對抗中國的情報行動。

而隸屬英國政府通訊總部的英國國家網路安全中心，在二〇二一年的年報中，也表示英國的網路「事件」數量正突破紀錄，且新冠肺炎疫苗相關研究已成為駭客的首要目標。報告中提及截至二〇二一年十一月的前一年間，七百七十七起網路事件中有二〇%與疫苗有關，包括針對相關研究、配發、供應鏈的攻擊。

報告中，雖沒有提及嫌犯身分，但確實警告道：「中國在網路空間中仍舊是個極度老練的玩家，野心也越來越大，想將影響力拓展到其國境之外，且中國對英國商業機密的興趣，也已受到證實。接下來十年間中國如何變化，很可能會是驅動英國未來網路安全最大的單一因素。」

9　二〇二一年十二月六日，微軟有關擊潰「Nickel」駭客組織的聲明，由顧客資安及信任團隊副總湯姆．伯特（Tom Burt）撰寫之〈保護人們免於近期的網路攻擊〉（*Protecting people from recent cyber attacks*）一文，請參見微軟網站：https://blogs.microsoft.com/on-the-issues/2021/12/06/cyberattacks-nickel-dcu-china/。

越走越近的中俄，連駭客攻擊也學到精髓

即便用專業分工來形容似乎不太恰當，但俄國和中國對網路武器的運用，自過往以來便截然不同，俄國是破壞者，試圖透過假訊息及駭客洩漏行動，來破壞西方民主，同時也涉入網路破壞活動，二〇一五年至二〇一七年間，針對烏克蘭發動的一系列癱瘓攻擊，便是由其所為，目標包括了電力輸送網、首都基輔的地鐵、企業、政府單位。俄國早先也受到指控，在其和對方關係緊張期間，攻擊喬治亞和愛沙尼亞的電腦系統，二〇二一年五月，和俄國情治機構過從甚密的犯罪集團，也涉及了關閉美國最大油管之一——殖民管線（Colonial Pipeline）的攻擊。

相較之下，中國過往則偏好潛藏在西方的電腦系統中，駭進去翻箱倒櫃，以取得能夠協助中國崛起的相關知識，我們最好將其網路間諜行動，理解為某個巨大系統中的其中一條分支，目標即為獲取科技及技術。這個系統也包含更傳統的間諜活動，以及強迫企業交出技術知識，作為和中國做生意代價的慣用伎倆，還有別的科技是竊取自精心鎖定的大學和其他相關研究單位。

但中國在網路空間的惡意活動，看起來已變得越來越像俄國，不僅是對假訊息的運用，也包括明顯的破壞行為，第四章中討論的孟買電網攻擊，正是出自俄國教戰手冊的招數。不過其中一個重要的差別，則是**中國似乎依然在意其國際形象，而俄國早已連演都不演了**。

遭控進行駭客活動時，北京當局會迅速佯裝憤怒，例如在遭到微軟指控後，中國駐美大使館發言人劉鵬宇便表示：「美國多次在網絡安全問題上對中國無端攻擊和惡意抹黑。」俄國和中國網路戰略的合流已令人十分擔憂，但這只是雙方越走越近的其中一個跡象而已，而這，也使得西方民主國家益發警覺。

第7章 貓熊和棕熊（俄國）的尷尬之舞

「兩國友好沒有止境，合作沒有禁區。」

——「普習會」後聯合聲明，二〇二二年二月四日

在遭到各西方領袖以侵害人權為由，所抵制的二〇二二年北京冬季奧運會鋪張浪費的開幕式前幾個小時，習近平和普丁也為全世界上演了一場膽顫心驚的表演，中俄雙方領導人在高峰會中宣布兩國合作「沒有止境」，並承諾要加強合作對抗西方，以建立新的國際秩序，聯合聲明中便表示：「兩國友好沒有止境，合作沒有禁區。」

這是習近平將近兩年來第一次和外國領導人當面會晤，且發生在俄國於烏克蘭邊境集結了超過十萬兵力之時，即便沒有特別提及烏克蘭，習近平仍贊同普丁的目標，呼籲終結北約

的擴張，並支持俄國對西方安全保證的要求，而普丁也支持中國的對臺立場作為回報。

習近平與普丁，共享復興帝國的大夢

兩人越走越近已有一段時間，在上個十二月（二〇二一年）的一場視訊高峰會上，習近平便將普丁稱為「老友」，普丁則稱中國領導人為「親愛朋友」。兩人也共享對西方深沉的偏執及敵意，習近平在該場高峰會中，便告訴普丁：「當前，國際上某些勢力打著『民主』、『人權』的幌子對中俄兩國內政橫加干涉，粗暴踐踏國際法和公認的國際關係準則。中俄雙方要開展更多聯合行動，更加有效維護雙方的安全利益。」而俄國領導人則表示雙方「在全球舞臺上的密切合作」，已成為「國際關係穩定的實質因素」。

這兩個男人也同樣共享沉重的歷史冤屈，以及重建先前帝國偉業的帝國大夢。普丁幻想重建神話般的「俄羅斯世界」（Russkiy Mir），他後來也會用這個概念為其入侵烏克蘭辯護，而對習近平來說，則是民族復興的「中國夢」，這兩者都是有關讓國家再次偉大、近乎救世主式的願景，用強權政治和勢力範圍的角度來看世界、沒有自決的空間，**而烏克蘭和臺灣這樣惱人的民主國家，也沒有權利可以決定自身的國防及政治**。

在冬奧舉行的高峰會期間，華府戰略專家的夢魘便是普丁在烏克蘭邊境的軍力集結，及其和習近平在臺灣海峽附近的部署協調，當時後者對臺灣的軍事威嚇強度已更上一層樓，西方分析師焦慮的在覆蓋這兩區的各個間諜衛星之間切換。

中國並沒有西方定義上的那種正式盟友，因為這不符合北京當局唯我獨尊的立場，與可能需要擔負義務、承諾、某種平等性的同盟系統並不相容，但他們確實擁有某種合作關係的階級制度，而在這之中，俄國便位於最上層，中共官方也將雙方關係形容為「新時代全面戰略協作夥伴關係」。

中俄關係主要是由共同對抗西方民主國家定義，特別是對抗美國，美國國家情報總監（Director of National Intelligence）也在年度的全球威脅評估中，形容中俄目前的關係是自一九五〇年代中期以來最為緊密的。

而中俄的聯合軍演頻率也變得更高、規模更大，他們能夠學習彼此的戰略及流程，且俄國是中國先進武器的大型供應商，包括戰鬥機及導彈系統，這也讓情況更如虎添翼。此外，俄國也有一個相對無形，價值卻相當高的資產可以傳授給中國，即**解放軍缺乏的實際作戰經驗**。俄軍可謂身經百戰，從喬治亞和車臣，到烏克蘭及敘利亞等，雙方的軍演看似也已超越象徵性的同袍之情展示，目標越發聚焦在協調指揮鏈，並提升戰場上的協同作戰能力上。

二〇二一年八月，便有約一萬三千名士兵及數百部飛機、無人機、大砲、防空砲、武裝載具參與中國西北部的軍演，兩個月後，中俄的聯合艦隊，包括驅逐艦、巡防艦、一艘燃料艦、飛彈追蹤艦，則航經分隔日本北部島嶼北海道及主島本州、約十九公里寬的津輕海峽，這次行動屬於四天聯合軍演的一部分，也使得華府及東京當局格外警覺。

此外，兩國也在經濟上互補，對資源相當飢渴的中國，大量進口俄國的能源、原物料、農產品，而加工產品及資金則從中國流向俄國，二〇一六年至二〇二〇年間，中國共有高達七七％的軍火是自俄國進口。

即便中國已快速建立起其大型軍火工業，莫斯科當局仍在北京當局的軍事現代化上，扮演著重要角色，使其出口軍火的技術越發精密；另一方面，莫斯科當局也進口了某個中國相當擅長領域的知識，即網路過濾與控管的「防火長城」系統，且如同我們在上一章中討論的，中俄惡意網路活動的本質，也已越發相像。

對許多西方戰略專家而言，冬奧期間舉行的高峰會，以及二十天後中國表態支持俄國入侵烏克蘭，可說是個轉捩點，創造出了全新的「獨裁軸線」，影響相當深遠。然而，那些對歷史較為敏銳的人，可沒這麼確定，習近平與普丁之間的合作關係，似乎頗為投機，可說是椿方便的聯姻，要長久維持，實在是有太多包袱了。

中俄雙方歷史上的猜疑和敵意根深柢固，且北京當局也越發侵入傳統上屬於俄國勢力範圍的地區。習近平和普丁確實共享某種危險的帝國鄉愁，但這種鄉愁是由恣意扭曲的歷史所支撐，過往的嫌隙仍有可能引爆，而在這兩個帝國曾出現衝突的地區，情況更是如此，包括中亞、蒙古，及俄羅斯遠東地區。

爭奪忠誠第一線：敘利亞

二〇二一年七月，中國外交部長王毅成了巴夏爾．阿薩德（Bashar al-Assad）「重新當選」敘利亞總統以來，第一位出訪大馬士革（Damascus）的高階外賓。又稱「大馬士革屠夫」的阿薩德，宣稱自己在該次大選中獲得九五％的得票率，英國和歐盟則稱其「既不民主，也不公正」。

王毅向阿薩德提議加入中國的一帶一路計畫，以加速經濟滿目瘡痍的敘利亞重建，對阿薩德來說，中國數十億美元的投資承諾，和俄國及伊朗提供，讓他在據說已致五十萬人死亡的十年內戰中，依然能掌權的軍火，看似是個完美的搭配。

在局外人看來，這似乎進一步證明了再怎麼可惡髮指的政權，都有可能成為中共的夥伴，不過這也對中國及俄國的關係，拋出了耐人尋味的問題：莫斯科當局，真的想看到北京當局一點一滴奪走他們的影響力嗎？

出訪大馬士革兩週後，王毅將重點改放到阿富汗上，他在中國北部城市天津和塔利班[1]（Taliban）高階領導人會面，出席者便包括塔利班的共同創始人、領導政治委員會的阿卜杜勒．加尼．巴拉達（Abdul Ghani Baradar），王毅表示，他期待塔利班在阿富汗的「和平、和解與重建過程」中，扮演重要角色。

當時塔利班在美軍撤軍期間，正快速席捲阿富汗，而中國在中亞其他地區也有大規模投資，北京當局在塔利班的進逼中，同時察覺到了機會及危險。天津會晤的兩個半星期後，塔利班控制阿富汗首都喀布爾（Kabul），中共則苦樂參半的迎接美國混亂撤軍的消息，加滿油的官宣機器邊大肆宣揚喀布爾陷落及美國的屈辱，北京當局同時卻也擔憂自家新疆門戶洞開的局勢威脅，新疆和阿富汗之間就有一小段邊境接壤。

中國於是掏出支票簿，打算重金收買塔利班，抛出以一帶一路計畫名義在阿富汗大規模投資的承諾，交換塔利班鎮壓阿富汗東突厥斯坦伊斯蘭運動（East Turkistan Islamic Movement）的行為，中國將新疆的暴力事件歸咎於此組織，東突厥斯坦則是維吾爾族偏好對新疆的稱呼。但多數獨立觀察員認為，北京當局誇大了該運動的成員人數及影響力，並對恐怖主義採取非常廣泛的定義，以合理化其在新疆的壓迫行為。

北京當局的大獎，則是可以染指阿富汗大量的礦藏，總值預估有一兆美元，包括世界上最大的鋰礦，這是支撐綠能未來重要的充電式電池的原料。不過，中國起初的首要目標，其實是要開發位於喀布爾東南方約三十公里處，世界上蘊藏量第二大的銅礦，他們也已經獲得合約，只是計畫後來因安全因素推遲。

1 編按：原意為神學士，是發源於阿富汗的遜尼派伊斯蘭基本教義派組織，也是阿富汗目前的實際掌權組織。其在許多國家被認定為恐怖組織，部分成員也因涉嫌支持恐怖主義被聯合國制裁。

中國官方也暗指阿富汗可能成為「中巴經濟走廊」的延伸，北京當局承諾預計在此投資六百二十億美元，興建公路、鐵路、港口、其他基礎設施，巴基斯坦因而成為一帶一路資金最大的受益者。對北京當局來說，巴基斯坦是個完美的榜樣，中國的資金已經堵住了巴基斯坦總理伊姆蘭．汗的嘴，他盡責的鸚鵡學舌恩人的官宣臺詞，否認有關壓迫新疆的消息。

然而，就算以面前的大規模飢荒和經濟崩潰要脅，可能有一定程度的實用性，但對伊斯蘭教組織塔利班而言，鎮壓維吾爾族仍是個巨大的要求。塔利班內部本身相當分裂，同時也遭受更多激進組織的武裝反抗，而這對中國帶來的危險，則在二〇二一年十月初浮現。

當時有名呼羅珊伊斯蘭國（Islamic State-Khorasan，簡稱ISIS-K）的炸彈客衝進位於昆都士（Kunduz）的清真寺引爆炸彈，造成將近五十人死亡，該組織宣稱炸彈客是維吾爾人，此次攻擊則是為了懲罰塔利班和中國的密切合作。此外，中國在巴基斯坦的資產也遭到鎖定，二〇二一年七月，九名進行水壩計畫的中國工程師，便在巴基斯坦科伊斯坦省（Kohistan）的一起巴士爆炸案中喪生，巴基斯坦原先為了安撫中國，宣稱事故原因是機械故障，後來才承認發現人為引爆的痕跡。

北京當局也以輕率的國防舉動和其支票簿外交互補，匆匆和塔吉克安排聯合「反恐行動」，該國與阿富汗共享約一千三百公里左右的邊境。解放軍和塔吉克軍來到其首都杜尚貝（Dushanbe）外頭的山丘，時任中國公安部部長趙克志在寫給塔吉克方的信中則表示：「當前國際局勢風雲變化，地區反恐形勢不容樂觀。」

根據報導，中國還在塔吉克東部接近阿富汗及新疆狹窄邊境處，建立了一座軍事前哨站，並提供資金支援塔吉克警方在阿富汗邊境的特種部隊單位，不過目前尚未明瞭這些行動是否有和俄國合作，其最大的海外軍事基地便位於塔吉克的阿富汗邊境附近。

而塔吉克也向「集體安全公約組織」（Collective Security Treaty Organisation，簡稱CSTO）尋求保障，這是個由俄國領導的集團，成員集結數個前蘇聯國家，俄國外交部長謝爾蓋·拉夫羅夫（Sergey Lavrov）則表示，俄國將「無所不用其極阻止任何對我們盟友的侵略舉動」。此外，塔吉克及烏茲別克的外交部長也受邀前往華府，和美國國務卿安東尼·布林肯會晤。

因此，許多評論家都援引「大競逐」（Great Game）的比喻，來形容當今阿富汗周遭的局勢，也可說毫不意外。這個詞指的是十九世紀時英國和俄國之間的競逐，兩大帝國當時為中亞地區的影響力及控制權彼此較量，後來也漸漸添上神話和傳奇色彩，將其比擬為在一座「巨大的棋盤」之上，進行的「政治權力暗地競逐」，這是個相當吸引人的比喻，不過卻不特別精確，因為當代中國的崛起是由更具侵略性的手段定義，畫布範圍也更加廣袤。

此外，阿富汗也有「帝國墳場」之稱，這個稱號指的便是外國勢力干預此地的失敗，在美軍撤軍的三十二年前，蘇聯在災難性的十年占領後灰頭土臉的撤退，大英帝國則是三次嘗試、三次失敗。平定阿富汗局勢的幻夢可追溯到許久之前，中國會是下一個懷著帝國野心、卻慘遭吞噬的強權嗎？北京當局確實在中亞投注大筆資金，在其眼中，這裡是最原始的「絲路」，而要復興這條絲路，便是最初孕育一帶一路計畫的基礎概念。然而，該地區也是俄羅斯長久以來視為自家後院之處。

同胞在新疆受苦，哈薩克何去何從？

在十七至十八世紀統治當地的準噶爾人語言中，「霍爾果斯」（Khorgos）意為「成堆駱駝屎之地」，這座城市位於哈薩克及中國邊境，或者更精確一點來說，**就座落在邊境之上**。中國版的霍爾果斯是個俗豔又嶄新的城市，充滿摩天大樓、寬敞大道、繁忙熱絡，而越過邊境的哈薩克版本，則更為節制，即便壯志滿懷，卻只比村莊大上一點。

近年來，霍爾果斯也成了一個廣泛稱謂，指的是一個橫跨邊境的巨大貿易樞紐，多部黃色起重機位在沙漠和遠方白雪皚皚山頭這幅背景前的景色，也被用於中共的官宣中，當成一帶一路計畫的形象圖，宣揚霍爾果斯便是這條連接亞洲及歐洲全新絲路上的重要交通樞紐。

設施的正式名稱叫作「霍爾果斯之門」（Khorgos Gateway），自誇為世界最大的內陸港之一。這是個非常貼切的描述，因為這裡真的是地球上距離海洋最遠之處，內陸港的功能便是貨櫃會在此分類，接著裝上火車，繼續之後的旅程，由於邊境兩側的鐵軌規格不同，這個過程可說相當必要。

不過目前而言，這個偏遠的前哨站距離成為其夢想中的全球樞紐，還非常遙遠，因為大多數貨物都來自中國，目的地則是前蘇聯各國。此外，也需要大量補助才能讓一切成形，根據某項估計，運費成本有高達四〇%都是由北京當局補貼。

此外，內陸港也和橫跨邊境的經濟特區互補，在新冠肺炎疫情重挫貿易之前，免簽證也免稅的商場——商業合作國際中心裡擠滿了哈薩克商人。他們大量搜刮中國製的消費性商品，而霍爾果斯也是天然氣管線的重要樞紐，管線將天然氣從前蘇聯國家土庫曼輸送至中國，占中國天然氣總進口量的七〇%。

▲位於中國、哈薩克邊境的霍爾果斯，為重要的貿易樞紐。

在哈薩克那一側的邊境，一座未來預計興建，同樣名為霍爾果斯的全新邊境城市，則是連八字都還沒一撇。目前最近的哈薩克聚落是約二十九公里外的扎肯特（Zharkent），人口約四萬三千人，包括哈薩克人、俄羅斯人、又稱東干族（Dungan）的中國回族穆斯林、維吾爾人。

扎肯特對維吾爾人來說是重要的文化中心，其人口組成便是中亞複雜歷史的最佳見證[2]，此地曾屬大清帝國一部分，是個駐防城鎮，並在一次穆斯林叛亂中被夷為平地，最終在一八八一年簽訂的《伊犁條約》（又稱《聖彼得堡條約》〔*Treaty of Saint Petersburg*〕）下，遭到俄羅斯帝國併吞，該條約便屬於中共所謂「百年國恥」期間，中國被迫簽訂的一系列「不平等」條約之一。

而在一九四二年至一九九一年間，在蘇聯解體、哈薩克獨立之前，這座城鎮名為潘菲洛夫（Panfilov），紀念的是蘇聯的二戰英雄伊萬・潘菲洛夫（Ivan Panfilov），維吾爾人則是於一九五〇年代末及一九六〇年代初，大量逃離鄰近的新疆，以遠離毛澤東統治下中國的壓迫及艱辛。根據估計，目前約有三十萬維吾爾人居住在哈薩克境內，新疆則有約一百五十萬名哈薩克人居住，在當地人數僅次於維吾爾人及漢人，整體情況讓哈薩克領導者的處境更為複雜，因為他們也想和中國做生意。

而正是在這類哈薩克邊境地區，出現第一批新型態壓迫的報告，關於一座前所未見的監控國度、一個由演算法驅動的警察國家。二〇一八年時開始傳出消息，表示維吾爾族及包括哈薩克人在內的其他穆斯林少數民族，在新疆遭大規模監禁於巨大的「再教育營」網路中。該消息一出，中國即要求哈薩克銷毀相關報告，並把攜帶報告穿越邊境者遣返回中國。

同年七月，扎肯特陰鬱的蘇聯時代法庭中，舉行了一場審判，對象是中國公民暨哈薩克人薩伊拉古・索伊特拜（Sayragul Sauytbay），她被控非法通過邊境，這名四十一歲的幼稚園老師正是在其中一座再教育營工作，而她激動的證詞，也對中國之後奮力否認的一切，提供了第一則公開的證據，她表示：「一切非常、非常可怕，只要看一眼你就會嚇壞，大家一聲都不敢吭，一個字都不敢說，每個人都默不作聲，任憑無盡的沉默蔓延。」

哈薩克政府陷入兩難，北京當局強烈施壓，要他們交回這名女士，但他們也不能坐視哈薩克國內對相關報告湧現的憤怒。法院最後宣判被告非法入境，但拒絕將她遣返回中國，哈薩克政府同時也拒絕了她的庇護要求，要她保持緘默，直到她和家人受到瑞典庇護。索伊特拜一案設下了模式，此後從新疆逃往哈薩克的哈薩克人，通常都會遭判短暫刑期或緩刑，但並不會遭到遣返，然而，哈薩克當局仍鎮壓了試圖讓大眾關注身旁壓迫的抗議人士，甚至拒絕承認再教育營的存在。

短短幾年間，**中國便擠下俄羅斯，成為哈薩克最大的貿易夥伴，北京當局也將其和哈薩克的關係，視為中亞地區最重要的合作**。二〇一三年，習近平便是在哈薩克首都，後更名為努爾蘇丹（Nur-Sultan）的阿斯塔納（Astana），宣布一帶一路計畫正式展開，並簽下總值三百億美元的合約，大多數都和石油、天然氣、其他天然資源及相關基礎設施有關。

但是一帶一路計畫提及的共享貿易和發展修辭，一直以來其實都只是矯飾，這些計畫本質上都還是跟國防及地緣政治相關，而此情況在哈薩克更是明顯。北京當局試圖將哈薩克納入其對抗新疆「極端主義」的行列，該詞彙定義廣泛，中共用以指稱一切對其統治的反對。

和維吾爾人共享的突厥文化遺產，以及邊境上的個人連結，都讓哈薩克政府陷入艱難

2 有關該區域的深入分析，特別是在維吾爾文化中的重要性，請參見瑞秋・哈里斯（Rachel Harris）及阿布列特・卡瑪洛夫（Ablet Kamalov）撰寫的〈國家、宗教、社會熱能：在哈薩克追索維吾爾傳統歌舞聚會mäshräp〉（*Nation, religion and social heat: heritaging Uyghur mäshräp in Kazakhstan*）一文，《中亞研究期刊》（*Central Asian Survey*），二〇二一年一月二十五日。

的處境，特別是當中國的壓迫已變得如此明目張膽。在新冠肺炎疫情爆發之前，哈薩克全國便已出現抗議聲浪，抗議中國將老舊又會產生汙染的工廠移至哈薩克的提議、讓中國取得大片哈薩克農地的土地改革，以及中國移民與對新疆的壓迫，而新冠肺炎一在中國武漢爆發之後，哈薩克當局就切斷與中國的交通往來、暫停發放簽證給中國公民、停止哈薩克這側霍爾果斯的工程，而這些措施當時受到的熱烈迴響，看似還蓋過了對於病毒的恐懼。

二〇二〇年，哈薩克的民族情緒又受到進一步點燃，當時中國媒體報導聲稱，從歷史上看來，哈薩克在清朝時屬於中國的藩屬，且哈薩克人渴望回歸祖國的懷抱，哈薩克外交部於是向中國大使表達抗議。

而這類評論也造成莫斯科當局的不安，他們深知自己無法和中國在哈薩克的「鈔能力」競爭，但俄羅斯在此地也擁有強大的文化、語言、國防連結，哈薩克人口中約有三百五十萬人屬於俄裔，約占二〇%，大多數居住在哈薩克北方。

當年，蘇聯就是在哈薩克與英國威爾斯（Wales）面積差不多的塞米巴拉金斯克（Semipalatinsk）測試核武，總共測試了四百五十六次，卻罔顧當地環境及居民的健康，位於哈薩克南部巨大的貝康諾太空發射場（Baikonur Cosmodrome），迄今也仍是俄國太空計畫的基地，租約持續至二〇五〇年。而哈薩克也屬於莫斯科當局經濟和國防架構的一部分，包括歐亞經濟聯盟（Eurasian Economic Union）和軍事同盟集體安全公約組織，且截至二〇二一年底為止，普丁累計共出訪哈薩克二十八次，次數遠超其他國家。

二〇二二年一月，哈薩克全國爆發抗議浪潮，政府機關遭到闖入或燒毀時，哈薩克當局正式轉向集體安全公約組織，希望能協助鎮壓，俄國「維和部隊」當然熱切的回應了其請求，數十名抗議人士遭到殺害，警察和維安部隊也有傷亡，騷亂起初源自升高的油價，卻因長久以來的政治及經濟受挫加劇。多數憤怒都是針對努爾蘇丹・納扎爾巴耶夫（Nursultan Nazarbayev），他是蘇聯時期哈薩克共產黨的領袖，哈薩克獨立後成為總統，獨裁統治直至二〇一九年辭職為止，但他和黨羽親信仍保有頗大的權力。

哈薩克擁有數座世界最大的油田，鈾產量也占全球四〇%，但這些財富卻沒有往下流淌，根據KPMG顧問公司二〇一九年的報告估計，哈薩克最有錢的一百六十二人，便擁有全國半數的財富，在納扎爾巴耶夫及其家人黨羽中飽私囊的同時，二〇二一年哈薩克的平均月薪僅有每個月四百二十英鎊[3]。

即便貪腐猖獗，大多數觀察者仍承認，**哈薩克擅於在競逐其天然資源和財富的強權間斡旋及平衡**，然而，對二〇二二年抗議事件的回應，卻代表其立場更倒向俄國，而俄國從未對前蘇聯國家的主權表示太多尊重，普丁便曾將蘇聯帝國的崩毀稱為「上個世紀最大的地緣政治災難」，並表示如果他有機會可以改變現代俄國歷史的話，他一定會撥亂反正。莫斯科當

3　編按：約合新臺幣一萬六千元。

局插手干預哈薩克，一開始看似讓北京當局猝不及防，不過他們隨後便迅速表態支持莫斯科的行為。

毛澤東與蘇聯撕破臉，普習兩人能否修復？

一九五〇年代末中國和蘇聯決裂後，兩國間的軍事前線便成了一個緊張和敵對的所在，在三十年間的大多數時間都是關閉的，可說是一場暗地冷戰的前線，這兩個共產巨人彼時正在爭奪全世界革命運動的領導權。

一九六九年三月發生在俄羅斯遠東地區的邊境衝突，造成數百人死亡，也讓雙方來到全面開戰的邊緣。而在當年哈薩克蘇維埃社會主義共和國（Kazakh Soviet Socialist Republic）的邊境，也曾發生過零星衝突，其中最嚴重的一次是在同年八月。一隊蘇聯巡邏隊在霍爾果斯東北方約兩百五十六公里處的扎拉納什科利湖（Lake Zhalanashkol）附近，突擊並殺死了三十八名解放軍士兵，且當時蘇聯也明目張膽的對中國採取核武威脅，中蘇在中亞的邊界便從此封閉。毛澤東也將蘇聯視為滿嘴社會主義和兄弟情誼，行為卻像帝國主義者的惡霸，不過這樣的控訴，其實也能完美套用在現今習近平統治的中國身上。

除了哈薩克邊境之外，吉爾吉斯、塔吉克、烏茲別克、土庫曼的邊界，也都是由蘇聯在布爾什維克革命（Bolshevik Revolution）成功後，於一九二〇年代及一九三〇年代劃定，哈薩克、吉爾吉斯、塔吉克的邊界便繼承了沙俄帝國的舊邊界，而這些國家正是現今中國和中亞接壤之地，烏茲別克及土庫曼則是位於更東邊。

當年每一個蘇維埃社會主義共和國，都是由蘇聯前領導人約瑟夫．史達林（Joseph Stalin）按照廣泛的民族界線劃分建立，這同時也能確保在每個行政單位中，都有夠多的其他族群少數民族，背後的概念便是要在每個共和國中塑造支配的民族，但其權力也不能夠太大，只要讓不同民族足夠互相牽制，同時防止任何泛伊斯蘭教及泛突厥運動崛起即可。

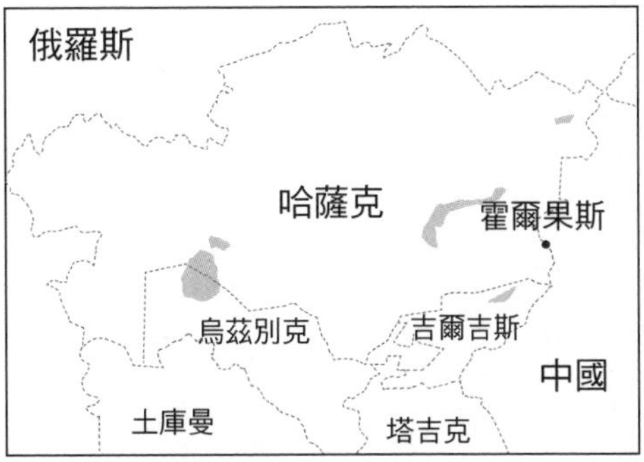

▲ 繼承沙俄帝國的舊邊界後，哈薩克、吉爾吉斯等國正是如今中國與中亞接壤之地。

蘇聯共產黨也在剩下那些沒有被史達林種族清洗的各共和國內，培育當地菁英，並透過這些人實行統治，即便真正的權力中心仍位於莫斯科，各共和國仍獲准擁有可觀的自由發揮空間。只要他們能夠維持國內情勢穩定，並完成經濟配額即可，大多數這些國家都負責供應蘇聯石油、礦物、棉花等原物料。

而在邊界另一頭，中國對新疆的殖民統治，和蘇聯對中亞相比，則是更公然的沙文主義，雖然仍有相對自由主義的時期，但北京當局的統治特色，便是透過大量移民及對維吾爾文化和宗教的壓迫。他們將其視為劣等且具威脅性，並強加漢人的習俗和文化，這樣的政策也可說在現今蘇聯古拉格式[4]（gulag）的「再教育營」中達到高峰。

許多維吾爾人原先都將蘇聯視為革命啟發的來源，一九四四年至一九四九年間短暫存在的東突厥斯坦共和國（East Turkistan Republic）就是由蘇聯支持成立，但在一九四九年毛澤東的中共掌權後，便遭到解放軍擊潰。

一九九一年蘇聯解體後，許多原先組成蘇聯的共和國都熱切抓緊全新的獨立機會，但在中亞感覺則較為五味雜陳，從許多方面看來，他們都不想要，也不期待獨立。在屬於前蘇聯的大多數共和國中，都是由過往的蘇聯菁英成為新獨立主權國家的獨裁統治者，除了門上的標誌和國旗外，生活其實沒什麼太大改變，老衛兵仍握有其影響力，而他們大多數人此後也都操弄著選舉結果，並在過程中中飽私囊[5]。

各共和國獨立之時，輿論大多認為土耳其及伊朗會是中亞地區最大的受益者，土耳其是因其強大的語言及文化連結，伊朗則是因長期受到壓迫的宗教熱忱復興，而土耳其也是第一個和這些中亞新國家建交的國家，安卡拉當局以為他們會欣然接受突厥大哥的引導，然而，伊朗和土耳其最終都沒有得到太多收穫。

二〇〇一年，中亞地區成了美國對阿富汗開戰的軍事暨後勤網路的一部分，這些前蘇聯國家樂意運用所謂「反恐戰爭」的修辭，來達成他們自身壓迫的目的，並簽署國防合作協議，提供美國後勤支援及航空權，後者在烏茲別克及吉爾吉斯還曾短暫擁有過軍事基地。

在前蘇聯的中亞共和國中，塔吉克迄今仍是最貧窮，政府也最為失能的國家，其和吉爾吉斯相同，名列八個最有可能因一帶一路計畫外債破產的高風險國家之一。二〇二〇年，塔吉克的公債累積達三百七十億美元，占GDP的四四．九％，中國則是最大且成長也最為快速的債權人。

即便中國在二〇一一年一筆勾銷某條未公開的金額，以交換橫跨兩國邊界帕米爾（Pamir）山區將近一千兩百九十五平方公里的爭議領土，塔吉克欠北京當局的數目依舊持續增加。這次不透明的交易讓鄰近國家警鈴大作，而中國媒體近來發布的一系列文章也是，文中似乎將中國的主權宣稱，延伸至整個帕米爾山區及後方的範圍。

中國也試圖透過「上海合作組織」拓展其影響力，該組織於二〇〇一年創立，讓中亞國家與中俄結合，原始目的為強化合作及互信，但後來逐漸演變成專注於中國三個廣泛的大敵：「恐怖主義、分裂主義、極端主義」。二〇一七年，俄國也說服印度和巴基斯坦加入，此舉公認為是為了稀釋組織及降低中國影響力。

此外，即便德里和北京當局的邊境衝突情勢緊張，莫斯科當局仍嘗試強化及深化和印度的關係。二〇二一年十二月，兩國便公布計畫，預計升級中亞地區的國防合作，包括在該地

4 編按：指蘇聯監獄和勞改營系統。

5 針對這段時期的深入分析，請參見阿迪布．哈立德（Adeeb Khalid）的著作《中亞：從帝國征服到今日的新歷史》（*Central Asia: A New History from Imperial Conquests to the Present*）。

共同製造國防裝備，以及聯合軍演和反恐行動。

據說，中俄已達成心照不宣的協議，俄國掌控國防部分，中國則負責經濟，如此一來雙方便能互補，但這個說法對一段複雜又彼此猜忌的關係來說，實在是太過簡略的定義了。如同我們在本書中多次看見的，一帶一路計畫**本身便是個地緣政治工具，目的遠遠超越貿易和投資**，而即使中國顯然擁有中亞地區最深的口袋，其不安全感卻也最根深柢固。

蒙古轉型獨立，擔當中俄間危險平衡

雖然中共在新疆及西藏的壓迫，引起了國際廣泛的關注及警覺，但相較之下，他們在中國領土內蒙古的所作所為，就較少流出相關紀錄。然而，這種模式可說是再熟悉不過了，同樣的種族和諧政策，試圖將漢文化強加在蒙古人身上，同時破壞蒙古傳統及語言，這件事本身就令人相當不安，且對於中俄之間的關係，也有更廣泛的意涵存在。

北京當局相當鼓勵漢人移民至內蒙古，程度甚至到達目前內蒙古兩千四百萬人口中，僅有六分之一是蒙古人。二〇二〇年九月，中國政府大量縮減當地公立學校中使用蒙古語的比例，引發了抗議浪潮及學校抵制；宗教自由早已受到大幅限制，許多蒙古人都信仰藏傳佛教，並將達賴喇嘛視為最高權威。而中國的某個蒙古社群媒體平臺「Bainu」也遭到查禁，以防學生的父母們組織起來，但某些人仍想方設法將影片傳給居住在北方邊界外獨立國家蒙古的親朋好友，他們對自己同胞在中國遭受的對待，也普遍相當憤慨。

不過，欠下鉅額債務的蒙古政府則較為謹慎，小心翼翼不願惹惱中國，因為中國購買了他們九〇%左右的出口貨物。此外，蒙古對中國的脅迫也略知一二，二〇一六年，達賴喇嘛出訪蒙古後，中國便祭出貿易禁令，迫使烏蘭巴托當局承諾此事不會再發生。這一切聽起來都像個熟悉的故事，但就像烏蘭巴托的蒙古人熱愛告訴遊客的，他們可是成吉思汗的後裔，所以對於強權政治角力，當然也不陌生。

「我們的位置在戰略上相當重要，因為蒙古位於中國的脊椎上，同時也能重擊俄國的弱點。」二〇〇九年至二〇一七年間擔任蒙古總統的查希亞金・額勒貝格道爾吉（Tsakhiagiin Elbegdorj）如此表示，他在任職期間和習近平會晤了三十次，而他也自此成為中國最嚴厲的批評者之一。

在語言壓迫事件發生後，他便透過駐烏蘭巴托的中國大使館寫信給習近平，指控中國領導人主持了「越發嚴重的暴行，試圖透過他們的語言，溶解及消滅蒙古人獨立的民族身分」。該信件後來遭到退回，並附上一則警告，要蒙古不要插手中國的內政。

蒙古是個圍繞著成吉思汗的回憶建立的國家，他在十三世紀時征服了當時已知世界超過半數的土地。蒙古主要的機場、大學、飯店，甚至是伏特加、啤酒、能量飲料、香菸，都以成吉思汗命名，境內也有無數相關紀念碑及雕像，距離首都烏蘭巴托一小時的車程外，便矗立著一座馬背上的成吉思汗雕像，高達將近三十九公尺，身披兩百五十噸的不鏽鋼外衣。

即便在大多數歷史學家眼中，意為「世界統治者」的成吉思汗，其實擁有更為嗜血的名聲，但在受到中國及俄國統治數個世紀後，蒙古人只將他視為國族身分的象徵罷了。成吉思汗的孫子忽必烈隨後征服了中國，並建立了元朝，蒙古諸部後來則遭到清朝吸收，直到清朝在一九一一年垮臺後才宣布獨立。然而，蒙古很快落入蘇聯手中，成為蘇聯的衛星國，史達林將其視為俄國和中國之間有效的緩衝。

一九九〇年代初，在一連串反共革命的浪潮以及蘇聯瀕臨解體邊緣下，蒙古也經歷了自身和平的民主革命，並迎接頗為混亂的多黨制民主。在蹣跚的起步之後，新的民主政體於二〇〇〇年代初期利用飆漲的原物料價格，使外國礦業公司蜂擁而至，開採豐富的煤、銅、黃金礦藏，蒙古也迅速成為全世界成長最為快速的經濟體。

新的財富讓他們能夠處理中俄之間的危險平衡，同時向外接觸日本及美國，有段時間這看起來也頗為有效，烏蘭巴托成了一座狂飆的邊境城市，直到繁榮的氣泡開始破裂、原物料價格暴跌。二〇一七年，蒙古便被迫畢恭畢敬的請求國際貨幣基金的協助。蒙古的經濟發展因此也可說是經典的「資源詛咒」案例，即坐擁天然資源的國家，由於各式各樣的理由，包括過度依賴、管理不當、貪腐等，白白揮霍了自身的優勢。

蒙古是個沙丘及草原之國，面積是英國的六倍，人口卻僅有三百三十萬人，**是世界上人口密度最低的主權國家**，約有將近三分之一人口仍過著游牧或半游牧生活，因新冠肺炎疫情導致的邊境關閉，重挫了和中國的貿易，其經濟壓力也更加沉重。

然而，對蒙古這兩個巨大的鄰國來說，其經濟壓力等同絕佳的戰略機會。中俄皆向其施壓，希望獲得投資特許權，背後的基礎便是他們深厚的帝國鄉愁。中國愛國主義者將蒙古的存在視為一種侮辱，認為清帝國的疆界才是他們真正的國境，而俄國施壓的著力點則是一條預定經過蒙古的全新天然氣管線，雖然俄國負責供應蒙古九二%的能源，但這條管線主要是被當成往中國輸送天然氣的捷徑，此外這也是個在蒙古重拾影響力的手段。在蒙古，俄語使用仍相當普遍，且人民也依舊使用著西里爾（Cyrillic）字母[6]。

俄羅斯是惡棍列強，還是今日的老友？

二〇二〇年六月，慶祝俄國遠東港口城市符拉迪沃斯托克（Vladivostok）建城一百六十週年的俄羅斯人，竟驚訝的發現這座城市的真名其實是海參崴，且屬於中國神聖不可分割的一部分。

這番宣稱由中國外交單位和記者在社群媒體上傳播，似乎也確實挑動了俄國在遠東的敏感神經，此地對中國瀰漫的廣大猜忌及恐懼，根本毫不掩飾，而雙方的地理位置及人口組成

6 編按：廣泛通行於斯拉夫語族和前蘇聯疆域之內的字母。

可說為其提供了一部分解釋：疆域遼闊、資源豐富，但人口較少的俄國，對上渴求資源、人滿為患的中國。

兩國邊境長達約四千一百八十公里，有超過一千六百公里緊鄰俄方稱為「阿穆爾河」（Amur River）的黑龍江，且在雙方所有加溫的連結之中，唯有邊境依然有重兵設防。即便穿越邊境的貿易——無論合法或非法——皆迅速成長中，俄國仍普遍瀰漫著反中情緒，可說是種精神疾病，擔心北京當局在某個時刻會將其經濟優勢轉變成政治控制，然後人口持續縮水的俄羅斯遠東地區，就會這麼遭到貪得無厭的中國併吞[7]。

如同先前討論的，此地便是一九六九年雙方最激烈的邊境衝突發生之處，當時還引起全面開戰的恐懼。黑龍江邊界在一八五八年，由俄羅斯帝國及清朝簽訂《璦琿條約》後劃定，中國當時將黑龍江北方將近六十萬平方公里的土地割讓給俄國，而後來簽訂的《中俄北京條約》，則又割讓了更東部的大片土地，大致位於日本海沿岸，現今的符拉迪沃斯托克附近。

而至少在理論上，此處的領土爭議已經塵埃落定，兩國邊界也已確立，但中國目前仍將這類條約視為所謂的「不平等條約」，在愛國主義者的概念中，東北地區和當年割讓香港一樣，是憤慨不平的來源，又是中共不斷宣傳「百年國恥」下的另一個遺緒。中國教科書依舊會將這片區域以及中亞的大片土地，標示成歷史上中國疆域的一部分，而在中國愛國主義者的敘述中，俄國便是當年對中國施加「恥辱」的惡棍之一。

由於中俄之間擁有這麼多實際發生衝突、潛在可能爭議的地區，因此雙方近期加溫的關係，受到某些質疑，也可說毫不意外。北約的歐洲盟軍最高指揮官（Supreme Allied Commander Europe）陶德・沃特斯（Tod Wolters）便將其形容為「方便的合作」，但依然同樣危險，他表示需要加強警惕中俄關係，因為其有可能「對歐洲及面臨相似處境的周遭國家帶來危害」。其他人則將其視為建立在互相利用上的戰略結盟，人前高調，人後卻彼此猜疑、互相較勁。

此外，俄國和越南、印度的關係也持續升溫，還會販售先進武器給兩國，而他們都和北京當局關係緊張。若單純從經濟規模上看來，其實雙方關係中地位較高的是中國，其經濟規模大約是俄國的九倍，莫斯科當局因此看似更為需要北京當局，而非相反，且在入侵烏克蘭之後，俄國顯然希望北京當局能夠協助減緩他們因西方經濟制裁受到的影響。

在俄國的侵略行為及出現其對公民採取暴行的指控後，西方領袖異口同聲的要求習近平運用他的影響力約束普丁，並履行他不斷吹噓的宣稱，相信崇高的「國家主權」及「不干預」政策。然而，習近平仍持續呼應俄國的藉口，堂堂中共領導人甚至都沒膽，將其行為稱為入侵。

7 有關該地區以及邊境兩側人民心態的絕佳描述，請參見旅遊作家柯林・施伯龍（Colin Thubron）的著作《阿穆爾河：俄中之間》（*The Amur River: Between Russian and China*）。

中共官媒也唱和俄國「去納粹化」烏克蘭的說法，並將烏克蘭所謂「納粹主義」的崛起，和香港的抗議比擬，認為兩者都是「外國勢力干預內政」的例子，中國評論家甚至鸚鵡學舌俄國的謊話，表示烏克蘭平民遭到殺害的影片是提前安排好的，還有一名外交單位發言人竟傳播俄國的陰謀論，內容包括美軍在烏克蘭充滿「危險病原體」的「生化實驗室」。

而針對中國是否在俄國入侵烏克蘭前，便已事先收到情報，也有許多臆測。這顯然是美國情報單位的觀點，他們宣稱中國官員還要求俄國延後行動，直到北京冬奧結束。北京當局當然嚴正否認，但要說習近平對於俄國的計畫半點都不知情，似乎也說不過去，或許普丁說服他戰爭很快就會結束，結果入侵行動卻陷入了泥淖，普丁還以一種無法輕易粉飾太平的態度，向全世界炫耀他的野蠻行徑。

我們能確定的只有：習近平在他精心調校對臺戰略時，肯定也會密切關注烏俄戰爭本身以及西方的反應，而本書接下來，便是要討論臺灣。

第二部

全球經濟，臺灣樞紐

第8章 中國巨龍劍指臺灣

「祖國完全統一的歷史任務一定要實現，也一定能夠實現！」

——習近平，二〇二一年十月

「臺灣是個獨立的國家」這句話看似是個不證自明的陳述，畢竟這座島嶼擁有主權國家的所有特徵，有自己的國旗、軍隊、憲法、國界、總統、法律制度，還有獨特的身分認同和文化，以及對自己國家成就的強烈自豪感。臺灣之所以不受承認，除了因為超過七十年來，國際社會都將其視為更大地緣政治遊戲中的一枚小卒，還有更主要的原因，也就是中國的霸凌欺壓。

「臺灣是個獨立的國家」，只要任何個人、企業、國家說出這句話，甚至只是暗示，就有可能招致嚴重報復，問問職業摔角手暨《玩命關頭》（*Fast and Furious*）系列第九集《玩命關頭九》（*F9*）的影星約翰・希南（John Cena）就知道了。沒什麼事能嚇倒希南——至少他在電影中飾演的角色是這樣。《玩命關頭》或許是誇耀男子氣概情節的終極呈現，但在他不小心稱臺灣為國家，引發了中共之怒後，希南還是淪為了一個軟趴趴的孻三。

硬漢希南與阿湯哥，都不想得罪中國

二〇二一年五月，希南在和臺灣電視臺TVBS的訪問中表示「臺灣是第一個（可以）看到新電影的國家」後，馬上引發中國人群情激憤，他也立刻龜縮，在迅速發布的道歉影片中表示：「我有一個錯誤……我很抱歉對我的錯誤，對不起，對不起，我很抱歉，你必須了解，我很愛很尊重中國跟中國人。」中國對《玩命關頭》系列來說是個巨大的市場，希南在那裡也有眾多粉絲，而他兩者都不想要得罪。

希南於是加入了一長串名人及企業的行列，他們在誤入政治雷區後，都被迫卑躬屈膝的道歉或「更正」，而這樣的雷區在習近平掌權之後，更是特別難以避開，因為他試圖壓迫臺灣所有政治發聲的空間，同時也極具侵略性的堅稱中國擁有臺灣的主權。

二〇二二年，一九八六年的經典電影《捍衛戰士》（*Top Gun*）推出了續集《捍衛戰士：獨行俠》（*Top Gun: Maverick*），當時便有眼尖的觀眾在預告片中發現，湯姆・克魯斯（Tom

Cruise）招牌的皮夾克竟經過修改，移除了原版背上多面國旗中的青天白日滿地紅旗，而這部新片的其中一個投資方，正是中國科技公司騰訊。

二〇一八年，中國要求四十四家國際航空公司，包括英國航空（British Airways）、德國漢莎航空（Lufthansa）、聯合航空（United Airlines）在內，從網站上移除所有可能會暗示臺灣是個獨立國家的相關資訊。此舉當時遭到川普譏為「歐威爾式的鬼扯」，但航空公司皆畢恭畢敬遵守，擔心若不照做，北京當局就會對他們在中國的業務進行懲罰。英國航空及德國漢莎航空將網頁上的資訊改為「中國臺灣」，而最慢跟進的美國各航空公司，則是直接略過不提臺灣，僅標示出機場名稱。

同年，中國當局也短暫關閉了萬豪酒店集團（Marriott）的網站，宣稱該連鎖酒店因為在顧客意見調查中，將西藏、臺灣、香港、澳門標為獨立國家，「嚴重違反國家有關法律法規，傷害中國人民感情」。萬豪酒店則在聲明中表示：「萬豪國際尊重中國的主權和領土完整，我們絕不支持任何損害中國主權和領土完整的任何分裂組織，我們對任何可能引起對以上立場誤解的行為深刻道歉。」

中共也對地圖極度執迷，仔細檢視核對中國海內外每一份地圖，看看是否正確標示了黨認為的領土範圍。二〇一九年，中國海關便查扣、銷毀了三萬份預計從山東省青島港出口的地圖，因為上面沒有將臺灣標示為中國的一部分。此外，國外出版社也避免在銷售到中國的圖書中放進任何地圖，甚至連歷史地圖都不放，因為現今的審查流程實在有夠拐彎抹角，而且範圍也已超出中國國境。

除了青島在執行北京當局的地理觀之外，倫敦的中國學生也受到他們的大使館動員，向倫敦政經學院（The London School of Economics and Political Science，簡稱LSE）抗議，因為有個上下顛倒的地球裝置藝術，其中將臺灣和中國標成不同顏色。倫敦政經學院於是在藝術品下方加了一塊板子，板子上寫的免責聲明表示：「藝術品當中特定的邊界、顏色以及地名，並不代表校方對於任何領土或邊界的法律定位意見。」臺灣旁邊還加了一個星號。

二〇二一年夏天，東京奧運開幕式上，美國電視臺NBC在每個隊伍進入體育館時，也會在螢幕上顯示地圖，並標出他們在世界上的位置，而中國隊的地圖跳出來時，並沒有包含臺灣，北京於是義憤填膺，中國駐紐約領事館宣稱這幅地圖是不完整的，並「傷害了中國人民的尊嚴和感情」。

自一九七〇年起，國際奧林匹克委員會（International Olympic Committee）正式承認北京當局後，臺灣就受到禁止，不能以「中國」或「中華民國」名義參與奧運，於是在一九八一年以後，便使用「中華臺北」當作隊名，這是個在所有地圖上都找不到的名稱，此外也禁止使用國旗。

二〇一八年，巴黎舉辦同志運動會時，北京當局也向法國政府施壓，禁止臺灣代表隊以「臺灣（中華民國）」名義參賽，代表隊於是將隊名改為「臺北」，不過仍可以在開幕式上揮舞國旗，並拿著寫有「Taiwan」的布條。但主辦方已經受夠了，堅持在二〇二二年下一屆預計於香港舉辦的同志運動會中，臺灣必須以「中華臺北」或「臺灣地區」名義參賽，且不能使用國旗，臺灣代表隊因而退賽。

二〇二一年，臺灣電影人參加威尼斯國際影展（Venice International Film Festival）時，也驚訝的發現他們現在也代表「中華臺北」了。長年在臺灣發展的知名導演蔡明亮拍攝的作品，和過往一樣是以「臺灣」名義參展，但遭主辦方在活動手冊中擅自修改。威尼斯影展對於相關更動並沒有發表公開聲明，對臺灣方面也沒有進一步解釋，看來這個長久以來都大肆宣揚自己願意為藝術自由挺身而出的國際影展，並不願意對抗來自中國的壓力。

而就連最無害的非政府組織也沒有逃過一劫，中國外交單位在聯合國中也強迫症般的嚴加審視來申請聯合國諮詢地位（consultative status）的非政府組織，並擋下那些沒有使用「正確術語」指稱臺灣的申請。

諮詢地位可說相當重要，因為這讓非政府組織可以參與聯合國會議，而中國在阻擋相關團體申請上，可說是最為積極的國家，包括南韓某個維護長途健走步道的非政府組織、國際婦女創業日組織（Women's Entrepreneurial Day Organization）、世界瑜珈社群（World Yoga Community）等團體的申請都遭到擋下，並要求他們必須將網站修改到北京當局滿意為止，才能通過。

臺灣敢自稱國家，就不准買疫苗

個別看來，北京當局的諸多所作所為，都看似頗為小心眼，在在顯示了中共的暴躁易怒及心胸狹窄，不過這也顯示為了要封鎖臺灣在國際上的喘息空間，中共可以多麼無所不用其極。若是一概而論，這類措施的目的都是要強迫臺灣在全球舞臺上按照中國的規則玩——如果臺灣真的有參與空間的話。但有的時候，影響則是更為立即，也更為嚴重，比如像二〇二一年四月，臺灣新冠肺炎疫情突然嚴重大爆發之時。

當時，北京當局的刁難瞬間變得生死攸關，因為他們試圖阻擋臺灣取得疫苗。在那之前，臺灣的疫情都控制得非常好，但其疫苗計畫根本就還沒開始進行，蔡英文總統提到和德國 BioNTech（簡稱ＢＮＴ）公司購買五百萬劑疫苗的交易，原先已經接近談妥，卻遭到北京當局從中作梗。她表示：「因為中國介入，遲延到現在都無法簽約。」

時任衛福部長的陳時中則表示，本來已經很接近要發布新聞稿、宣布採購成功，ＢＮＴ這時卻要求刪除聯合聲明中的「我國」字眼，他提到：「ＢＮＴ突然就來函，就來一個檔案說，強烈建議本署調整中文版新聞稿之『我國』二字。」一週後，對方又告訴臺灣簽約時程因為「重新評估全球疫苗供應量及調整時程」遭到延後，而針對臺灣的指控，和輝瑞（Pfizer）藥廠合作研發疫苗的ＢＮＴ則拒絕回應。

中國否認有向ＢＮＴ施壓，他們提議透過上海復星製藥公司提供疫苗，該公司宣稱自己擁有在「大中華區」經銷BNT疫苗的獨家代理權，範圍便包括「臺灣地區」，北京當局亦提議免費捐贈自家研發的科興疫苗，不過遭到臺灣拒絕。臺灣也指控中國「假好心」，竟不人道的在臺灣出現大量需求時阻擋疫苗進口，臺灣政府長期的政策都反對購買中國疫苗，而且絕對不會同意將臺灣標示為中國省分的交易。

而BNT和上海復星的商業往來，也不僅僅是經銷代理而已，其實更為深入。在疫情爆發初期，上海公司便買下了BNT在中國的獨家權利，並運用其mRNA技術來研發新冠肺炎疫苗產品，進一步商業化，還同意購買德國公司總值五千萬美元的股份，授權費更高達八千五百萬美元。這或許可以解釋BNT為何不願和中國衝突，而這樣的故事也熟悉的令人沮喪。

日本和美國此時挺身而出，捐贈疫苗給臺灣，日本政府率先捐贈了一百二十萬劑AZ疫苗[1]，美國隨後則運送了兩百五十萬劑莫德納（Moderna）疫苗抵臺，實質上等同於美國大使館的美國在臺協會（The American Institute in Taiwan，簡稱AIT），也表示疫苗捐贈展現了美國對臺灣的承諾：「臺灣是可信賴的朋友，也是重要的安全夥伴。」而臺北兩座最具代表性的建築物——圓山大飯店及臺北一〇一，也點燈用斗大的訊息感謝美國。

最終，二〇二一年七月，在臺灣兩大科技巨人鴻海及台積電介入、擔任中間人居中協調後，臺灣終於成功和BNT簽訂正常的合約，兩間公司同意購買數百萬劑疫苗，總值三億五千萬美元，再捐贈給政府的衛福部疾病管制署，供國民施打。

當時，中國正在全世界推行激進的「疫苗外交」，截至二〇二一年八月，已經供應了超過五億劑科興疫苗給全球超過一百個國家。不過，對於中國疫苗的效力也出現了嚴重質疑，特別是針對新冠肺炎新的變種病毒。全球公衛專家也批評中國政府及其疫苗製造商，包括國有的國藥集團及私有的科興公司，公布的臨床試驗及相關保護力數據並不透明。

中國的主要目標便是要將自己描繪成一個慷慨的大善人，特別是對窮國，並強調西方明顯的吝嗇，不過表面之下不遠處，總是存在著脅迫目標。根據報導，在疫情嚴峻時期染疫死亡率世界最高的巴拉圭，便有掮客提議以中國疫苗為代價，交換與臺灣斷交，當時巴拉圭正是全世界少數和臺灣建交的十五個國家之一。

抗疫大作戰同時也見證了中國對臺作戰的另一個面向，也就是北京當局試圖阻撓臺灣的國際組織會員資格。隨著北京當局尋求在全球治理中擴張其影響力，目前在聯合國的十五個專門機構（specialized agencies）中，已有其中四個的首長是中國人，他們也想方設法想要打壓臺灣。

至少從理論上來說，聯合國應該要是促進全球共好、推動國際合作的力量才對，但實際上，總是會有某些國家的聲音比其他國家大聲，而隨著中國的角色越發活躍，其也試圖運用

---

1 編按：即前文之提及之阿斯特捷利康公司生產的疫苗，在臺灣被簡稱為AZ疫苗。

聯合國來達成自身狹隘的利益及野心。

目前由立場傾中的前衣索比亞外交部長譚德塞博士，擔任祕書長的世界衛生組織便是重要的一例。在新冠肺炎疫情大規模爆發前，全世界本應有許多地方可以向臺灣一流的公衛系統學習，特別是其應對大規模傳染病的經驗，自從二〇〇二年源自中國的SARS（嚴重急性呼吸道症候群：Severe Acute Respiratory Syndrome的縮寫）疫情爆發以來，臺灣便建立了世上最為先進的公衛監測系統之一，目的即為試圖辨識新型傳染病的出現，並提前為下一次大爆發做準備，包括興建隔離病房及病毒研究實驗室等。

二〇〇九年至二〇一六年間，臺灣尚能和世界分享其知識及經驗，以觀察員的身分參與世界衛生大會（World Health Assembly，簡稱WHA），該組織便是控制世界衛生組織的實體，由所有會員國組成，但接著在二〇一七年，北京當局把門甩上，運用其影響力集結足夠的國家，全面封殺臺灣。

二〇一九年十二月，臺灣發現中國武漢出現令人擔憂的醫院內部報告，指出可能存在一種全新的凶猛病毒，臺北的公衛機關接著便警告了世界衛生組織，並在一封相關電郵中表達關切，特別提及武漢出現數例「非典型肺炎」病例，尤其「病患已進行隔離治療」，並由此研判，擔憂該病毒有「人傳人」的可能。時任臺灣副總統陳建仁是名訓練有素的流行病學專家，他表示這則警告遭到忽視，而世界衛生組織則反駁批評，宣稱臺灣只是要求更多資訊，並沒有提出警告。

在疫情爆發的前十六個月中，臺灣政府的因應可說是全世界最迅速，也最有效的國家之一。不僅贏得全球讚譽，看似也有許多經驗可以分享，然而，依舊是中國的霸凌欺壓，使臺灣無法在全球公衛最高殿堂中獲得一席之地。北京當局無視來自G7組織的呼籲，拒絕讓臺灣參與世界衛生大會，而當紐西蘭公開支持臺灣加入時，竟遭北京當局警告：「立即停止在涉臺問題上的錯誤言行，以免損害中新關係[2]。」

無所不在的滲透：天上、海上、心理上

二〇二一年八月，塔利班掌控阿富汗，以及美國混亂的撤軍，為中國「傲慢的超級強權正在式微」的敘述提供了豐沛的燃料，中共官方新聞機構新華社便得意洋洋表示：「『喀布爾陷落』標誌著美國國際形象和信譽崩塌。」北京當局也迅速利用阿富汗的事件，對臺灣施加心理壓力，警告華府當局並非可靠的盟友，中共官媒《環球時報》的頭條便寫著「今日阿富汗，明日臺灣」，並接著表示：「美國因其受損的信譽，危急時刻定會拋棄臺灣。」《環球時報》的某篇社論也警告臺灣「需要留最後一點清醒」，因為「一旦臺海爆發全

2 編按：在中國，紐西蘭（New Zealand）被譯做「新西蘭」。

面戰爭，臺軍的抵抗將以小時計的速度土崩瓦解，美軍的馳援不會到來」，此外還附上一則漫畫，圖中是代表美國的白頭海鵰帶著蔡英文總統走向地上的坑洞，文中還表示她的官員會和阿富汗官員一樣在開戰後迅速落跑。

臺北的某個評論家則指控北京當局此舉為「廉價的心理戰」，但是臺灣島上的社群媒體，馬上充滿有關開戰後美國會不會馳援臺灣的臆測，蔡英文總統本人則在臉書上表示：「最近阿富汗情勢的變化，在臺灣也引起很多討論。我要告訴大家：臺灣唯一的選項，就是讓自己更強大、更團結，有更堅定保護自己的決心。」而美國從阿富汗撤軍，也恰好和中國在臺灣南部海岸更頻繁的活動重疊，這些軍演無疑早在喀布爾的事件前便已計畫好，但兩者的巧合仍使臺海兩岸情勢更加緊張。

在習近平的統治之下，中國對臺灣的心理戰及軍事威嚇可說來到新的高峰，且正位於所謂對臺「灰色地帶」密集作戰的中心，該詞的範圍包含逼近真正熱戰邊緣的各種騷擾，及威嚇工具與技術，常常也真的只位於邊緣而已。我們在其他脈絡中已經探討了諸多相關事宜，但這類作戰正是在臺灣海峽最為猖狂，十分類似新疆成為中共監控，及其他壓迫科技的實驗場，臺灣也成了中國新冷戰脅迫工具箱的測試地。

臺灣時常會將假訊息稱為「認知作戰」，政府官員指控北京當局運用這類作戰，來散播有關島內疫情爆發的假新聞，包括蔡英文總統染疫，消息卻遭隱瞞的報導，以及數萬名臺灣人前仆後繼前往中國接種疫苗等。而中國製的假新聞同樣也試圖破壞對臺灣自身疫苗計畫的信心，竟宣稱老年人因注射高端疫苗死亡，相關報導也使得接種高端疫苗的人數減少，其他報導則宣稱臺灣政府捐贈疫苗給邦交國以維持邦交，而非提供給國民施打。

大多數這類假新聞，來源都能追溯至中共官媒、中國殭屍帳號、內容農場（為了特定利益，大量生產特定文章的網站），且通常是由機器人大軍傳播，使用的便是在臺灣相當熱門的通訊軟體 LINE，或其他線上討論平臺。此外，臺灣自己活躍的媒體也無意間在傳播假訊息上，扮演推波助瀾的角色，他們沒有經過嚴謹的事實查核，便從網路上抄錄新聞，臺灣因而成為了打擊假訊息技術的先驅。

二〇二一年一整年間，中國幾乎每天都會派出戰機擾臺，類似的壓力也來自海上，臺灣國防部便表示，在二〇二〇年的前十個月中，他們就進行了超過一千兩百次攔截中國軍艦的任務，數據和前一年相比成長了三分之一。即便從臺灣空軍和海軍反應的性質及速度，中國便能獲得有用的情資，不過專家認為，更廣泛的目標應該是消耗臺灣的戰力，使其精疲力盡，並進一步消磨其戰意。

根據臺灣前參謀總長李喜明二級上將的說法，中國的戰略可說「極其有效」，他在和路透社（Reuters）的訪談中表示：「你說這是你家院子，結果你的鄰居老是在院子裡閒逛。他們用那種動作主張那是他們的院子，而且他們的院子離你家只有一步之遙。」

而中國「灰色地帶」作戰軍火庫中最新的一樣武器便是抽砂船，有數百隻這種笨重怪獸部署於臺灣的馬祖列島外，其位於中國海岸邊，我們在第一章中就討論過，馬祖的海巡隊已經驅逐了數十艘抽砂船，但它們只是捲土重來而已，其嘈雜的轟隆聲日夜在列島間迴盪，漁民抱怨抽砂正在扼殺他們的產業。

此外，在二〇二〇年，抽砂船就切斷了海底電纜多達六次，使得臺灣的網路和通訊連結受到干擾。馬祖的民進黨政治人物李問便表示：「這些巨人正侵入臺灣的海域，並消耗我們的海巡。」臺灣國防部智庫國防安全研究院的戰略分析師蘇紫雲，則將抽砂船的入侵形容為「心理戰」。

中國的網路攻擊也變本加厲，二〇二一年七月，臺灣官員便表示臺灣每個月遭受三千萬次網路攻擊，**換算成每分鐘是驚人的七百次**，官員提及約有半數攻擊來自中國，且臺灣已成為全球網路攻擊的前幾大目標之一，其中大多數是網路探勘或詐騙，目的是要尋找電腦系統中的漏洞，網路資安專家常將這類攻擊稱為偵察任務。

官員堅稱臺灣的防禦大多還守得住，他們也成功守下了令人應接不暇的絕大多數攻擊，但仍有數百次成功破壞，目標包括政府單位、官員、教育機構、科技公司，駭客的目的從間諜活動到蓄意破壞都有，臺灣政府也警告人民要小心「無所不在的滲透」。

臺灣和中國之間的經濟連結近年變得更為密切，也越來越常成為脅迫手段，如同我們稍後會更深入探討的，臺灣企業在中國大規模投資，並將產線轉移至中國，這無疑能協助島內的經濟發展，但也帶來了依賴及弱點，而北京當局可是毫不猶豫就會濫用。

就連遊客都能拿來當成對付臺灣的工具，自二〇一一年相關旅遊限制放寬後，中國遊客的數量便迅速成長，直到二〇一六年達到高峰，成為臺灣占比最高的外國觀光客，接著當蔡英文總統擊敗中共偏好的朱立倫上任後，中國便透過大幅限制來臺觀光人數表達其不滿，重創臺灣的旅遊產業。

《中國軍力報告》：臺灣的軍事優勢，已蕩然無存

習近平在雕琢他「灰色地帶」工具包的同時，也正監督著自承平時期以來規模最大的軍力建造及現代化，而大部分目標都放在入侵臺灣，以及威嚇美國，使其無法干預。

自二〇〇〇年起，美國法律便規定，國防部每年都必須向國會提交一份有關中國軍事及國防發展的報告，而二〇二〇年發布的二十週年報告，則算是某種回顧。其中便回顧了第一份《中國軍力報告》[3]是如何將解放軍形容成一支規模雖大，卻相當落伍的軍隊，缺乏現代作戰的能力、組織、準備，且目標大多著重於在中國邊境掀起大規模陸戰上，當時是這樣描述的：

3 請參見《二〇二〇年中國軍力報告》（*Military and Security Developments Involving the People's Republic of China 2020*），由美國國防部提交給國會，https://media.defense.gov/2020/Sep/01/2002488689/-1/-1/1/2020-DOD-CHINA-MILITARYPOWER-REPORT-FINAL.PDF。

「解放軍的陸軍、空軍、海軍規模雖大，卻大多相當落伍，傳統飛彈大多是短程，且準度適中，而解放軍新興的網路能力也相當基本，對資訊科技的使用可說遠遠落後，其名義上的太空能力也是建立在當時過時的科技上。此外，中國的國防工業也無法生產高品質的系統，即便中國可以生產或取得現代武器，解放軍也缺乏實際應用的相關組織及訓練。」

但不久之後，美國國防部的報告便改口：「中國在過去二十年間，已彙集相關資源、科技、政治意願，幾乎在各方面都強化了解放軍，並使其現代化。」同時也警告道：「中國在某些領域已經超越美國。」報告中也描述了中國現在如何擁有世界最大的海軍，在報告撰寫時共有三百五十艘船艦及潛艦，而美國海軍則是兩百九十三艘。此外，中國在傳統陸上彈道飛彈及巡弋飛彈，還有綜合防空系統上，也都領先美國，並且重新調整了軍力，使其更適合執行聯合作戰行動。

報告中還提及，即便入侵臺灣依然是最為複雜又困難的軍事行動之一，解放軍仍持續建立其侵略臺灣的能力，同時「解放軍也持續發展能力，以在大規模作戰活動中，例如進攻臺灣的情況下，提供中國勸阻、威嚇、或若經命令，擊退第三勢力干預的選項」，對美國國會議員來說，這份報告想必讓他們都醒了過來。

報告中的警告也和前北約軍事委員會主席史都華．彼奇（Stuart Peach）爵士的說法呼應，他在卸任前不久，二〇二一年六月的某場訪談中便表示：「中國建造船隻的速度、中國空軍現代化的程度、中國在網路和其他形式資訊管理上的投資，尤其是在臉部辨識技術上，都令人相當震驚。」

領導北約軍事委員會三年的彼奇，接著拋出了這個問題：「如果你是中國領導人，手上有一支現代化又大規模的強大軍隊，那你會做什麼呢？你會去部署，會去使用。」而該訪談便是在北約初次警告北京當局對以規則為基礎的國際秩序，帶來了「系統性挑戰」的幾天後發布。

時間回到二〇〇〇年，美國國防部初次向國會提交報告時，解放軍根本就沒有能力侵略臺灣，他們可以對島上的「分離主義勢力」大聲嚷嚷抱怨，但這類威脅總是有種形式上的感覺，不禁讓人想起BBC影集《超時空奇俠》（*Dr. Who*）系列中的達立克外星人（Dalek），時不時大叫著「消滅、消滅！」，頻率高到已變成了背景噪音。

當時臺灣由美國支援的軍隊，公認在科技上更為先進，訓練也更精良，要抵禦任何入侵都綽綽有餘。根據法律，美國必須向臺灣供應足以自衛的武器，一九七九年的《臺灣關係法》中便提到「美國將使臺灣能夠獲得，數量足以維持自衛能力的防衛物資及技術服務」。

而在實務上，雖然歷任美國總統在這些年間都以不同方式詮釋此條款，但對臺軍售仍包含先進的戰鬥機、防空飛彈、海軍巡防艦、反艦飛彈、戰鬥直升機、反坦克武器、坦克、其他武器及裝備等。

《臺灣關係法》可說是美國後來所謂「戰略模糊」政策的基石之一，其中並沒有明確指出，要是中國侵略臺灣，美國一定會前來馳援，但確實要求美國必須考量「任何企圖以非和平方式來決定臺灣的前途之舉——包括使用經濟抵制及禁運手段在內，將被視為對西太平洋地區和平及安定的威脅，而為美國所嚴重關切」。

這在中國的崛起看似良善，且其軍事實力也受限的那段時間，可說極度不切實際，而現在當然也不適用，且隨著臺灣海峽兩側的軍事平衡已大幅倒向中國，也沒幾個戰略專家認為臺灣在沒有美國協助的情況下有希望撐多久，如同美國國防部的報告所述：「在臺海開戰的情況下，中國數十年來的軍事現代化努力，已讓臺灣在歷史上享有的許多軍事優勢都化為烏有，或蕩然無存了[4]。」

就算單純以絕對數量來論，臺灣現在也已大幅落後，美國國防部報告提供的細節便已昭然若揭（見下頁、第二一〇頁，二〇二〇年臺灣海峽軍力比較）。

4 出自《二〇二〇年中國軍力報告》，第一百一十九頁。

2020 年臺灣海峽軍力比較：陸軍

	中國		臺灣
	總計	東部及南部戰區	總計
陸軍總兵力	1,030,000	412,000	88,000*
軍團數	13	5	3
旅總數	78	30（包括 5 個兩棲單位）	N/A
機械化步兵旅	N/A	N/A	3
步兵旅	N/A	N/A	6
裝甲兵旅	N/A	N/A	4
航空旅	15	5	2
砲兵旅	15	5	3
空降旅	7	7	0
海軍陸戰隊	8	4	3
坦克數量	6,300		800
大砲數量	6,300		1,100

＊：僅包含現役軍人。
資料來源：美國國防部。

2020 年臺灣海峽軍力比較：空軍

	中國		臺灣
	總計	東部及南部戰區	總計
戰鬥機	1,500（2,700*）	600（750*）	400（500*）
轟炸機	450	250	0
運輸機	400	20	30
特別任務飛機	150	100	30

＊：括號內的總數包含戰鬥機教練機。
資料來源：美國國防部。

2020 年臺灣海峽軍力比較：海軍

	中國		臺灣
	總計	東部及南部戰區	總計
航空母艦	2	1	0
巡洋艦	1	0	0
驅逐艦	32	23	4
巡防艦	49	37	22
護衛艦	49	39	0
坦克登陸艦／兩棲登陸艦	37	35	14
中型登陸艦	21	16	0
柴油攻擊型潛艦	46	32	2
核動力攻擊型潛艦	6	2	0
彈道飛彈潛艦	4	4	0
海巡巡邏艦（配備飛彈）	86	68	44
一般海巡船隻	255	N/A	23

資料來源：美國國防部。

根據英國智庫國際戰略研究所（International Institute for Strategic Studies）二〇一九年的研究估計，中國共以一千兩百枚短程彈道飛彈、四百枚陸地攻擊巡弋飛彈、數量未知的中程彈道飛彈瞄準臺灣。其也預測，按照中國解放軍現代化的速度，若臺海開戰，美國成功干預的能力只能維持到二〇三〇年：

「臺灣在對抗更為巨大的鄰國上，一度可說是勢均力敵，但臺灣海峽兩岸的軍事平衡，現已完全傾向中國，同時，現今若臺海開戰，美國在抗中保臺上雖仍幾乎肯定能夠戰勝，不過和先前相比，可能會付出極大代價及風險……且其成功的能力正雪崩式下滑，而且在十年內很可能便將消失。」

二〇二一年，中國政府的年度國防預算為一兆三千六百億人民幣，根據當時的匯率換算，約為兩千一百億美元左右，較前一年成長了六・八％，且在十年內也幾乎翻倍，但即便中國是世界上第二大的軍火買家，僅次於美國，這個數目仍很難被詳細檢視，**因為其缺乏細節，且也排除了數個主要項目**，包括研發經費及準軍事花費等。大多數外部分析師都認為，**真實的數目應該更為可觀**。

二〇二〇年，斯德哥爾摩國際和平研究所（Stockholm International Peace Research Institute）的資料庫提供的數目是兩千五百二十億美元左右，幾乎比當年度官方公布的一千八百三十五億美元還要多出將近四〇%[5]，而其公布的中國軍費，雖仍不到美國的三分之一，卻讓臺灣二〇二二年預估的國防預算一百六十八億九千萬美元顯得如滄海一粟。

中國如何攻打臺灣：美軍版

那麼中國究竟會採取怎麼樣的精確計畫，使用其令人畏懼的軍火庫，來對付臺灣，以達成「國家統一」，如同中共最喜歡用來形容征服臺灣的說法那樣呢？美國國防部根據解放軍的資料及自身的分析，統整出了四個軍事選項，能夠個別使用，也可以結合起來使用[6]：

一、**空中及海上封鎖**：中國會將目的放在切斷臺灣周邊所有水上交通，使其無法獲得重要補給、和世界斷絕聯繫，並試圖迫使臺灣投降。在某些情況下，這個戰略也會結合瞄準特定目標的飛彈攻擊，也可能奪下臺灣的離島，同時配合針對重要基礎建設的大規模網路攻擊，以及試圖讓臺灣變成世界孤兒的資訊戰。

二、**派出有限的兵力或脅迫**：這將牽涉特定兵力使用，鎖定臺灣的軍事、政治、經濟目標，目的便是破壞臺灣人對領袖的信心，也可以結合特種部隊，攻擊基礎設施或領導鏈。

三、**空中及飛彈作戰**：中國會對國防目標使用飛彈及其他空襲方式，包括空軍基地、港口、通訊設施，以瓦解臺灣的防禦，很可能會伴隨拿下臺灣領導人的嘗試，目的是摧毀臺灣人的戰意。某些分析師也認為，這個階段可能也會結合對美國部署在周邊資產的飛彈攻擊及空襲，很可能包括位於日本及關島的基地。

四、進犯臺灣：多數分析師都將這視為對臺作戰的最後階段，根據我們目前所知的中國事前準備判斷，本階段很有可能會包含空中、海上、數位資產的聯合作戰，目的便是突破遭瓦解的海岸防線，並搶灘登陸臺灣本島。在中國所有可用的選項中，大多數專家都同意這點是最難完成的。

雖然估計略有出入，但要是來到全面入侵的階段，可能會需要介於三十萬到兩百萬人的戰鬥部隊，加上數千部坦克、大砲、火箭砲、裝甲人員載具跨越臺灣海峽，這將會是次規模及複雜性皆前所未有的軍事行動，且事前準備幾乎無所遁形。曾旅臺的分析師易思安（Ian Easton）專門研究解放軍的對臺論述，他便將其比喻為一場致命的接力賽，每名跑者都必須盡全力奔跑，若在任何時刻掉棒，都有可能致命。

此外，擁有這一切閃閃發亮的嶄新裝備是很好沒錯，但中國的整合能力仍未經檢驗，這在軍事術語中常稱為所謂的「C4ISR」，即精細的指揮（Command）、管制（Control）、通信（Communications）、資訊（Computers）、情報（Intelligence）、監視

5 斯德哥爾摩國際和平研究所的軍事預算資料庫會定期更新，請參見其網站：https://www.sipri.org/databases/milex。

6 出自《二〇二〇年中國軍力報告》，第一百一十三頁至第一百一十四頁。

（Surveillance）和偵察網路（Reconnaissance networks），必須掌控這些要素，才能善用及防禦最致命的傳統武器。

自從一九七九年入侵越南後，中國就再也沒有參與過任何規模的全面戰爭，當年是場非常不一樣的衝突，結果對北京當局來說也不太好。而且我們也不該忘記，解放軍是中共的軍力，因此是支政治化的軍隊、對中共負責，而非西方概念中的專業軍隊。但現代戰爭需要大量的彈性和創新思維，也就是適應千變萬化戰場的能力，並在需要時應用新戰略。中國雖已十分努力，在一部如同其黨本身的僵化、臃腫、腐敗機器中，引進現代化的思維及訓練，但這同樣也未經檢驗。

或許臺灣最重要的盟友，便是其島嶼本身的地形，以及臺灣海峽的氣候。易思安將臺灣本島的海岸地形，形容為「**防守者的夢想**」，**只有十四座海灘適合進行兩棲登陸**，**東海岸大部分都是由懸崖組成**，西海岸的海灘則是林立人口密集的城鎮、泥灘、稻田、其他濱海池湖。他寫道：「**從中國軍事專家的角度看來，臺灣本島根本沒有適合夠大規模部隊登陸的地點**，因此無法快速開進臺北。」接著還有臺灣海峽凶險的惡水及狂風，在當地俗話中稱為「黑水溝」，這代表中共若要入侵，每年只有兩個實際可行的時間——三月底到四月底，或九月底至十月底。

臺灣在規畫防守上，也善用了這些天然優勢。軍事戰略專家已深入研究本島的地形，而臺灣防守海上攻擊的精密防禦措施，便包括成片的鐵刺林、保護脆弱海灘的層層水雷，以及所謂的「海上防火牆」，也就是一組水下油氣管系統，要是有敵軍接近，便會提前釋放油氣，再以砲火點燃。

假設敵軍成功登陸，陸上作戰也會同樣艱辛，而且就算中國最終真的戰勝臺灣國軍，解放軍也必須先鎮壓充滿敵意的百姓。不過殘忍的內部壓迫，反倒是北京當局擁有頗多經驗的其中一個領域。

偷懶的比喻常會將臺海戰爭和二戰時的諾曼第（Normandy）登陸相比，但當年登陸的地點可是鄉村，相對平坦、長八十公里的海灘。而侵略臺灣的行動在實務上不僅會更為困難，這樣的類比也實在是大錯特錯，諾曼第登陸是要將百姓從納粹手中解放，而入侵臺灣則會是個以暴政強加民主的嘗試。

二〇二一年十月，談及對臺灣漸增軍事威嚇的背景時，習近平表示：「祖國完全統一的歷史任務一定要實現，也一定能夠實現！」在這些年間，中國結合威脅利誘，試圖達成統一目標，但在習近平的統治下，中共的策略已大幅倒向威脅。

北京當局雖總是避免為其野心設下時間表，但長久以來都假設到了二〇四九年，中共建國一百週年時，便是奪下臺灣之時。只不過，時間並不站在習近平這邊，隨著一年年經過，北京當局的心思也越發遠離臺灣，或許這就是為什麼，習近平上任後表現出更迫切的態度，且威脅的修辭也來到新的層級，這群達立克外星人變得更加語帶威脅了。

「國家統一」可說是習近平愛國主義事項的重要組成，也就是他民族復興的「中國夢」，而他也獲得《反分裂國家法》的背書，其中便提及若「和平統一的可能性完全喪失，國家得採取非和平方式及其他必要措施」，習近平看似將自己牢牢和臺灣綁在一起，但這相當危險，即便他手下的軍隊和以往相比，已更加強大了無數倍，臺灣依舊不會這麼容易屈服，無論美國有沒有干預都一樣。

中國的軍事計畫制定者無疑希望臺灣的抵抗能迅速瓦解，還有持續的施壓及蟒蛇戰略能發揮功效，使臺灣在入侵兵力甚至還沒登陸前，就失去戰意及戰力。美國從阿富汗撤軍時，中國官宣大肆宣揚的其中一個觀點，除了美國身為盟友的可靠性之外，便是舊政權是多麼迅速棄國家於不顧，並以此和臺灣可能發生的情況相比。

但不管習近平再怎麼拍胸脯保證，嘗試入侵臺灣都會是個巨大的賭注，還可能很快就會失控，箇中風險非常巨大，且不只對臺灣以及周邊區域的戰略平衡而言，要是中國攻臺恥辱般的失敗，也很難知道習近平，甚至整個中共本身該怎麼樣面對，因為「收復」臺灣已成了他們身分中不可或缺的一部分。

在美國的壓力下，臺灣的國防戰略也正在改變，並變得更為聰明，戰略專家知道他們不太可能正面和中國抗衡，於是開始仔細研究如何進一步善用臺灣本島的天然優勢。比起購買昂貴高調的裝備，他們尋找的是智慧地雷、無人機、高機動性飛彈發射系統、沿海巡弋飛彈防禦系統等武器，以及短小精悍、速度快、充滿韌性的船隻。這是種更為不對稱的作戰，稱為「豪豬戰略」，目的便是提高入侵嘗試必須付出的代價，並讓臺灣變得更難以攻下。

臺灣國防部的某份報告便指出：「解放軍的弱點在於海上運輸階段，（臺灣）國軍必須全力善用臺灣海峽的天然屏障，並以充滿韌性的方式作戰。」不過，即便臺灣國軍也越發認為北京當局的最初戰略，會是封鎖機場及港口、切斷空中及海上通訊，國防部長邱國正仍警告，中國在二〇二五年以前就會有能力發動全面侵略，並於二〇二一年十月對《中國時報》表示，目前臺海兩岸情勢，是四十年來最緊張的時刻。

二〇二一年十一月，中國宣布將會終生通緝支持「臺獨」者，而所謂的「臺獨頑固分子」將禁止入境中國，也無法和中國單位往來，且只要在世，就會因為支持自決受到中共的「司法」視為「犯罪」，這代表中共的修辭又來到了新的境界。

然而，不管北京當局再怎麼大聲嚷嚷，對臺灣再怎麼威脅恫嚇，對所有指出臺灣擁有獨立身分，或是暗示臺灣有權力決定自身前途者，再怎麼咆哮，其中仍存在一個太常受到忽略、無視的重要因素，即中華人民共和國對臺灣的主權宣稱，在法律上跟歷史上，根本就漏洞重重、極度站不住腳。

第9章 一個中國的迷思

「我們不用煩惱讓人統一、讓別人管，可以大聲說：我是臺灣人。」

——臺灣前總統李登輝，蔡英文選前之夜演說，二〇一二年一月

這座靜謐的祠堂綠樹環繞，乍看之下和臺南市中心頗不協調，這是個熙來攘往的濱海城市，位於臺灣本島西南方的角落。祠堂入口的匾額上寫著「前無古人」，主廳的雕像是個身著傳統服飾、正襟危坐的男子，男子留著小鬍子，臉上表情冷漠，近乎肅穆。此人是鄭成功，又稱「國姓爺」，在臺灣各地祭祀他的超過百座寺廟中，以臺南的延平郡王祠最為知名，該雕像也是紀念他的眾多形象及塑像之一。不過，如同臺灣歷史上的許多人物，鄭成功的評價也未有定論、眾說紛紜。

一個鄭成功，中、臺各自表述

一六二四年，鄭成功生於日本九州平戶島，母親是日本人，父親鄭芝龍則是中國人，有人說他是商人，也有人說他是海盜，當時兩者之間的界限相當模糊，但鄭芝龍的確握有強大權力，領導一個龐大蔓生的海上貿易帝國，從他的家鄉中國福建一路延伸到日本。鄭成功和母親待在日本生活直至七歲，才到中國和父親團圓，並搬進泉州的家族宅邸。

泉州位於廈門海岸北方不遠處，可望見臺灣海峽，當時他的父親是明朝將領，瀕臨滅亡邊緣的明帝國封他為「五虎游擊將軍」。根據大多數記載，鄭成功是個勤勉的學生，遍讀經典，也成功通過科舉，並於二十二歲時成為將軍，當時明朝已承受來自北方滿洲人的巨大壓力，滿人後也於一六四四年攻陷北京，建立清朝。

明朝遺臣退往南方，先是到南京，接著撤往東南沿海。過程中，鄭成功那來到中國和丈夫兒子團聚的母親自殺，鄭芝龍則降清，但鄭成功仍繼續反清，而在他的諸多英雄事蹟之中，包括一六五六年時在金門島外擊潰滿清艦隊。那時他已成了反清領袖，不過反抗勢力卻已快速瓦解，勢力範圍很快就只剩金門及遭到重重包圍的廈門，鄭成功知道他時日無多了，他需要一個休養生息的新基地，於是集結了兩萬五千名士兵和四百艘戎克戰船，航向剛成為荷蘭殖民地的臺灣。

一六六二年，在對荷蘭主要堡壘，位於現今臺南外圍的熱蘭遮城圍城九個月後，鄭成功終於成功驅逐荷蘭人，在臺灣島上建立東寧王國，他把臺灣當成反清復明的基地，計畫返回中國繼續抗清，卻在打敗荷蘭一年後，壯志未酬身先死，很可能死於瘧疾，享年僅三十七歲。鄭成功死後，由長子鄭經繼位，持續統治王國直至一六八一年逝世，滿清此時抓準混亂的繼位時機，於一六八三年派出艦隊入侵，終結了這個短命的王國[1]。

這一切全都留下了豐富的神話塑造空間，也正是北京當局最為擅長的，中國建造了自己的鄭成功雕像，其是座高達十五公尺的花崗岩巨獸，居高臨下俯瞰著廈門港。**而在北京當局的敘述中，你如果能找到任何一點有關他日本血統的資訊，那可就算你走運了**，當地的旅遊指南宣稱這個「廈門」之子暨「知名英雄」生於中國本土。

鄭成功受到中共利用，來支持其越發咄咄逼人的文化國族主義，讚揚他的原因主要便是驅逐了外國殖民者，並在理論上使得臺灣變成中國自古以來不可分割的一部分，如同另一份廈門市導覽所述，鄭成功是「將臺灣從荷蘭帝國主義者手上收復的民族英雄，讓臺灣回歸中國疆域適當的位置」。

這位「大將軍」遂遭到北京當局利用，成為「收復」臺灣作戰的一分子，而鄭成功「故鄉」泉州舉辦的一場年度燈會，則是以當地人朝著上方用紙和竹子做成的懸掛城堡，發射鞭炮作結。這個激烈的儀式據說是受到鄭成功軍隊當年預計攻打臺灣時，所進行的砲彈訓練啟發。而廈門周遭有這麼多飛彈對準臺灣，中共想傳達的訊息可說再明目張膽不過了。此外，中共也利用鄭成功來強調臺灣海峽兩側的「兄弟情」及「共同祖先」，且對中國目前的領導者來說，他同時也代表中國的帝國野心更寬廣的願景。

而臺灣則不是這麼看的，他們將鄭成功視為最初的祖先，是建立自由民族國家臺灣的人，同時也代表臺灣獨立身分的開端，許多傳記也都為鄭成功記上一筆功勞，認為他為臺灣帶來了一定程度的秩序和行政效能。在他之前的荷蘭人，從頭到尾都只有有效控制臺灣本島的西部平原而已，沿海許多地方都還是形形色色的海盜、走私客、法外之徒的天堂，島嶼的心臟地帶則是原住民的家園，就連鄭成功本人也相當謹慎，不願太過深入內陸。

許多臺灣人對鄭成功的看法，都不是建立漢人統治的人，而是個偉大的智者：「英雄般的帶領了遭到迫害、擔心受怕、不為清朝所容的漢人，遠離中國大陸的混亂，來到一片充滿希望和前景的嶄新土地。」隨著鄭成功在臺灣逐漸站穩腳步，滿清也下令將住在中國沿海方圓十六公里內的所有居民遷往內陸，試圖切斷他的補給與支援，因此有數百萬人被迫拋下豐饒的土地和漁場，有許多人乾脆跟隨鄭成功來到臺灣，也不願忍受隨之而來的貧窮。

臺灣身為中國暴政和艱苦庇護所的形象，迄今依舊存在，本書稍後將會介紹的一九八九年六四天安門運動領袖吾爾開希，目前便是臺灣著名的政治評論家，另一名六四天安門民運

1　有關鄭成功一生精采，且更為詳細的探討，請參見文達峰（Jonathan Manthorpe）傑出的歷史著作《禁忌的國家：臺灣大歷史》（*Forbidden Nation: A History of Taiwan*）。

領袖王丹，在搬到美國前，也住在臺灣教書。更近期則有許多香港民主運動的抗議人士，來到臺灣尋求庇護，不過並不是所有人都成功就是了。

二〇二〇年八月，中國海警隊攔截了十二名從香港搭乘快艇，打算前往臺灣尋求政治庇護的抗議人士，他們未受任何指控便遭拘留數個月，也無法聯繫家人及獨立的律師，之後在深圳的未公開審判中被判刑入獄。他們的遭遇在臺灣引起了巨大的關注及同情，且如同我們之後將會看見的，中共對香港的壓迫，對臺灣人的態度也產生了深遠影響。

不過在當時臺灣的原住民族中，也能找到對鄭成功抱持的另一種觀點，他們就是有著獵人頭習俗的祖先，而對他們來說，鄭成功只不過是另一個殖民者罷了，就像先於他的荷蘭人，以及後續到來的清朝、日本人、蔣介石國民黨政權。這些住在臺灣東部偏遠、崎嶇、環境惡劣地區的原住民，過往素以對外來者令人恐懼的敵意聞名，統治者也因此大部分都讓他們自行其是，要一直到日本占領臺灣，才開始出現認真嘗試，強迫同化他們。

而日本殖民者同樣也利用了鄭成功，在政令宣傳中強調他的混血身分，以證明臺灣人和日本人之間擁有深厚連結，日本民族主義者也將他的武士魂歸咎於日本血統。或許從這麼多有關鄭成功遺緒的不同詮釋中，唯一能得出的可靠結論，就是臺灣擁有非常複雜的歷史，而這也全都構成了現代臺灣的多元身分，且顯然也絕非中共想要強加，以便證明其可疑宣稱的那種單一版本。

從荷蘭到日本，小島上的過客們

當代西方大多針對臺灣的分析，都流露出一種印象，認為這座島嶼的歷史是從一九四九年才開始。當時蔣介石帶著國民黨軍隊的殘兵敗將撤退到臺灣，臺灣和中國之間的爭端，也太常遭視為家庭爭執，是國共內戰未竟的問題。要不然就是將臺灣視為區區小卒、更廣大地緣政治遊戲中的小兵，其未來和其利益都是拿來討價還價和交易的，而非將其當成後來所成為的極度成功民主國家，以及經濟與科技強國，完全有資格受到尊重和支持。

臺灣實在太常被描繪為一個「問題」、「議題」、「麻煩」了，而非擁有自身價值的定位，這種觀點不僅正中中國敘述的下懷，也可說不把臺灣人當人看，並拒絕承認這座島嶼的成就、複雜性、豐富又獨立的歷史。

北京當局主張對這座島嶼擁有的主權，從法律上和歷史上來看，基礎都相當站不住腳。不用說，臺灣的歷史一定遠早於一九四九年，如同旅臺作家約翰．葛蘭特．羅斯（John Grant Ross）妙筆下所形容的：「直到二十世紀初期以前，臺灣都是亞洲最蠻荒的所在之一，其海岸線被稱為水手的墳場，多山的內陸是獵人頭部落的領域，低地則是搶劫、衝突、叛亂等生活方式橫行的偏遠地區[2]。」

臺灣原住民在島上的根源能追溯至數千年前，他們的祖先據信是從大洋洲及東南亞遷徙而來，目前則占臺灣總人口數約二．五％。政府目前共承認十六個不同的原住民族，他們散布在臺灣各地，且也成為現代臺灣身分認同中重要的一部分。

直到二戰之前，臺灣島通常較常稱為「福爾摩沙」（Formosa）或「Ilha Formosa」，意即「美麗之島」，這種稱呼據說源自十六世紀初經過臺灣的葡萄牙商船。在一六二六年至一六三八年間，西班牙人也在島上建立貿易基地，包括北端的雞籠（今基隆），他們試圖從這裡與日本來往，但他們的嘗試卻曇花一現，慘澹的貿易、颱風、瘧疾、充滿敵意的原住民部落，種種因素將他們趕走。

而荷蘭人就比較有毅力了，一六二四年，荷蘭東印度公司（Verenigde Oostindische Compagnie，簡稱VOC）在現今的臺南市附近建立基地，開始讓臺灣和外面的世界接軌，不僅建立了行政體系，還引進漢人移民協助開墾，他們的貿易商品包括糖、稻米、絲綢、瓷器、胡椒、肉豆蔻、肉桂，同時恩威並施控制原住民部落，一切看來似乎都相當有利可圖，要不是鄭成功到來，他們無疑也會待得更久。

如同前文所討論的，鄭成功最初的主要目的並不是為了征服臺灣，而是將其當成反清復明的軍事基地，但他建立的這個短命王國，於一六八三年遭到清朝將領施琅擊潰。近年中國向烏克蘭購買二手船艦，後成為中共的第一艘航母時，也曾有報導指出會以施琅命名，但北京當局後來改變主意，最終於二〇一二年將整修好的航母取名為「遼寧號」。

詳細原因並不清楚，但此事確實點出那些操弄歷史者面臨的困難，將船取名為施琅號雖可以向臺灣傳達訊息，但也可能影響到官宣中鄭成功的形象。他是中國的愛國偉人，也是對抗殖民主義的戰士，**可是施琅打敗的，也正是鄭成功的繼承人**。

清朝共統治臺灣兩百一十二年，但只統治了一部分區域，而且也愛管不管的，滿清原先的目的只是要擊潰最後的反清復明勢力，不是要占領整座島。某份呈給康熙皇帝的奏章中便表示「（臺灣）以其孤懸海外，易藪賊，欲棄之」，同時也建議將漢人移民用船隻「送回中國」[3]，而康熙皇帝也有自己的疑慮，於一六八三年表示：「臺灣屬海外地方，無甚關係。」他甚至提議要荷蘭人把臺灣買回去，但後來仍不情不願的選擇留下他的新財產。

清朝幾乎總是處在和臺人交戰的狀態，根據某項估計，清朝治臺時期留有紀錄的叛亂共有超過一百場，其中某些甚至需要從中國調動數千兵馬來臺鎮壓，臺灣史學家將其稱為「三年一小反，五年一大亂」，而臺人也將滿清視為外來的殖民政權。鄭成功逝世時，漢人移民的人數約略等於原住民人口，但隨著更多移民來臺定居，他們的活動範圍也越發侵入傳統的原住民土地，衝突因此更為頻繁。

臺灣落入清朝手中不久後，來臺遊歷的作家郁永河，便將臺灣原住民分成兩類：經過某種程度同化的「土番」，又稱「熟番」，以及他稱為「野番」或「生番」的高山族。

2　本句引用自約翰．葛蘭特．羅斯著作《漫遊福爾摩沙》（*Formosan Odyssey*）的封面文案。
3　出自伊藤潔的著作《臺灣歷史》（臺湾：四百年の歴史と展望）一書，陳水螺編譯。

一六九七年，他撰寫了遊記《裨海紀遊》，其中便對日益滲入清朝殖民者心中的原住民部族恐懼，提供了鮮明的描述：

「野番生其中，巢居穴處，血飲毛茹者，種類實繁，其升高陟巔越箐度莽之捷，可以追驚猿，逐駭獸，平地諸番恆畏之，無敢入其境者。而野番恃其獷悍，時出剽掠，焚廬殺人；已復歸其巢，莫能向邇。其殺人輒取首去，歸而熟之，剔取髑髏，加以丹堊，置之當戶[4]。」

一七二九年，清廷試圖封鎖「野番」，禁止漢人移民進入山區，建立了因為標示顏色又稱「紅線」的「土牛」，沿著臺灣中央山脈的西側一路劃下，便是承認島嶼崎嶇的東半部不受其統治。清朝官員亦拒絕承擔所有發生在線後事件的責任，而這片區域在清朝治臺的剩餘期間中，也一直都在其控制範圍之外。

清朝對臺灣不完全的統治於一八九五年告終，當時中國在甲午戰爭中敗給日本，根據《馬關條約》規定，清廷將臺灣「永久」割讓給日本，但日本人也花上數十年，才成功控制山區的原住民，而這也是史上首次成功。雖然也曾出現反抗和諸多暴行，但日本殖民統治期間的大多數時光以及臺灣和大日本帝國的融合，在現代臺灣記憶中的印象，仍算是相對平和的，至少和亞洲其他地區相比是如此，特別是中國，如同約翰．葛蘭特．羅斯所述：

「臺灣的日本殖民時期，並不是一段非黑即白的故事，而是融合了軍國主義、殘暴統治、經濟剝削等缺點，加上先進、真誠、有效率的政府抵銷。從許多方面來說，日本的統治都優於先前及之後的中國統治，老一輩談起一八九五年至一九四五年的日據時期時，仍會將其視為一個擁有法律與秩序的時代、一段夜不閉戶的時光。

「而日本在這座美麗島嶼上的殖民統治，在其海外殖民事業中，也可說是最不殘酷的，且今日留下的遺緒也算是善意和敵意相等，例如臺灣的總統，目前就仍在日本人興建的總督府中辦公。」

臺灣首任民選總統李登輝，年輕時便是在日本接受教育，日文還講得比中文好。為期五十年的日治時代，為臺灣留下了許多深遠的影響，包括城市的設計與管理、民間風俗、甚至是料理，隨著臺灣逐漸形成多元的身分認同，日本的影響迄今仍相當明顯。此外，在日本統治下，臺灣當時的經濟發展也比中國更好，居民享受著更高的生活水準。

一八九五年，日本決定把臺灣當成甲午戰爭的戰利品接收時，戰略上的考量有多重要不

4 本句引用自《裨海紀遊》英譯本《*Small Sea Travel Diaries: Yonghe's Records of Taiwan*》。約翰．葛蘭特．羅斯的《一百本書看臺灣》（*Taiwan in 100 Books*）。

得而知，很可能僅是因為其將臺灣視為日本所屬島鏈的合理延伸，但隨著東京當局的帝國野心增長，他們也開始理解臺灣更廣泛的重要性。臺灣成了日本往東南亞擴張的基地，且在二戰期間，也是日軍重要的中繼站及補給基地，和早期將臺灣當成根據地的海盜相同，日本也很快理解臺灣島相當理想的位置，可以從這裡騷擾中國沿海和日本及東南亞航線間的船運。[5]

隨著二戰繼續進行，美軍也大大理解臺灣的戰略重要性，美國海軍軍令部長辦公室（Office of the Chief of Naval Operations）一九四四年的某份內部文件便表示：「日軍在南部戰區的行動及補給，都仰賴臺灣機場及港口的效率。」接著繼續寫道：「臺灣島（福爾摩沙）支配了日軍在中國沿海及其和東南亞沿岸之間所有的船運，日本官員將其稱為『國家在南方的大型航空母艦』。」如同我們之後將會看見的，將臺灣島視為「不沉航空母艦」的概念，及其更廣泛的戰略重要性，在當代的相關討論中仍扮演要角，特別是對日本而言。

臺灣：共產黨從未踏上的土地

東京當局對臺灣的統治，隨著一九四五年日本戰敗告終，此時勝利的盟軍將這座島交給了當時由蔣介石的國民黨政府統治的中華民國。不過，中華民國在一九四〇年代初期以前，都沒有對重新取得臺灣有什麼真正的興趣，蔣介石更有興趣的，是收復滿洲的領土，並將勢力延伸到朝鮮半島及包括沖繩在內的琉球群島。

而美國高層對於把臺灣交給蔣介石這件事的看法，也並非一致同意，當時派駐臺灣的美國外交官葛超智（George Kerr），便向戰爭部（War Department）起草了一份備忘錄，並在其中支持臺灣獨立，或暫時由盟軍託管，直到臺灣人有辦法舉行公投、決定自身的前途時。

葛超智後來也撰寫了迄今仍是臺灣議題中，最具影響力的英文著作之一——《被出賣的臺灣》（*Formosa Betrayed*），書名本身便總結了他對美國政策，以及華盛頓當局決定將臺灣交給蔣介石一事的個人感受，他寫道：「我們是把五百萬福爾摩沙人當成奴隸財產，不須詢問他們的意願，就可以從一個主權讓渡給另一個主權。」

他也將美方的決定比擬為允許蘇聯占領布拉格及柏林，並將臺灣形容為：「一個許久以前便有中國人定居的島嶼，他們離開中國便是要遠離其上的政權，且這個島嶼也擁有數百年分離的傳統，同時是獨立的先驅。」《被出賣的臺灣》全書充斥憤怒，葛超智把蔣介石當成一個守舊的惡棍，書中還記述了這名大元帥率領的國民黨烏合之眾，在接管臺灣之後的各式無能、腐敗、暴行。

---

5 參見傅立民（Chas W. Freeman Jr）一九六九年撰寫的〈有趣的時代：臺灣對美國的戰略重要性：歷史的評價〉（*Interesting Times: The Strategic Significance of Taiwan to the United States: An Historical Appreciation*）一文，此文後也收錄於傅立民的著作《有趣的時代：中國、美國、變換的權力平衡》（*Interesting Times: China, America, and the Shifting Balance of Prestige*）中，作為附錄出版。

起初，臺灣看似頗為歡迎蔣介石的部隊，或至少有些拿不定主意，倫敦大學亞非學院研究臺灣的學者羅達菲（Dafydd Fell）便寫道：「即便臺灣對於新政權有些疑慮，起初仍頗為歡迎中華民國的部隊及政府。然而，國民黨政權的暴政，讓這樣的善意迅速消失。」國民黨將素質低劣又殘暴的官吏派往臺灣，而當地人幾乎無法參政或擔任公職：「對大多數臺灣人而言，明顯的事實是，**一個殘暴但有效率的殖民政權，由另一個殘暴、腐敗、沒效率的殖民政權取代**。」

經濟上的管理不當與腐敗，很快引發了一場全島規模的暴動，由後來所謂的「二二八事件」點燃，該事件公認是現代臺灣歷史上最為重要的事件，起於一九四七年二月二十八日，菸酒公賣局的查緝員襲擊他們指控販賣私菸的攤販後，民怨終於被引爆。憤怒的人群集結抗議，其中一位民眾遭到射殺，另有兩名公賣局職員被民眾抓住後毆打致死，暴動亦迅速蔓延至全島各城市，國民黨政府宣布戒嚴，蔣介石的軍隊展開無差別的大規模暴力行為。

當時在臺北美國領事館擔任副領事的葛超智，便親眼見證了某些暴力事件，國民黨的軍用卡車左搖右晃、一輛輛緩緩開進他家門前的巷子時，他正和朋友待在家中，他寫道：「從卡車傳出一陣機關槍聲，朝黑暗盲目掃射，掠過窗戶及牆面，流彈在黑漆漆的巷弄中亂竄。」暴動暫歇期間，他前往某間當地大型醫院避難，而他從其中一棟建築上方的窗戶，望著下方令人毛骨悚然的事件展開：

「我們從上方的某扇窗戶，觀看國民黨士兵在沿路的巷弄中活動，我們看見福爾摩沙人沒有任何挑釁舉動，就當街被刺死，有名男子在我們眼前活生生被搶，然後遭到擊倒，屍體被踐踏。另一個人跑進某條街，追著從他家拖走一名女孩的士兵們，我們也看見他被砍倒。

「這令人作嘔的景象，只不過是當時在市內各處發生的大屠殺，最渺小的見證而已，只是從某棟相對偏遠的建築上方的某扇窗戶中，所看見的景象。城市中充滿軍隊。」

二二八後續事件中的死亡人數估計略有出入，約介於一萬八千人至兩萬八千人間，但實在很難確定，因為一九四七年發生的一連串事件，在後續四十年間的臺灣，都是個禁忌話題，公開談論此事可能會害你入獄，教科書也隻字未提。一直到一九八七年廢除《戒嚴法》，臺灣開始轉型成民主社會後，這座島嶼才開始面對其醜陋的過往。一九九五年，李登輝總統正式為二二八事件道歉，兩年後，二二八事件五十週年時，這一天也成了國定假日。

在二戰結束後的那幾年間，葛超智並非唯一對蔣介石有疑慮的美國官員，其實許多人對於把臺灣交給中國都頗不放心，並支持讓這座島嶼自行決定其前途，美方的官方立場是中華民國代表勝利的盟軍占領臺灣，直到可以決定臺灣的地位為止，華府也有討論要讓聯合國來決定臺灣的未來。但是，這類討論很快因蔣介石在國共內戰中即將敗於毛澤東之手而沉寂，更廣泛的背景則是對抗蘇聯及共產主義的冷戰快速展開，等到一九四九年，國民黨軍隊撤至臺灣，蔣介石在此建立其流亡政府、幻想像鄭成功一樣光復大陸時，各方盤算也快速改變。

隔年，北韓軍隊穿越北緯三十八度的邊界攻打南韓，韓戰爆發，而在一九五〇年十月，毛澤東也率中國參戰，派出二十五萬中國「志願軍」穿越鴨綠江，支持共產的北韓，隨著韓戰陷入泥沼，最終這個數目也將提高到超過三百萬人。

臺灣於是突然之間身在前線，對於美國在周遭地區的利益及威望變得極為重要。時任美國總統杜魯門總統派出美國第七艦隊協防臺灣海峽，擔心無法預料的毛澤東會在入侵朝鮮之後，也對臺灣發動攻擊。杜魯門當時便表示：「在這類情況下，共產勢力若占領福爾摩沙，將會對太平洋地區及美國的安危帶來直接威脅[6]。」

那些年間，杜魯門對臺灣前途的態度忽冷忽熱，但隨著他派出艦隊，他也認為臺灣的未來將來仍能解決：「福爾摩沙未來地位的決定，必須等到太平洋地區恢復和平、和日本簽訂和平協議，或來自聯合國的考量。」

而美國派出艦隊的目的，同時也是為了嚇阻蔣介石，要他不要在衝動之下對中國大陸採取行動，但是從情勢越發嚴峻的冷戰濾鏡看來，蔣介石在美國人的眼中，很快便變成「自由中國」無畏的領導人，他的腐敗以及對臺灣人和其他政敵的壓迫，也大多遭到忽視。

蔣介石不僅享有美國強大的外交、經濟、軍事支援，還以反共的詞藻，修飾遮掩他的許多暴行，臺灣的《戒嚴法》維持了三十八年，從一九四九年持續到一九八七年，而這段時間的種種壓迫，後來即稱為「白色恐怖」。官方紀錄宣稱軍事法庭於期間審判了十四萬人，遭到處決的人數則介於三千至八千人，但許多人都認為，真實的數目絕對遠遠超過這個數字。

如同我們先前討論的，也正是另一種冷戰算計，很大程度上促進了季辛吉及尼克森政府朝中國開放、中美關係正常化、美國外交承認從臺北變成北京。到了一九七二年，尼克森付諸行動出訪北京時，中蘇關係已然惡化，美國也將中國視為莫斯科當局的有用制衡，而臺灣則是附帶的損失。「一中政策」及「戰略模糊」正是這個時代的產物，是想要掩蓋裂縫的嘗試，且開放相當廣泛的詮釋，但隨著時間過去，這類障眼法也越來越無法維持。

臺灣在國際上精確的合法地位迄今依然尚未解決，支持中國對臺灣的主權宣稱者，會援引數份二戰時期文件，看似承認盟軍把這座島嶼「歸還」給中華民國，但這些文件的法律地位卻有疑義。其中最知名的一份——一九四三年的《開羅宣言》（*Cairo Declaration*），**既不是份條約，也不是具有約束力的文件，而且也未經簽署**，只不過是當成新聞稿公布，指出二戰時期盟軍的政策意圖而已。

當時曾試圖形塑美國對臺政策的美國外交官葛超智，便將《開羅宣言》視為對蔣介石的略施小惠，很快就遭盟軍遺忘，卻擁有危險的長期意涵：「在蔣介石回到中國前，羅斯福[7]

6 杜魯門總統有關朝鮮半島及派遣第七艦隊的完整聲明，請參見杜魯門總統圖書館暨博物館（Harry S. Truman Library Museum）網站，https://www.trumanlibrary.gov/library/public-papers/173/statement-president-situation-korea。

7 編按：富蘭克林．羅斯福（Franklin Roosevelt），二戰期間任美國總統，盟軍領導人之一，又稱「小羅斯福」。

和邱吉爾[8]對於蔣大元帥要求的某些祕密承諾，便已改變心意……羅斯福、邱吉爾、蔣中正根本就是『熊死之前就在謀皮』。」

其他外交政策分析師則指出，《開羅宣言》以及其他宣言，包括《雅爾達密約》（*Yalta Accordance*）及《波茨坦宣言》（*Potsdam Declaration*）等，效力一直以來都低於任何最終和平協議，而和平協議的到來，則是要一直等到一九五一年，日本在又稱《對日和平條約》（*Treaty of Peace with Japan*）的《舊金山和約》（*Treaty of San Francisco*）中正式放棄臺灣主權為止。

然而，該和約中也並未決定臺灣島的法律地位。某些學者因而指出，在沒有後續國際條約的情況下，臺灣的主權在國際法下依然尚未決定。這一切雖使情況變得極其複雜，卻也強調了中國對臺灣的主權宣稱根本站不住腳。我們能夠確定的事實，**便是這兩個實體從未統治過臺灣：一九四九年建國的中華人民共和國，以及統治該國的中國共產黨。**

在中國眼中，臺灣的前途與臺人無關

二戰末期，盟軍將臺灣交給中華民國時，島上的人口約為六百萬左右，大多數都在過去三個世紀間從中國東南部移民而來，這些人通常稱為本省人，又能將其再細分為兩個主要的族群：祖先來自中國南部福建省的閩南人，以及根源能追溯至中國東南部廣東省的客家人。

臺灣最早的居民原住民，則占總人口數二%到三%。

而一九四九年國民黨被毛澤東打敗後，約有一百五十萬至兩百萬外省人跟著蔣介石來到臺灣，這些人來自中國各地，葛超智便寫道：「福爾摩沙人討厭每個新來的政權，過去發生太多事了，而未來似乎又太過朦朧。」

過去數百年間，也出現大量通婚的情形，根據某項研究，臺灣約有八五%左右的閩南人及客家人都混有原住民血統，臺灣目前人口約為兩千三百五十萬人，且在過去十年左右的時間，臺灣人追溯自己的原住民血統可說蔚為風潮，將其當成一種表達自身獨特身分的方式。

其中最大的分歧，依然在於兩方面：原住民和本省人的差別，以及一九四九年抵臺的外省人及其後裔之間。即便彼此之間的界線已較先前模糊，這類分歧仍在臺灣政治及社會的紋理中流淌。

外省人當初在臺灣強迫推行使用中文，目前中文仍是臺灣政府及法律的官方語言，不過又稱臺語的臺灣閩南語也相當流行，同時也是日常生活中常用的語言，此外，如同我們之後會討論的，臺灣人也越發擁抱他們的原住民文化，並嘗試尋根。

然而，當代臺灣的政治領袖，即便是強烈支持臺獨者，也都相當小心謹慎，不會公開駁

8　編按：溫斯頓．邱吉爾（Winston Churchill），二戰期間任英國首相，盟軍領導人之一。

斥「一中政策」，以免激怒北京當局，最敢講的或許是臺灣首任民選總統李登輝，他卸任後曾經表示：「我們不用煩惱讓人統一、讓別人管，可以大聲說：我是臺灣人。」而他也曾寫下「臺灣不屬於中國，是無庸置疑的事實」，這是個深植於臺灣歷史的觀點，但也為他招致中共官媒「民族罪人」的罵名。

曾經有段時間，聯合國及新興的獨立國家，都熱切擁抱民族自決的原則，特別是當與殖民主義及其遺緒有關時，但在臺灣的例子上，這項原則卻屈服於赤裸裸的權力政治之下，就連那些從殘忍的殖民主義中破繭而出的國家，也受到脅迫，只能麻木順從中國的要求，甚至太過害怕，連直呼「臺灣」名諱都不敢。

在中國和英國針對一九九七年香港主權移交、問題重重的協商過程中，北京當局便向香港末代總督彭定康（Chris Patten）表達得非常明顯，即**在他們的看法中，香港的前途和香港人無關**。

習近平對臺灣也是採取類似的態度，但臺灣是個蓬勃發展的民主國家，比香港歷來都更為民主，沒有任何協議可以強加在臺灣人身上，而且或許臺灣最為有效的防禦，也確實會是其民主本身。

第10章 民主制度，抗中最強防火牆

「在數位民主中，透明指的是把政府變得對人民公開透明；而在數位威權主義下，『透明』指的則是人民在政府面前變透明。」

——臺灣數位發展部長唐鳳，談及臺灣開放政府國家行動方案，二〇二一年七月

這是張與眾不同的插圖，你絕對不會預料到，這種東西竟是出自政治領袖，而這很可能便是其在網路上快速瘋傳的原因。圖中，臺灣行政院長蘇貞昌（任期二〇一八～二〇二三年）扭動著臀部，指著寫有「咱只有一粒卡臣（臺語『屁股』之意），不要囤貨，誤信謠言」的圖說。這張圖片是在臺灣新

▲蘇貞昌在網路上瘋傳的宣傳圖片，請掃描QR Code。

冠肺炎疫情爆發初期發布，為了回應聲稱衛生紙供應短缺，因為原料都被改為拿去生產口罩的網路謠言。

這張簡潔的圖表解釋了臺灣的衛生紙是以南美洲的紙漿原料製成，口罩則使用在地的不織布。臺灣數位發展部長唐鳳表示：「因為這樣，搶購潮就停止了，這個靈感是來自一個更早的迷因『我們只有一個地球』，這是很受歡迎的環保標語。」而隨著行政院長扭屁股的圖片在網路上瘋傳，她接著說到：「恐慌就這樣消失了，我想了超過一個星期耶。」

不害怕，就是最好的回應

疫情爆發期間，臺灣政府也使用一隻叫做「總柴」的柴犬卡通形象，來宣傳重要的公衛訊息。總柴諧音類似「總裁」，會出現在臉書貼文和圖片上，有次還用保持三個「狗身」的距離，來解釋社交距離的概念，另一隻戴著口罩的鴿子則提供各種旅遊限制的資訊。

此外，在報導指出有些小男孩，因為在學校戴粉紅色口罩遭到霸凌後，男性公衛官員也開始在記者會上戴起粉紅口罩。而為了對抗口罩短缺的謠言，唐鳳的團隊也開發了一款應用程式，每三十秒便會更新一次附近藥局的口罩存量。

唐鳳便是這些策略背後的建築師，她將其稱為「幽默闢謠」。二〇二二年五月，我在臺灣行政院所在，臺北的雄偉日本殖民時期建築中和她會面，建築的氛圍沉悶又嚴肅，但唐鳳的角落辦公室，有種東拼西湊的科技新創公司隨興感，年輕的職員們埋首電腦，牆上貼滿了便利貼。

網路上的注意力時長非常短暫，她告訴我「幽默闢謠」需要又快又簡潔，兩個小時就是死線，並表示：「我們發現某個陰謀論後，必須在幾個小時內就推出反制的對策，」並用兩百字以下的篇幅陳述某個議題的事實：「整個概念一言以蔽之，就是讓澄清傳播得比陰謀論更快更廣，而我們從流行的網路迷因汲取靈感，來達成這個目標，從自嘲的幽默和類似的東西取材。」

透過這個方式，唐鳳希望能重新控制議題的敘述，並和她稱為「珍貴同事」的喜劇演員密切合作，她以混雜科技術語和疫情時代的語言講述她的工作，表示她正在創造「宅宅免疫」，讓大眾接種假訊息疫苗，對抗這場可能比任何病毒都更危險的「資訊疫情」。

起初，臺灣是世界上對抗新冠肺炎疫情最成功的國家之一，在疫情爆發的前十五個月中，臺灣只有十例死亡和一千例確診病例，政府有著明確計畫、快速關閉邊境，並建立口罩文化及有效的科技追蹤系統，確診者後續的足跡及隔離都快速到位。公衛訊息也清晰又引人入勝，使用侵入性的足跡追蹤時，也透過公開透明的方式，並且在嚴格的監督下執行，目的便是維護公民的參與，而這一切和臺灣海峽對岸所採用的策略，可說是鮮明的對比。

中國對抗疫情的方式，特色即為幽閉恐懼症式的監控、嚴厲的威脅及警告，並對挑戰黨的控制的任何人，隨意祭出殘忍手段。對於這兩個截然不同的系統來說，這便是最為一目瞭然的證明。

唐鳳和她的同事必須對抗的假訊息「資訊疫情」，包括臺灣新冠肺炎疫情已經徹底失控，還有政府不知道該怎麼保護百姓的謠言。而到了二〇二一年四月後，臺灣面臨確診人數激增時，假訊息的焦點則轉向疫苗，目的是為了破壞大眾對於國產疫苗計畫，以及盟友協助意願的信心，並迫使臺灣接受中國的疫苗捐贈。

當日本捐贈疫苗給臺灣時，網路貼文竟胡亂宣稱這批疫苗害死了數十名老年人，中共黨媒《環球時報》更要求臺灣政府「為了廣大臺灣同胞的生命健康」，暫停疫苗施打。此外還出現報導，指稱臺灣經濟受到重創，並以一連串公司倒閉當成證據，唐鳳和她的團隊對此則用一則臉書貼文回應，貼文的插圖是一群中國殭屍走過月光照耀的墓園，一旁的圖說則解釋臺灣的經濟部是如何在洗錢防治行動中，關閉了多間空頭公司，也就是那些殭屍。

根據瑞典哥德堡大學（University of Gothenburg）V-Dem研究所（Varieties of Democracy Institute）調查，**臺灣和拉脫維亞並列，世界上遭受外國政府散播假訊息攻擊最為頻繁的自由民主政體**，還有人將臺灣形容為「某個惡劣機關的公開戰場」。這一部分是因為臺灣是個如此開放多元的地方，網路覆蓋率也非常高，但也是由於臺灣使用的繁體中文，和臺灣海峽對岸那個惡劣機關使用的語言相當類似。這裡是中共國際輿論影響行動的前線，且隨著北京當局對臺的「灰色地帶」作戰升溫，情況也越演越烈。

即便新冠肺炎疫情已帶來艱鉅挑戰，二〇二〇年一月的臺灣總統大選競選期間，假訊息也來勢洶洶。北京當局當時想方設法要攻擊蔡英文，她是更傾向獨立的民主進步黨派出的候選人，彼時正在尋求連任，她的對手是國民黨的韓國瑜，這個黨正是蔣介石國民黨的現代版，他們主張傾中政策。兩黨通常以各自的顏色代表，綠色是民進黨，藍色則是國民黨，自從臺灣轉型為民主體制以來，兩黨都成了頗為包容各種意見的政黨，在不同議題上互相對抗，而執政時的大多數時候，在對中政策上，也都相當務實及謹慎，在捍衛臺灣利益的同時，也避免過度挑釁北京當局。

而中國政府則無法領略，或也不願理解臺灣社會的複雜性及其彼此競爭的政治，每當民進黨執政或競選時，總會固定加大威脅的音量，不過最好是將此舉視為北京當局對中國人民的內部愛國喊話，因為臺灣的選舉結果時常和其願望相左，種種行為只不過是激起了對受攻擊者的支持而已。

在二〇二〇年總統大選期間，便出現了各式假訊息，質疑蔡英文的博士論文真偽，倫敦政經學院後來也出面證實其清白，還有謠言指出抗議者包圍總統府，以及種種選舉陰招百出。其他報導則意圖破壞她更廣泛的民主形象，流傳假造的政府公告，說蔡政府正在遣返從香港逃至臺灣的抗議人士，還有另一則假新聞指控，在臺灣風評相當好的香港民主派人士黃之鋒，攻擊一名老人。如同美國總統大選時的情況，背後目的便是要摧毀大眾對民主體制的信心，特別是民進黨的統治正當性。

除了唐鳳的「幽默闢謠」策略之外，臺灣政府也加重了散播惡意謠言的法律，並向社群媒體公司施壓，包括臉書、谷歌（Google）、通訊服務軟體LINE等，要求其有效管控平臺。另外也出現了各式事實查核平臺，目的便是要在假訊息出現後快速澄清，其中最著名的一個就是「Cofacts真的假的」，這是「臺灣零時政府」（G0V.tw）設立的聊天機器人，該線上社群由一群技術人員及駭客組成。大眾可以傳一段可疑的文章給聊天機器人，機器人接著會在廣大的資料庫中搜尋，其中內容已經過人工查核，然後再通知使用者內容的真偽，整個過程在幾秒鐘之內便能完成。

另一個組織「臺灣民主實驗室」則使用機器學習演算法，試圖追溯假訊息的來源至中國的內容農場，即散布假新聞的線上入口網站，此外他們也監控了上百萬個中國社群媒體微博及微信帳號，並密切注意數千個新的中國網站。臺灣民主實驗室的理事長沈伯洋表示，像臺灣這樣的開放社會，若要消滅假訊息，就一定必須妥協自身的價值，關鍵在於公開透明：「懲罰不是正確的方式，而是要揭露真相，告訴大家這些訊息來自中國。」

唐鳳也同意這樣的觀點，她表示：「我們不能透過下架的方式對抗資訊疫情，我意思是說，確實有些政府會使用這種方式，就像他們會封城一樣，但我們是個自由的民主政體，所以比起下架消息，我們透過喚起大眾認知來達成，使用幽默闢謠，確保大家了解真相。」

許多中國的假訊息和官宣，目的都是要影響年輕人，他們認為年輕人比較好操弄，且對政治不滿，但如同我們稍後會看見的，這兩項假設都是錯誤的。話雖如此，臺灣政府仍積極示警，警告不要使用中國應用程式，公家機關目前也已禁止使用，臺灣情治單位擔心這類程式可能會被用來竊取個資。而政府也警告有關熱門換臉應用程式「去演」的使用，使用者上傳照片後，便能把臉換到名人身上，官員擔心只要結合註冊會員時要求的其他個資，使用者就對身分竊賊門戶大開，或者這類資訊可能會遭中國情報單位利用，用來建立個人檔案。

而臺灣年輕人也找到了自己的幽默反擊方式，在臺灣發展的馬來西亞饒舌歌手黃明志，有首嘲諷中國愛國網路鄉民的中文歌曲〈玻璃心〉，一度登上了臺灣和香港的 YouTube 發燒影片。這首歌瞄準的對象是所謂的「小粉紅」，即中國愛國鍵盤戰士的蔑稱，黃明志唱著：「說的話，你從來都不想聽，卻又滔滔不絕出征反擊，不明白，到底辱了你哪裡，總覺得世界與你為敵。」而且也短暫在中國的串流服務上爆紅，但審查機構很快出動，〈玻璃心〉迅速遭到下架。

用科技服務，而非奴役人民

在中國的假訊息轟炸下，蔡英文仍順利於二〇二〇年一月的總統大選中當選，並展開連任，她的得票數也創下紀錄，這顯示選民不僅對假訊息越發免疫，也代表假訊息可能會帶來反效果，特別是在北京當局還運用多種其他不同方式升級對臺威嚇時。這顯然也是外交部長吳釗燮的看法，他在這次選舉結束後，將其和三年前的選舉比較，並表示：「今年的假訊息似乎不若以往有效。」

而對唐鳳來說，這則是場持久戰，她更廣大的使命是想要運用科技，來改善政府和人民互動的方式，讓科技為民主服務。唐鳳可說是個天才，八歲時就自學寫程式，媒體時常稱她為神童，且根據她父母的說法，她在小一時便能閱讀各種語言的經典名著，也會解聯立方程式。十六歲時，唐鳳創辦了自己的公司，並在矽谷工作了一段時間。二〇一四年三月，她參與了臺灣學生發起的「太陽花學運」，並攻占位於臺北的立法院，他們抗議的是當時執政的國民黨政府和中國協商、預定簽訂的自由貿易協定，許多人都擔心，這會讓北京當局對臺灣經濟的重要部分擁有過多影響力。

該運動取向日葵的「向日」之意，當成希望的象徵，且成長為臺灣史上規模最大的抗議之一，擴散到立法院周圍的街道及其他城市，最後也成功擋下協定、阻止了臺灣經濟和中國進一步整合的進展。太陽花學運相當著名的一項特色，便是其使用網路和社群媒體串聯組織，而當時便是唐鳳負責通訊事宜。

唐鳳自認為支持「持守的安那其（Conservative Anarchism，即保守的無政府主義）」主義，她告訴我：「基本上就是一種讓現有機構繼續存在的方式，你想要的話就去改變，而不是去顛覆或破壞。」二〇一六年，她獲邀加入新上任的民進黨政府，擔任政務委員，負責數位相關事務。當時三十五歲的她，不僅是臺灣史上最年輕的政務委員，同時也是臺灣內閣史上第一位跨性別及非二元性別的官員，但她後來糾正我：「我是史上第一位**公開出櫃**的跨性別及非二元性別部長才對。」

唐鳳憶起當她成為政府雇員時，必須填寫一份表格，表上要求她表明性別，而她在該欄位填上了「無」，我問她偏好使用哪個代名詞時，她則回答：「隨便。」她的官方推特帳號上也是這樣寫的：「在推特簡介上，大家會寫『他／he』、『她／her』或『they』（非二元性別的代名詞）的地方，而我寫的是『*/*』，這是個非常極客[1]（geeky）的表達方式，意思就是隨便。」

在程式語言中，「*/*」代表的就是「任意或隨意」的意思，唐鳳也表示同事都尊重她的開放立場：「我幾乎在所有事情上都採取非二元立場，不只是性別而已。」同時也拒絕任何定義死板的政治立場。

此外，唐鳳也相信她所謂的「完全透明」（radical transparency），即公開透明應為一切的基礎或預設狀態，在這方面，她會公布自身以公職身分進行的每一場對話，及訪談的逐字稿，而加入政府時，她也表示她不想要獲取任何不能公開的機密資訊。唐鳳也試圖運用公民駭客運動中，科技倡議人士使用的技巧，來達成她把政府變得更為公開透明的任務，而這也是她的背景。此處的「駭客」一詞，是傳統上的正面定義：**代表解決問題的人，不是其更為**

1 編按：極客，又譯為技客、奇客，是英文單字「geek」的音譯兼意譯。在美國俚語中指智力超群、善於鑽研但不喜社交的學者或知識分子，隨著網路文化興起，該詞貶義的涵義已改變，現通常被用於形容對電腦和網路技術有興趣並投入時間鑽研的人。

惡意的型態。

臺灣擁有蓬勃發展的科技文化，其中一個初期成果就是「Pol.is」平臺，大家可以在上面分享政策相關議題的觀點，目的是要促進非正式的討論、評估相關議題的民意、並盡可能尋求共識，也有報導將其形容為「讓公眾達成共識的工具」。相關計畫還有類似群眾募資平臺的「vTaiwan」，只不過募集的不是金錢，參與者貢獻的是意見和想法，該平臺在臺灣針對網購酒類及線上出租車優步（Uber）在當地的未來展開熱烈討論時，可說正好發揮所長。

另一個由唐鳳監督的線上平臺，則是線上請願及相關討論發生的場所，這類請願雖沒有法律效力，但要是吸引超過五千人連署，參與的政府單位就必須在兩個月內，提供詳盡的回應，並解釋該提案為何遭到拒絕或接受。另外，從二〇一八年開始，臺灣每年也都會舉辦「總統盃黑客松」，為各式創新解決方案提供獎金，議題則是從離島的遠距醫療，到達成溫室氣體淨零排放的實際工具等。

唐鳳排斥政府由上到下的治理方式，並將這類倡議視為一種將治理現代化，同時培養公共信任的方法。雖然這目前還在萌芽階段，且有關這類計畫對公共政策的真正影響也有待討論，但唐鳳依然熱切想在臺灣試圖成就的事物，以及中共對科技的使用之間，劃下清楚明確的界線：「在數位民主中，透明指的是把政府變得對人民公開透明，而在數位威權主義下，『透明』指的則是人民在政府面前變透明。」她在推出全新的臺灣開放政府國家行動方案時，便如此總結。

而在描述她更廣大的目標時，唐鳳則又回到極客的詞彙：「所以對我們來說，民主並不是某種靜止的東西，而是像半導體或是所有程式碼一樣，是某個大家可以貢獻、改善、和世界分享創新的事物……我們在做的事，是改善民主制度，使其擁有更寬的頻寬、更低的延遲、連結更多人。」

唐鳳也找上臺灣的駭客社群尋求協助，以抵禦現今中國規模前所未有的網路攻擊，這類駭客稱為「白帽」，和惡意的「黑帽」相對，他們被鼓勵對政府系統和基礎設施進行壓力測試、尋找其中的漏洞，並通知政府：「所以，在我們推出新的網路資安服務或類似東西之前，我私底下常常會說，我們就先花個半年，讓白帽測試看看基礎設施吧。」

隨著中國的假訊息作戰越發激進，範圍也拓展到全球，其他尋找最佳策略對抗北京當局的自由民主國家，也會來諮詢唐鳳的意見。二〇二一年十一月，歐盟立法機關的代表便在臺北會晤唐鳳，並用臺灣經驗相關問題瘋狂轟炸她，該代表團是由歐洲議會（European Parliament）的外國干預及假訊息特別委員會派出，也是布魯塞爾當局和臺灣之間一系列最高層級交流中的最新活動。

六四領袖看太陽花：站出來就有希望

「她在做的事很了不起，她來自數位世界，非常了解，她也會寫程式，而現在她正運用這所有科技，在政府和人民之間搭起橋梁。」吾爾開希說道，邊微微搖頭傾訴他對唐鳳的讚不絕口。此時是二〇二一年十一月，我用視訊和身在紐約的這名前天安門學運領袖談話，這次行程是他自新冠肺炎疫情爆發以來，離開臺灣家中的第一趟旅程。

我倆的對話主題很快轉到臺灣這位跨性別數位政委，吾爾開希告訴我：「她讓全世界看向臺灣，然後覺得『真酷！』，她是我這輩子遇過最聰明的人之一。」他的看法中最重要的一點，便是唐鳳透過科技改善民主，使臺灣和習近平統治下的殘忍監控國度差異越來越大，中國正迅速朝反方向衝去，朝一個擁有數位力量的極權主義而去，臺灣海峽兩側的政治鴻溝從未如此天差地遠過。

吾爾開希表示：「北京說民主沒有用，你們必須採用我們的獨裁專制方式，但臺灣正在改革民主，而這個任務就落在唐鳳身上，要她使用現代科技，在人民和政府間搭起橋梁，然後她就蹦出各式各樣的解決方式。」

一九八九年天安門廣場爆發抗議時，吾爾開希是北京師範大學的學生，後來崛起成為運動的重要領袖之一，並以在絕食抗議期間的全國電視訪問上，打斷及駁斥中國總理李鵬而聲名大噪。該事件兩週後，李鵬便派出坦克清場，吾爾開希在大屠殺後從香港偷渡離開中國，有段時間他還是北京當局通緝名單上的第二號人物。他先逃往法國，後來在哈佛大學（Harvard University）進修了一陣子，接著流亡至臺灣安頓，目前他在臺灣也是位知名的政治評論家。

我在亞洲採訪的那些年間，也遇過吾爾開希很多次，通常是在天安門事件的紀念日上，訪問他讓這段記憶永存的決心。他後來也成了臺灣民主的熱烈擁護者，見證民主以一種他曾夢想中國會達成的方式，在這座島上紮根。新冠肺炎疫情爆發前，他時常出國，而他這次在美國跟我談話時，是在彌補過去幾年失去的時光，他已經先去了德國、法國、土耳其，才在紐約降落，他在此和天安門那段日子的流亡人士同胞及支持者見面敘舊，並準備前往華府和政策制定者會面。

吾爾開希說，國際對中國的看法改變的這麼快，讓他相當驚訝，世界終於醒了過來，能夠正視習近平統治下威脅重重的現實，伴隨而來的，還有對臺灣及其正面臨的危險，更為高度的好奇，他表示：「這非常驚奇，大家現在比以前還更常談到臺灣，我們的成功之處除了打退新冠肺炎外，還有在其他所有人都向中國屈服時，我們捍衛民主的決心。」

吾爾開希還說這趟旅程中他最常遇到的觀點，便是世界對中國今日成為的模樣有多麼大的誤解。「這麼巨大、這麼危險、這麼凶惡，」他會對所有願意聽的人說，必須抵抗北京，並減少依賴，他也一直在說臺灣很重要，值得大家支持，他表示：「值得把臺灣視為一個擁有自身權利的玩家，而不只是更大遊戲中的區區一枚卒子。」

我們談話的兩天前，吾爾開希才剛獲派擔任臺灣立法院人權委員會的祕書長，而其中某些最溫暖的恭賀，便是來自流亡的維吾爾人團體，但此時他們的家鄉新疆，或是維吾爾人口中所謂的東突厥斯坦，正在經歷令人髮指的暴行。

他們用維吾爾名字吾爾開希・多萊特（Uerkesh Davlet）稱呼吾爾開希，因為他是維吾爾後裔，這點加上他在天安門運動中扮演的角色，使得他在許多人權促進人士眼中，擁有獨特的地位，在北京當局眼中也是，他們一直以來都不厭其煩、不停的阻擋吾爾開希回中國探望父母，他自一九八九年後就沒見過他們了，他的父母也無法申辦護照，不能到海外看他。

吾爾開希起初便是以學運領袖身分發跡，這也是為什麼，他看見臺灣的公民運動蓬勃發展時，會如此受到鼓舞的其中一個原因，特別是年輕人越來越積極參與政治和社會議題，他表示：「這幾年公民社會的發展越來越生氣蓬勃，一天比一天成長茁壯。」獲得大眾廣泛支持的太陽花占領立法院運動，便是這波新浪潮最顯而易見的跡象。

不過，這只是年輕人領導的大規模抗議運動其中一部分而已，此浪潮已席捲全島，議題從環保、勞工權益、媒體改革，到強迫遷居及原住民土地權等。當年學生占領立法院時，吾爾開希也對他們發表了演說，他告訴他們：「在關鍵的歷史時刻站出來，是光榮的，也是大家的責任，臺灣的年輕學生願意站出來，說明臺灣是有希望的。」

性別、原民、宗教友善：臺灣相信的價值

而在成功爭取婚姻平權的運動中，年輕人也身在最前線，臺灣的 LGBTQ+ 社群規模頗大，且相當活躍。二〇一七年五月，他們也終於獲得回報，當時最高法院宣判民法的婚姻

定義違憲，並給予立法院兩年時間修法，使同性婚姻合法化。

即便基督教團體及其他保守團體激烈反彈，相關法律最終仍在二〇一九年修改，使得臺灣成為全亞洲第一個同性婚姻合法的國家，臺灣一年一度的同志大遊行不僅是全亞洲規模最大，臺北也公認是該地區最為LGBTQ+友善的城市。

此外，引人注目的LGBTQ+社群在臺灣的創作場域中也擁有極大影響力，並享有在中國無法享受的自由，北京當局對此的態度則是不能再更窠臼了，充滿了偏見且不容異己。中共早已鎖定性少數及性別少數，對「陰柔氣質」的藝人發動攻擊之外，還關閉了數十個LGBTQ+社群相關的社交媒體帳號。

臺灣公民活動的另一個焦點，是原住民的土地和語言權，他們也在二〇一六年獲得回報，當時甫上任的蔡英文總統便對於「過去四百年來，各位承受的苦痛和不公平待遇」道歉。如同前文所述，臺灣政府目前共正式承認十六族原住民，總人數約五十八萬人，占臺灣總人口的二．五%左右。原住民在島上的歷史可以追溯至數千年前，總統本人便擁有原住民血統，她的祖母正是來自人數前幾多的排灣族。

二〇一七年，立法院也通過新法《原住民族語言發展法》，以促進及保存原住民語言，其中將十六族原住民的語言視為臺灣的國家語言，同時促進其教學。同年，蔡英文也進一步承認原住民的土地，政府的原住民族委員會宣布占臺灣陸地總面積將近一半的一百八十萬公頃土地，皆屬於原住民的傳統領域，其中約有九〇%屬於公有地，原住民可以申請所有權，相關開發也必須經過他們的同意。

某些人也想要法律進一步延伸，可以擴及私有地，而過程中其實也不乏法律開倒車。二〇二一年五月，布農族便在長達八年的狩獵權訴訟中敗訴，但無論如何，相關改革都代表非常重要的進步，除了法律保障之外，在更廣泛的層面上，也表示臺灣擁抱了其原住民文化及身分。

公民運動擁有成長中巨大影響力的領域，還包括女性權益及環保。由於臺灣不是聯合國會員，所以並未納入聯合國開發計畫署（Development Programme）的性別不平等指數（Gender Inequality Index）評比中，臺灣政府於是運用聯合國的生育健康、相關權益、勞動市場標準等指標自行檢測，其二〇二一年的排名高居世界第六、亞洲第一。

即便數據可能有些灌水，這仍是相當驚人的成就，在二〇一九年聯合國的最新排名中，中國僅名列全球第三十九名[2]。因為蔡英文總統，臺灣擁有女性領導人，相較之下，臺灣海峽對岸，習近平所帶領的七人中央政治局常務委員會，則全由灰髮斑斑的中年男子組成，而在他們之下的二十五名中央政治局委員，只曾經一度有過一名女性，隨著中共的組織層級下降，女性比例雖會提高，但也只是略微升高而已。

臺灣的環保人士則瞄準核能議題，並且成功向政府施壓，使第四核能發電廠封存，蔡政府目前預計在二〇二五年以前完全淘汰核能，同時大幅提高再生能源占比。根據台電的數據，臺灣仰賴核能發電的比例，也已從一九八五年的超過五〇%，降低到二〇二〇年的僅一二・七％。

我們應當將臺灣這新一波的運動浪潮，視為一種公民國族主義的形式，由捍衛自身創造的民主體系及自由價值的決心支撐，吾爾開希則將臺灣形容為「反國族主義」，因為其和中共定義中狹隘又危險的國族主義對立，它將多元及自由主義當成臺灣民主的基石，是種兼容並蓄、無拘無束的價值，融合了各式文化、民族、佛教、道教、基督教、儒家等思想。

這和習近平統治下中國刺耳又時常仇外的國族主義，可說呈現鮮明的對比，其根據的是狹隘的民族性及不滿，宗教自由也遭到禁止，習近平更親自監督了對公民社會的嚴厲打壓，中共將民族和文化差異視為需要消滅的威脅，而最惡名昭彰的例子，便是位於吾爾開希故鄉新疆，歐威爾式的「再教育營」。

在臺灣的公民運動風潮崛起之前，首先經過了大量的反省，特別是年輕人是否足夠在意，並願意在中國入侵的情況下捍衛他們的民主價值，如同我們先前所見，年輕人可說是中共假訊息的主要目標，此外也包括到中國做生意或求學的經濟利誘。

美國某些戰略分析師曾質疑，如果臺灣不夠可靠、無法為自己挺身而出，那麼對臺灣國防提供開放式的承諾，究竟明不明智？而公民運動的崛起，正代表臺灣年輕人願意為他們所

2　聯合國開發計畫署性別不平等指數的完整排名，請參見其網站：hdr.undp.org/en/composite/GII。

相信的價值站出來。此外，在臺灣西南方七百二十公里處發生的一系列事件，也對島上民意的態度帶來深遠影響。

一國兩制會發生的事，香港為臺灣示範

中共對香港民主運動的壓迫，可說是二〇二〇年總統大選時，蔡英文支持度水漲船高的其中一個因素。競選期間正是這個前英國殖民地發生偶有暴力的大規模抗議之時，北京當局指派的香港政府越是大力鎮壓，蔡英文的支持度就升得越高。

對許多臺灣年輕人來說，香港的事件為他們帶來了政治覺醒，某些人前往當地參加抗議，其他人則是透過協助逃來臺灣者安頓，來表達他們的支持，「今日香港，明日臺灣」也成了年輕人間流行的口號，以強調兩地命運緊緊相連的方式。

香港的抗議之所以爆發，是對於《逃犯條例》修訂草案的回應，該法若通過，將使港人遭引渡到中國大陸，並由中共控制的法庭受審，抗議群眾的訴求後來也很快升級，爭取更廣泛的民主，但遭到北京當局的頑強拒絕。二〇二〇年六月，中國頒布《香港國安法》，更進一步撲滅本就已相當受限的自由及自治權，且此舉也可說撕毀了一九九七年英國移交香港主權時，經過雙方同意、寫進國際條約中的迷你憲法。

北京當局快速展開行動，粉碎香港的民主運動，關閉民主派報社並拘捕抗議人士和批

評者，而這也代表了「一國兩制」之死，該方案的目的本來是為了給予香港一定程度的自治權，同時也終結了北京當局的美夢，他們本也想將香港當成臺灣的榜樣。但蔡英文在她選前最後一場造勢晚會中亦表示：「香港的年輕人，用他們的生命和血淚，為我們示範一國兩制不可行！」

香港的鎮壓對吾爾開希而言也格外痛苦，他表示：「這現在已成了髒話，過去兩年我流的淚比我這輩子還多，每次看著香港都是，就是會讓你克制不住情緒，我覺得我也和臺灣人享有同樣強烈的情緒，特別是年輕世代。」

二〇一九年以前，香港是中國境內唯一能紀念一九八九年天安門大屠殺的地方，每年六月四日，都會有數萬人加入守夜，紀念當年的逝者，把香港的維多利亞公園變成一片蠟燭燈海；但現在守夜活動遭到禁止，負責籌辦活動的香港市民支援愛國民主運動聯合會也被迫解散，該組織及三名領袖被控煽動他人顛覆國家政權罪名。香港大學也下令拆除一座紀念天安門廣場死者的雕像，這座雕像描繪數十具碎裂扭曲的身體，並已在校內屹立二十年，而另一座紀念天安門事件的博物館被迫關閉時，將展覽改為線上，結果網站也遭到封鎖。

香港進行中的鎮壓不僅在臺灣激起廣大的反感，也可說是北京當局根本無法信任的進一步證據，要是我們還需要更多證據才願意相信的話，根據吾爾開希的說法，這次事件對臺灣政治的影響也相當深遠，讓那些主張和北京當局積極交流的人慢慢站不住腳，臺灣人現在大多不想和中國在政治上有任何牽連，他表示：「北京當局在那耍惡霸，對擁護他們的人來說，可是沒辦法帶來一臂之力的。」

精確追蹤臺灣人對中國及自身身分的看法，在臺灣可說催生了一整個產業，且在臺灣的政治科學中，國家認同也是最受歡迎的主題之一。政治大學選舉研究中心於二〇二一年七月進行的民調中，便發現自認為是臺灣人加中國人，以及自認單獨身為「中國人」的人數，已降至破紀錄的低點，民調顯示幾乎三分之二的大眾認為自己是臺灣人，只有三〇%左右認為自己是臺灣人加中國人，至於**只認為自己是中國人的比例，則是僅有二·七%**。

而調查統獨議題態度的民調，結果則更為複雜，有超過七〇%的大多數人，都認為臺灣早已是個主權國家，其他民調則發現支持獨立的比例創下新高，擁護統一的人數則大幅縮水。臺灣民意教育基金會的某份民調便指出，有五四%的人支持臺灣完全獨立，僅有一二·五%支持統一，將近四分之一則是支持「維持現狀」，這個選項時常會被視為實質的獨立，特別是年輕人的臺灣人認同更為強烈，在十八歲到二十九歲之間，比例高達九〇%，同時他們也更加支持正式獨立。

然而，這類民調也並非全無異議，批評者便指出詮釋上的困難，例如拒絕中國身分，指的是拒絕中國本身，還是僅只拒絕中國目前的共產統治形式？受訪者又是想和中國身分，還是中國政治劃清界限呢？不過只要拿出過去三十年的民調來檢視，趨勢便相當明顯：支持統一的人數劇烈下滑，而支持正式獨立，並自認為是臺灣人的人數，雖然成長速度較為緩慢，比例卻仍穩定上升，這兩個現象在中共眼中看來，肯定都不會舒適。

美國政治學家薩謬爾・杭亭頓（Samuel Huntington）曾寫道，一個民主政體在轉型期間，只要成功經歷過兩次政黨輪替，便可算是穩固，即所謂的「兩次輪替法則」（two-turnover rule）。而臺灣共經歷了三次政黨輪替：二〇〇〇年的國民黨到民進黨、二〇〇八年的民進黨到國民黨、二〇一六年的國民黨到民進黨。

臺灣的大選是嘈雜熱情的活動，參與度相當高，島嶼的民主轉型也不是什麼革命政變的結果，反而是運用和平手段，透過改革現有的政治體系達成，且是由當時執政的國民黨所推動。臺灣目前最棘手的挑戰之一，則是處理戒嚴時期的罪行及不公不義，甚至是再往回追溯到臺灣原住民的案例，蔡英文總統上任後也正加速這整個「轉型正義」的過程。

威權留下的傷口，今日得以面對

中正紀念堂座落於臺北市中心，周遭環繞二十四萬平方公尺的公園，是在一九七五年蔣介石死後，按照傳統的中華美學建成，並於一九八〇年向大眾開放。其中擁有一座六・三公尺高的蔣介石坐姿銅像，還有一座展示相關紀念品的博物館，包括他的車輛、最愛的書籍與食物等。抗議人士長年以來都將這座紀念堂視為對民主的冒犯，也是對蔣介石殘酷統治下許多受害者的不敬，此地因此成了定期抗議的重點，偶爾也會有破壞行為出現。

二〇二一年九月，臺灣政府的促進轉型正義委員會公布計畫，要將銅像移走，並把公園變成公共空間，用以舉辦展覽，探討國家極權的過往以及隨後的民主轉型歷程。促轉會是由蔡政府於二〇一八年設立，以重新檢視一九四九年至一九八七年戒嚴時期，蔣介石和其子蔣經國當權時代，各種不公不義的事件，該時期也被稱為「白色恐怖」。數百座前任獨裁者的雕像及紀念碑，也默默從各級學校及公家機關撤走，移至桃園慈湖其陵寢旁的公園展示，根據地方官員的說法，這些飽經風霜的銅像在此是當成歷史及文化遺產對待，而非政治圖騰。

而戒嚴時期最令人膽寒的象徵，則非綠島莫屬，這是座位於臺灣偏遠東南部海岸的小島，面積僅約十五．五平方公里，島上有兩座惡名昭彰的監獄，可以容納近兩千名囚犯，其中大多數是政治犯。

根據估計，在將近四十年的戒嚴時期，共有約兩萬人遭監禁於此，面臨獨裁專制的逮捕、被消失、折磨、處決。其中一座監獄後來被稱為「綠洲山莊」，這個歐威爾式的綽號掩蓋了高聳圍牆後方發生的所有恐怖，監獄擁有一座六角型的中央建築，從中輻散出四排牢房，「綠洲」之名當初是來自囚犯陰鬱的諷刺，或是抓到他們的酷吏，如今已不可考，但名稱就這麼留了下來，並刻在鄰近的某顆大石頭上。

監獄現在成了座博物館，二〇一八年更名為白色恐怖綠島紀念園區，現已成為國家人權博物館的一部分，訪客可以進入狹小的牢房，並閱讀蔣介石國民黨政府斑駁的政治宣傳標語，包括「苦海無邊」、「滅共復國」、「堅定反共」[3]等。

博物館也會舉辦常設的藝文展覽，臺灣第一個人權藝術季便是一例，臺灣藝術家蔡海如在監獄的庭院擺放了一件立體雕塑，是中文字的「清」，表示乾淨或者淨化，鋼製雕塑上布有象徵傷痕的孔洞，彷彿遭到雷擊，蔡海如表示：「希望政治受難者與家屬來到作品前，將意欲書寫的傷痛、遺憾、思念或悔恨等等各種文字紙條，從開洞傷口處置入。」

而在戒嚴期間失去親屬的人，也開始找到痛苦問題的答案，一九五三年，黃溫恭遭控進行反政府活動，被迫離開懷有五個月身孕的妻子，並受到關押。在槍決前一晚，他寫了封遺書給未出世的女兒黃春蘭，告訴她：「親愛的春蘭，妳還在媽媽肚子裡，我就被捕了。父子不能相識，嗚呼！世間再也沒有比這更悽慘的了。」

將近一甲子後，這封遺書出現在後人調閱、有關黃溫恭的三百多頁政府檔案中，黃春蘭告訴BBC：「當我一看到第一行字，我就哭了，我終於和父親有了聯繫，我終於體會到我不只有個父親，而且我父親非常愛我。」她的經驗也開啟了一波檔案調閱申請潮，促轉會因而肩負了加速政治檔案開放的任務。

關於白色恐怖時期，以及一九四七年二二八事件後隨即展開的鎮壓及殺戮，還有很多細節迄今都不得而知，代表受難者家屬的團體也越發焦急的想要獲得解答，二二八事件紀念基金會的執行長楊振隆便表示：「一定要呈現真相，釐清責任，元凶姓名應列入官方報告及教

3　綠島各監獄及相關歷史的詳細資訊，請參見國家人權博物館網站：https://www.nhrm.gov.tw/w/nhrm/index。

科書中。」

該基金會在臺北負責經營相關紀念博物館，展品中便有一個菸盒，上面潦草寫著：「切不可過悲，木枝是為市民而亡，身雖死猶榮。」等字句，由反對蔣介石的嘉義市醫生暨當地議員潘木枝寫下，在他遭到武裝部隊處決後不久，菸盒便經走私輾轉離開監獄，來到其家人手中。他沾滿血跡的衣物也是展品之一，其兒子潘信行表示：「我們不要復仇，我們要的是正義。」也有聲音要求出於對逝者的尊重，臺灣不應繼續紀念蔣介石的形象，潘信行便屬於其中之一。

但許多這類措施都遭到國民黨反對，也就是蔣介石的政黨。在他死後，由他的兒子暨前祕密警察頭子蔣經國掌權，再來則是領導臺灣民主改革的李登輝。然而，現今國民黨內有很多人都偏好不要再一直翻舊帳，針對這點，蔡英文總統則認為：「轉型正義的目標是『和解而非政治追殺』，這也是政府會堅持的原則，因為唯有人民共同面對過往，國家才能走向團結的未來。」而在二二八事件七十四週年紀念儀式上，蔡英文也承諾臺灣必須「誠實面對自己的歷史」。

這也更進一步強調了臺灣和中國，正快速往相反方向奔去的速度及程度。

中共試圖在歷史上粉飾天安門大屠殺，以及毛澤東在災難性的大躍進運動和文化大革命期間，造成數百萬人死亡的責任，只要黨還承襲著來自毛澤東正當性的一天，他的地位就不可能動搖，且習近平在建立自己的個人崇拜時，也從毛澤東身上汲取靈感。

自由民主的避風港

二〇二〇年，蔡英文總統也運用天安門大屠殺三十一週年紀念日的時機點，來強調她帶領的政府面對艱難過往的決心，和中共對歷史的歪曲，是多麼天差地別。她在推文中表示：

「在地球上其他地方，每一年就有三百六十五天過去。可是在中國，每一年卻只有三百六十四個日子，有一天被遺忘掉了。過去在臺灣，我們也曾經有許多日子，不能出現在日曆上面，但我們一個一個把它們找回來了。我希望有天，中國也能一樣這麼說[4]。」

二〇二一年，臺灣成了另一個逃離中共壓迫族群的庇護所，也就是外國記者。根據某項估計，在他們因為寫下批評香港及新疆壓迫，或是中共掩蓋武漢肺炎疫情爆發消息的文章，而遭到中國驅逐或以其他方式施壓後，共有超過二十名外國記者從北京轉到臺北，其中便包括來自《紐約時報》（*The New York Times*）、《華爾街日報》（*The Wall Street Journal*）、《華

4　參見蔡英文總統二〇二〇年六月四日的推特動態：https://twitter.com/iingwen/status/1268370481469521920?lang=en。

盛頓郵報》（*The Washington Post*）、BBC的記者。

隨著香港也日益成為不能久待的工作地點，臺北便是從遠處報導中國的首選，這些記者在臺灣加入了蓬勃發展又眾聲喧嘩的當地媒體風景，由數百間報社、電視臺、電臺組成，並由世界上最高之一的網路覆蓋率互補。即便許多臺灣媒體都有特定政治傾向，且北京當局近年也試圖對媒體老闆施加影響力，其中很多人與中國有生意往來，但**臺灣的媒體環境依然名列全亞洲最自由，沒有之一**。

二〇二一年，自由之家組織在其年度政治權利及公民自由評比的言論自由項目中，給予臺灣四分滿分，這個位於華府的非政府組織，在整體「自由」程度的滿分一百分中，也給予臺灣九十四分，比美國的八十三分及英國的九十三分都還高。而驅逐外國記者、消滅最後一絲本土獨立媒體餘孽的中國，言論自由分數則是零分，整體自由程度僅有九分[5]。

臺灣的領導者了解他們的民主是種防禦的形式，在中國入侵的情況下，美國及其盟友將很難拋棄一個共享相同價值的自由民主政體，因而也有人將民主制度形容為對抗外部威脅的某種「防火牆」。不過，讓西方領袖全神貫注關注臺灣議題的另一個原因，還包括臺灣在全球高科技經濟中扮演的重要角色。

5 自由之家組織《二〇二一年全球自由度報告》的完整各國評分，請參見：https://freedomhouse.org/countries/freedom-world/scores。

第11章 萬物皆晶片，臺灣就是宇宙

「在半導體世界中，此地就是宇宙中心。」

——《金融時報》（*Financial Times*），二〇二一年三月

我在臺北市中心W飯店十九樓的房間，是這場風暴絕佳的觀眾席，猛烈的狂風暴雨狂轟濫炸，在下方的街道馳騁而過、吞噬周遭的建築，短暫撤退後，再度呼嘯著捲土重來，更勝以往，往我的窗戶席捲而來。有段時間我什麼都看不到，厚重玻璃的後方是一大片白茫茫，風暴令人膽寒的尖嘯聲在此時達到高點，窗戶發出狂亂的嘎嘎聲，建築似乎也在搖晃。

風暴止息後，我躡手躡腳的來到外頭，路上亂糟糟散落著連根拔起的樹木、樹枝、招牌，甚至連腳踏車和摩托車都被吹離停車位，車鎖根本不是強風的對手，這便是二〇一五年

八月侵襲臺灣的蘇迪勒颱風，也是那一年世界上最凶猛的風暴。其風速高達時速一百六十公里，瞬間陣風風速則接近兩百零八公里左右，臺灣至少有八人因此喪命，約四百人受傷，大多是因為從天而降的碎片，且颱風吹落電線後，也有超過三百萬戶停電了一段時間。此外，累積雨量也十分驚人，北臺灣某些地區光是二十四小時內，雨量便超過了三百零五毫米。

我是在五年後才回想起那次經驗的。彼時臺灣的颱風彷彿枯竭，也因此讓全世界大開眼界，了解到這座島嶼對數位世界及全球經濟的極度重要性。從歷史數據看來，臺灣每年大多會有三到四個颱風侵襲，並帶來整座島嶼一半的年雨量，所以即便對捲入其中的人來說，颱風非常可怕，其仍是相當可靠的雨量來源，年復一年注滿臺灣的水庫。

颱風來不來臺灣，影響的是全世界

二〇二〇年，將近半世紀以來的第一次，一整年竟然沒有半個颱風，因此到了二〇二一年初，臺灣便面臨嚴重的乾旱，隨著全國境內各大水庫的水位探底至危險的低點，蔡英文總統也呼籲國民節水，採取配給制度，下令農民停止灌溉田地，還派出了軍機進行人工降雨。

這場旱災也催化了討論，有關臺灣針對氣候變遷的長期弱點，不過政府還有更為近在眼前的擔憂，他們迫切的試圖降低旱災對島內重要高科技產業的影響，調動首都臺北的水量，送往西南方海岸科技重鎮新竹的水庫，另外也急忙啟用一座緊急海水淡化廠，以供應新竹地區口渴的工廠。政府想方設法維持產線繼續運作，深知停工不僅會損害臺灣的經濟，也有可能導致全球經濟的重要部門遭受嚴重損失。

台灣積體電路製造公司，「台積電」便位於新竹科學園區，這是全世界最大的晶片承包製造商，負責生產全球幾乎所有最先進的晶片。而晶片製造業更是個格外需要水的產業，在製程中會用上大量的水，包括清洗形成晶片基礎的超薄矽晶圓、在上方蝕刻電路、拋光過程中的不斷清洗等。

即便台積電會回收利用大多數用水，根據二〇一九年的數據，其新竹廠區每天仍要消耗六萬三千公噸的水，換算成當地兩座水庫的容量，就是超過一〇%。報導指出，到了二〇二一年五月時，台積電已經耗資數百萬美元出動水車運水解救缺水的廠房，而那個月政府也警告，如果旱象沒有緩解，他們就必須減少供應新竹及另一個晶片製造重鎮臺中的水量，比例達一七%。

早在這次旱災之前，全球就已面臨晶片短缺，而臺灣也面臨外交壓力，必須加大產量。新冠肺炎疫情導致的全球封城，帶來了預料之外的科技產品需求激增，從電玩主機、智慧型手機、個人電腦，到坐困愁城的人所需其他各式電子裝置，企業升級他們的數位系統，寬頻網路供應商也提高網速，以因應遠距工作的需求，這全都使得半導體需求激增。

而越發仰賴電子元件的全球汽車產業，也發現他們被殺得措手不及。疫情爆發初期，車商因為預期車輛銷量會降低，也減少了晶片訂單，但是當需求猛然回升時，他們卻拿不到需要的晶片，許多公司因而被迫減少產量。根據二〇二一年的估計，晶片短缺將讓車商面臨超過兩千一百億美元的銷售損失，全球產量也會下跌七百萬輛以上。此外，報導也指出，蘋果可能也會因為晶片短缺，大幅減少全新 iPhone 13 的產量，而這也早已開始影響到其旗下電腦 Mac 和平板電腦 iPad 的生產了。

全世界的企業都焦慮的觀察著臺灣的天氣預報，五月底，他們的祈禱終於上達天聽，彩雲颱風侵襲臺灣，為島嶼北部及中部帶來豐沛雨量，這場雨也暫時解救了半導體產業。而這次經驗也如同一記警鐘，讓世界了解對於全球經濟最為先進的部門而言，臺灣有多麼重要。

在半導體的世界，此地就是宇宙中心

二〇二一年三月，《金融時報》在其台積電專題報導中，形容這家晶片製造商「**很可能是世上最重要的公司，卻很少人聽聞其大名**」，而在提及台積電最新的製造廠時，則表示：「**在半導體世界中，此地就是宇宙中心。**」這並不是誇飾法，這間公司已然成為全球經濟的重要樞紐。

「二十年前（全世界）有二十座不同工廠，而現今最先進的東西都座落在臺灣的一座園區之中。」舊金山貝恩策略顧問公司（Bain & Company）的合夥人彼得・杭伯利（Peter

Hanbury）如此告訴《金融時報》。

在半導體產業中，人們以奈米為單位來衡量晶片的尺寸及性能，一奈米等於十億分之一公尺，尺寸越小代表效率更高、耗能更低、速度更快。用於車輛的晶片通常介於二十八至六十五奈米，台積電在汽車產業的全球市占率約為六五％。而二〇二二年初市場上最先進的晶片則是五奈米，這正是台積電宰制的科技尖端，市占率高達九〇％。

二〇二一年時，台積電也耗資一千億美元，投入三年期的投資計畫，以維持他們在市場上的領先地位，並準備興建新的製造廠，產業行話則直接簡稱為「X廠」，預計於二〇二二年開始生產三奈米晶片，且根據某些報導，也有兩奈米晶片的相關計畫。其鉅額的投資成本，使得其他公司很難與之競爭，二〇二一年時，全球唯一有辦法商業化量產最先進晶片的另一間公司，就只有南韓的三星電子（Samsung Electronics）；不過，美國的英特爾也正快速迎頭趕上。

台積電是於臺灣廢止戒嚴法的一九八七年創立，創辦人是中國出生、赴美接受教育的企業家張忠謀。二〇一八年，張忠謀以高齡八十六歲退休時，蔡英文總統也特地為他頒發「一等卿雲勳章」，即臺灣最高榮譽的勳章之一，以表彰他對國家的貢獻。張忠謀年輕時於中國及香港度過，一九四九年中共掌權後，他便移居美國。他是個熱衷的橋牌玩家，也喜讀英國文學巨擘威廉·莎士比亞（William Shakespeare）的作品，曾於哈佛大學接受教育，後來前往麻省理工學院（Massachusetts Institute of Technology，簡稱ＭＩＴ）就讀，之後在美國工作了將近三十年之久，多數時間都待在科技公司德州儀器（Texas Instruments）。

台積電崛起的時機，正好位於科技產業重大改變的最前線，即晶片設計及晶片製造分家之時。在差不多十多年以前，科技公司都是直接購買現成晶片，現在則都要量身訂做，換句話說，你不會在台積電生產的先進晶片標籤上，看見他們的名字，因為這些是由設計了晶片的更著名公司，外包給台積電生產的。

這個做法的先驅是來自蘋果，他們在二〇一二年交給張忠謀一紙合約，替 iPhone 生產客製化晶片，據說蘋果喜歡張忠謀做生意的方式，因為他把保護商業機密視為優先事項之一，甚至要求訪客造訪他的公司時，將筆電的USB連接埠封死。

台積電生產的晶片於是支援了 iPhone 6，這是史上銷售最好的智慧型手機，而蘋果迄今也一直都是這間臺灣公司最大、最死忠的客戶。晶片設計和生產分家，催生了一整個價值數十億美元的晶片設計產業，許多公司都集中在矽谷，美國也製造了許多用於生產、設計、測試晶片的特製工具，不過他們已幾乎放棄晶片製造業，將其留給亞洲的競爭對手。

二〇二一年，台積電的市值超過五千億美元，是世界上價值第十一高的公司，即便如此，這很可能仍低估了其對全球經濟的重要性。台積電的獲利也非常高，光是二〇二一年七月到九月這三個月，隨著全球晶片短缺迫使價格升高，其淨利就高達六十五億美元，毛利率也飆漲將近五〇%。

台積電總部位於占地廣大的新竹科學園區內，不過在臺灣中部的臺中及南部的臺南也有其他設施，中國跟美國也有。美國是台積電最大的市場，中國則位居第二，其市場成長也相當快速。多年來，台積電在地緣政治上的處理都頗為得宜，讓自己對中美兩國來說都不可或缺，且目前中美對晶片供應都惴惴不安。

拜登當局將晶片短缺形容為國防問題，誓言要提升美國自己的晶片製造能力。一九九〇年代，美國在全球半導體製造業的市占率約為三七%，但這個數字到了二〇二一年時，已降至一二%，因為科技產業的生產端都已外包給了台積電這類公司。拜登承諾將在五年內投資五百二十億美元，協助推動美國國內的晶片生產，一度是微型晶片生產同義詞的英特爾，也開始大手筆投資，在美國興建自己的廠房。

同時，中國政府也想方設法讓自身在晶片上可以自給自足，並投資數十億美元於上海的中芯國際，這是中國最大的晶片製造廠。然而，即便中國身為晶片的巨型消費者，其晶片製造能力仍落後美國及臺灣多年，估計可能略有出入，但雙方的「晶片差距」最高可以差到十年，且就算如此，中國在追逐的，仍是個在過程中會快速進步、發展的目標。

而他們迎頭趕上的嘗試，也受到美國越發嚴格的出口限制阻撓，使其無法取得興建先進晶片製造廠所需的設備。此外，根據北京大學中國教育財政科學研究所公布的報告，中國的半導體產業也長期面臨人才短缺，他們因此加快腳步、從臺灣挖角工程師，這也造就了另一條緊張的導火線。

台積電也在海外擴張，在受到川普總統施壓後，於亞利桑那州興建了一座新的五奈米廠，同時在中國南京擴廠，不過於此只生產沒那麼先進的二十八奈米晶片。台積電也預計在日本的熊本興建另一座新廠，還有可能前往歐盟，並受到來自焦慮客戶的壓力，要求其生產進一步國際化。歐盟及日本都承諾投資數十億美元推動自家國內的晶片產業，但台積電及臺灣在相關產業的宰制地位，短期內都不太可能受到挑戰。

如同民主制度，臺灣政府也將其對高級晶片製造的掌控，視為一種防禦形式。台積電約有九七%的資產位於臺灣島上，包括他們最先進的製造廠在內，且也有約九〇%的員工位在臺灣。而台積電將生產約等同一根人類頭髮兩萬分之一寬度的三奈米晶片，其最新廠房便興建在南臺灣，占地將達十六萬平方公尺、等於二十二座足球場大小的土地。

因而有人將臺灣的晶片生產形容成「矽盾」，因為要是臺海兩岸發生衝突，對全球經濟的影響將不可估量，他們也將臺灣當成「很可能是整個半導體產業價值鏈中，最致命的潛在單點故障點」。該情況在全球晶片需求飆升時尤其如此，之後也將持續如此，隨著物聯網科技發展，日常生活中各式各樣的裝置都會擁有一定程度的運算能力，二〇二〇年的全球晶片銷售額為四千四百億美元，且預計之後每年還會成長超過五%。

臺灣人中甚至流傳著某個笑話，講的是如果最糟的情況發生，中共真的打過來了，要躲在哪裡最好？有人建議也許跑去山上，但另一個人回答：「錯，最棒的地方就是台積電的廠房，因為實在太過重要，根本連碰都碰不得。」

二〇二一年十月，在中國派出破紀錄的軍機擾臺之後，臺灣經濟部長王美花便說出了此舉對全球經濟的風險，她表示：「在全球化背景下，臺灣經過三十年努力建立起半導體製造生態體系和聚落，大家應該更重視臺灣的安全，讓臺灣可以穩定的為大家服務。」

二〇二二年初，華府智庫新美國安全中心（Center for a New American Security）模擬了一場兵推，以臺灣半導體廠房疑似遭到網路攻擊，最終崩潰展開，智庫學者模擬的情節顯示，這最終將導致中美之間的國際衝突。這著實是一記警鐘，如果世界還需要更多警告的話，這提醒了我們對局外人而言，地球上再也沒有其他領土爭議，會像臺灣一般帶來這麼大的潛在風險了。

從亞洲四小龍時，就打下堅固基礎

倫敦白廳（Whitehall）歌德復興式的全國自由俱樂部（National Liberal Club），是英國首都最豪華的私人俱樂部之一，由威廉·格萊斯頓（William Gladstone）於一八八二年創立，其中的「吸菸室」便有一幅這位前英國首相的肖像畫，畫中他靠著一把斧頭，室內還擺著一口以他當年砍倒的橡樹製成的箱子。

格萊斯頓希望這間俱樂部和古板的競爭對手相比，能更加平易近人，也更具冒險精神，俱樂部因此快速獲得激進，甚至波希米亞（Bohemia）式的狂放名聲，根據該場所早期的某部相關傳記，甚至有會員吃完晚餐直接一頭跳進泰晤士河。

二〇二一年十月五日晚間，泰晤士河雖然封閉，空氣中仍瀰漫著某種挑釁的氣氛，一絲遊走法律邊緣的微弱跡象，隨著賓客擠爆木頭鑲板裝飾的格萊斯頓圖書室，舉杯致敬臺灣的未來，俱樂部創辦人若能看見此景，想必也會覺得似曾相識吧。

該廳的柱子間搭起了一座小小的舞臺，中間立著臺灣和英國國旗，侍者小心翼翼的在人群中移動，手上端著飲料和小點心的托盤，臉上的口罩則是新冠肺炎疫情下嚴格限制的唯一標誌，該禁令在過去十八個月內大多數時間執行，現在已經解除。這場活動在慶祝臺灣十月十日的國慶日，由謝武樵主辦，他的正式職稱是駐英代表，也是駐英國臺北代表處的首長，實質上就是臺灣的駐英大使，代表處則是大使館，只不過名義上並非如此而已。

英國政府不敢直呼兩者名諱，這又是另一個因支持「一中政策」，而扭曲外交守則的例子，我們已見識過不少類似的偽裝。英國議員也到場表達支持，包括執政的保守黨成員，不過他們依然小心翼翼強調，自己是以後座議員[1]的身分出席，並非代表政府。這場活動格外敏感，因為是在中共軍機密集擾臺的時期舉行，但當謝武樵提醒他的賓客，臺灣和英國共享的民主價值，並表示臺灣不會輕易受到威嚇時，仍讓他獲得了熱情的掌聲。

而在謝武樵宣布臺灣的經濟發展達到重要的里程碑時，出現了最為熱烈的掌聲。臺灣的人均GDP已超過三萬美元，作為比較，一九五二年時僅有一百五十四美元，《戒嚴法》廢止的一九八七年時則是五千三百五十美元[2]。臺灣的經濟發展能夠突破這個門檻，都要感謝臺灣在新冠肺炎大流行期間，將疫情控制得宜，因而能獲得如此穩健的成長。

二〇二〇年，臺灣名列亞洲成長最快速的經濟體，超越中國，功臣便是其飆升的科技銷售，占了全國一半的出口額。截至二〇二一年八月，若單從表面上的GDP看來，臺灣也是世界上第二十一富有的國家，而相關的「經商便利度」指數排名，則是從美國智庫傳統基金會（Heritage Foundation）的全球第六，到世界銀行的全球第十五不等[3]。

世界銀行現也將臺灣列入高所得經濟體，其一路發展到人均GDP三萬美元的旅程本身已可說相當驚豔，而且還是以合理又公平的方式達成。所得在特定人口中的相對分配狀況，通常會以所謂的「吉尼係數」（Gini coefficient）衡量，低度不平等國家的分數會落在〇・二五到〇・三五間，中度不平等位於〇・三五到〇・五，高度不平等則會超過〇・五。

二〇二一年，臺灣的吉尼係數為〇・三三六，使其位居世界上經濟較為平等的社會之一，而且也遠比名義上實施共產制度的中國好上非常多，中國當年度的吉尼係數是〇・

1　編按：相較於英國國會中執政黨內閣閣員、官方反對黨領袖、發言人與影子內閣成員在下議院議場就座前排（是為前座議員），其他議員相對就座後排，因此得名。後座議員通常是新當選或委任的議員，或已從內閣離職的議員，由於並非閣員或黨內重要人物，後座議員在國會的地位及影響力通常較低。

2　臺灣經濟發展更完整的相關歷史數據，請參見臺灣政府主計處的統計資訊網：https://eng.stat.gov.tw/point.asp?index=1。

3　有關臺灣經濟發展的簡要介紹，請參見 Asia Fund Managers 網站二〇二一年八月的相關報告：https://www.asiafundmanagers.com/int/taiwan-economy/。

三八五[4]。某些觀察家也將臺灣之所以能夠成功對抗新冠肺炎，歸功於相對平等的經濟情況，其中便包含一九九五年開始實施的全民健保制度，而這也是民主化初期結出的豐碩果實之一。

臺灣面積雖大約等同比利時與荷蘭，但這樣的比較其實頗為誤導，因為臺灣大多數的人口，還有工業及農業，都集中在平坦又豐饒、約占全島面積三分之一的西部，東部則崎嶇、多山、人口稀疏。臺灣的人口也高度都市化、高教育程度、高度數位化及科技化，手機電信及網路的覆蓋率非常之高，相較之下，臺灣缺少的則是豐富的天然資源，不過這也沒有阻止這座島嶼快速躋身二戰後所謂的「亞洲四小龍」經濟體之一，與新加坡、南韓、香港並列。

臺灣經濟奇蹟的基礎在戒嚴時代打下，當時的獨裁統治者打造了專家領導的經濟體系，圍繞紡織業、電子業、其他加工業展開，一九五一年至一九八七年間，其年均經濟成長率為八．九%，一九五二年到一九八〇年間，臺灣則蟬聯全球成長最為快速的經濟體首位。

建立高科技產業也是臺灣早期的當務之急之一，台積電所在的新竹科學園區因此於一九七八年設立，並快速成長為亞洲科技重鎮領頭羊之一。而當時統治臺灣的國民黨也擁有自己的商業帝國，且商業和政治間的界線一直都頗為模糊，這些遺緒在民主時代仍一直侵擾著政治，國民黨受到要求，對於民進黨宣稱是非法占據的資產，必須負責及歸還給國家，即所謂的「不當黨產」。

在經濟成熟後，成長也逐漸趨緩，一九九二年至二〇一二年間，臺灣的經濟成長率平均為四・五％，不過仍是全球化下的巨大受益者，經濟高度仰賴國際貿易。這個時期結束後，臺灣成了世界上第十九大貿易國，全球約有九四％的主機板及筆電是由其製造，臺灣也擁有自己的全球品牌宏碁（Acer）與華碩（ASUS），並成為液晶螢幕生產的全球領袖。此外，也出現了強大的服務部門，臺灣因此成為銀行、保險、其他商業服務的區域中心。

而後現代風格的臺北一〇一摩天大樓，便象徵了臺北渴望成為創新中心的蓬勃野心，其有五年的時間都名列世界最高的建築，直到二〇〇九年杜拜哈里發塔（Burj Khalifa）落成並奪下寶座為止，不過一〇一仍因其環保設計，穩坐世界上最高的綠建築地位。

一百零一層代表的是一年復始、萬象更新以及電腦系統二進位程式碼之意，設計理念也象徵著繁榮和好運，不過不熟悉風水概念的評論家，也曾將其比擬為一大堆午餐盒疊在一起。臺北一〇一同時也是包容的象徵，成了LGBTQ+社群中的某種指標，因為大樓每週七天都會點上不同顏色的燈光，涵蓋彩虹的七色。

新冠肺炎疫情期間，臺灣亦成為數十名美國科技創業家的避難所，其中許多人都是臺裔，他們來到島上探索新的事業，也為臺灣萌芽中的科技新創風景增色，包括YouTube的共

4　「世界人口統計」（World Population Review）網站的互動式地圖，顯示了二〇二一年各國最新的吉尼係數，參見：https://worldpopulationreview.com/country-rankings/gini-coefficient-by-country。

同創辦人陳士駿，以及在初期階段曾參與投資全球最大的數間消費者科技公司，例如推特、Reddit、Stripe的投資人吳怡佳。陳士駿表示他預計將在臺灣創辦一間全球網路新創公司，並稱讚了臺灣工程師的極高素質，甚至和他住了二十年的矽谷比擬；吳怡佳則擁有臺灣政府核發的就業金卡，目的便是要吸引來自國外的頂尖人才，她也在此傳授自己在矽谷時得到的經驗與建議。

而這一切在臺灣數位發展部部長唐鳳耳裡聽來，肯定都是天籟美聲。孕育充滿動能的新創環境，已成了政府的要務之一，疫情則為這個野心，帶來了意想不到的助益。根據Statista資料庫的數據，雖然截至二〇二一年四月，臺灣只有一隻獨角獸，即市值超過十億美元的新創公司，相較之下，美國是兩百八十八隻，中國則是一百三十三隻[5]，但從陳士駿和吳怡佳這類創業家口中的訊息可以得知，臺灣其實沒什麼理由不能夢想成為亞洲的矽谷。

臺商、中客、留學生：令人熟悉的控制劇本

戒嚴時代大多數時間，臺灣和中國都沒有往來、沒有雙邊貿易，旅行也遭到禁止。此情況在一九八〇年代開始改變，彼時臺灣正邁向民主轉型，中國在鄧小平的統治下，則展開改革開放政策、設立經濟特區、向外國投資人提供相當優惠的條件，尤其歡迎海外華人，最初那批經濟特區中，便有一座位於香港邊界對面的深圳。一開始共有四座經濟特區，但截至

一九八四年底，數量就成長到了十四座，其中包括位於福建省、直接面對臺灣的廈門，目的便是吸引臺灣投資。

臺灣方面起初頗為謹慎，一九八六年在中國的投資總計僅有兩千萬美元。然而，投資金額在一九九〇年之後飆漲，當時臺灣的新法令允許透過第三方國家投資，大多數對中投資都透過香港，人數越來越多的商務人士也都從香港入境中國。一九九三年臺灣對中國的投資總額便來到九十九億美元，一九九六年時則是四百億美元，約占當時臺灣GDP的五%。

中國迅速成為臺灣投資最大的目的地，遠超東南亞的投資潮，前進中國的臺灣企業家被稱為「臺商」，意即「臺灣的生意人」，且其人數也暴增。中國改革開放的時機，恰好和臺灣新上任的民主政府在國內縮緊勞工和環保標準重疊，使得生意成本提高，臺商因此把中國便宜的勞動力、寬鬆的法令、熟悉的文化，當作更好的替代方案，很快便以令人咋舌的速度在中國設立大量工廠，將更為勞力密集，和對環境造成較大危害的產線，移往臺灣海峽對岸的國家。

中共也很歡迎這些懂得怎麼做事的臺商，他們帶來了商業知識和全球人脈。最有名的臺

5　有關全世界獨角獸最新的比較數據，請參見Statista網站：https://www.statista.com/statistics/1096928/number-of-global-unicorns-by-country/。

商，或許是鴻海科技集團的創辦人郭台銘，這間公司在中國稱為富士康，現今是世界上最大的電子產品承包製造商。一九七四年，郭台銘在臺北郊區土城創辦了鴻海，靠著跟媽媽借的七千五百美元和一間小工廠，開始生產黑白電視使用的塑膠旋鈕。

一九八八年，郭台銘在深圳開設了第一間富士康工廠，富士康現在已成為中國最大的出口廠商及私人企業，根據某些估計，其擁有超過一百萬名員工，如此巨型的勞動力散布在一系列恣意蔓生的工廠中，宛若一座座小型城市。但在二〇一〇年，爆發了一連串員工自殺潮之後，工廠的工作環境也遭到嚴加監督。

其中，蘋果可說是富士康最重要的客戶，他們負責組裝世界上絕大多數的 iPhone 及 iPad，光是河南省鄭州的一座大型工廠，每天就能生產出大約五十萬支 iPhone，因而又有「iPhone 之城」的外號。

到了二〇〇八年臺灣總統大選之際，臺灣的經濟發展已經越發和中國整合，國民黨的馬英九認為這促進了全島經濟發展，而他勝選時的承諾也是更緊密的經濟連結，即便臺海兩岸在政治上已漸行漸遠。

競選期間，馬英九大談共同的中國人市場，並認為密切的貿易合作，對臺灣未來的經濟繁榮來說相當重要，他也確實說到做到，在勝選後不久便迅速恢復了海峽兩岸的直接往來。

二〇〇八年聖誕節前不久，一班從深圳飛往臺灣、航程八十分鐘的客機，象徵了一九四九年國共內戰結束後，兩岸第一次展開了跨海峽的定期飛航服務，從此再也不用費事去香港和澳門轉機了。而在幾週內，就有超過一百班直航客機及數十班貨機飛越臺灣海峽，連結二十一座中國城市和八座臺灣城市。

中臺也簽署協定，允許直接通航，這也造成中國遊客數量大增，到了二〇一〇年，中國人已成為臺灣人數最多的外國觀光客。此外，中國學生也可以到臺灣念書。馬英九任內總計和中國簽署了超過二十條經濟和技術協定，包括二〇一〇年時代表性的《海峽兩岸經濟合作架構協議》（ECFA），目的便是要消弭貿易壁壘，並降低兩岸貨物的關稅。

二〇一二年，馬英九成功連任總統時，他和中國更深入經濟整合的政策乍看之下將會延續，臺灣和北京當局日益熱絡的政治交流也在二〇一五年十一月達到高峰，那時馬英九和中國領導人習近平在新加坡會晤，這也是自一九四九年國共內戰結束後，臺灣海峽兩岸的領導人第一次親自見面。

但比起受到讚揚，馬英九在家鄉面臨的反倒是激烈抨擊，當他表示習近平向他保證，中國沿海省分部署的數百枚飛彈，其實並不是瞄準臺灣後，也大大遭到一番奚落，馬英九的支持度如同自由落體般下滑，而他的對中政策也受到越發強烈的反彈。

畢竟，臺灣人的身分認同已漸漸深植，臺灣公民社會的聲量也越發有力，如同我們先前所見，政府試圖強行通過《海峽兩岸服務貿易協議》，導致了太陽花運動爆發，除了占領了立法院之外，也成功擋下協議及之後與中國的進一步經濟整合。

而對於臺灣經濟越發依賴中國，也出現越來越多不安的觀點，中國當時已成為臺灣最大的貿易夥伴和投資目的地，更有一至兩百萬臺灣人長期居住在中國，包括工作及讀書，大眾逐漸開始領悟，就像我們目前在世界許多其他地區所見的，對中國經濟依賴，將會帶來危險的弱點。

北京當局則完全不加掩飾，他們把經濟整合及對臺灣企業的利誘，視為取得臺灣政治控制權的墊腳石和工具，鄧小平起初或許是把吸引臺灣的投資和人才，當成讓中國經濟現代化的手段，但是在習近平統治之下，這已成了脅迫和控制的工具。

二〇一六年，當臺灣選民在北京當局眼中已有膽把馬英九轟出政府，並選擇民進黨籍的蔡英文擔任總統之時，中國的反應是在沿海的廈門附近進行軍演。而當中國限制遊客來臺，以便打擊臺灣重要的旅遊業時，臺灣對依賴中國的擔憂，似乎也應驗了。

「沒有和平穩定的臺海局勢，新的臺灣當局要想解決經濟、民生、年輕一代的發展等民瘼，無異於緣木求魚。」中國的官方新聞機構新華社當時在某篇邏輯死亡的社論中，便如此咆哮道。

從水果到高科技人才，都得選邊站

二〇二一年初，鳳梨竟成了中國用來對付臺灣的最新經濟戰武器，幾個月後則換成了蘋果。中國迄今都是臺灣這兩種水果最大的出口市場，北京當局表示此舉是為了防止「植物疫情」，因為臺灣的害蟲管制有問題，但根本沒人相信這番鬼話，最後還是要留待中共可靠又好戰的傳聲筒《環球時報》，來說出真正的理由：「民進黨當局當下的政策肯定會不斷損害臺灣產品在大陸的整體吸引力。」

蔡英文總統則呼籲臺灣大眾購買鳳梨，並發起了「自由鳳梨」活動，成功找到替代的市場，其中最大的一個便是日本，他們買光了大部分存貨，這雖然只是日本政府的舉手之勞，但是如同我們在下一章中將會看到的，卻是屬於他們更廣泛重新評估其在亞洲國防利益舉動的一部分，而這也是北京當局日益侵略的行為所逼出的結果。

北京當局同時祭出威脅利誘，一邊限制水果進口和觀光客出口，一邊又提供誘因，吸引更多臺商前往中國，承諾會讓投資和聘僱變得更為容易，計畫範圍包括5G到民航領域等。臺灣政府則警告臺商這是個陷阱，時任總統府國策顧問黃天麟便將這類措施和早先的貿易協定稱為「包著糖衣的毒藥」，他在《臺北時報》中寫道，這些手段「目的是要吸引臺灣的專家、企業、學生搬去中國，掏空臺灣的人才庫」。

中共將臺商視為一場更大遊戲中的棋子，這在二〇二一年十一月便可見一斑，當時北京當局對在中國擁有廣大利益的臺灣遠東集團，裁罰一千三百九十萬美元的鉅額罰款，表面上看來是因為環保、土地利用、健康、安全因素，以及其他違規事項，但中共官員及官媒也清楚表明，這是對遠東集團的懲罰，因為他們資助民進黨。

遠東集團董事長徐旭東則回應，表示他不支持臺獨，這次裁罰可以看成一種證據，證明中共越來越樂意懲罰不遵守其規則的公司及企業，而且這還是在他們發出警告，表示會通緝臺獨頑固分子後不久進行的。

而為了降低臺灣對中國的依賴，蔡英文總統也加快推動她的「新南向政策」，該計畫的目的便是把臺灣企業的關注，導向紐澳地區及東南亞。蔡政府同時也進行了為期三年的獎勵計畫，鼓勵臺商從中國搬回臺灣。在新冠肺炎疫情大幅改變全球貿易模式前一年的二〇一九年，這類措施似乎達到了一定程度的成功，臺灣在中國的投資降低了超過一半。

而川普總統對中國貨物課徵高額關稅，也影響了許多臺灣公司的決定，世界上最大的登山腳踏車和公路車製造商巨大集團（Giant），便將大多數供應美國市場的腳踏車產線遷出中國、移回臺灣原廠，巨大集團董事長杜綉珍表示：「『中國製造』和供應全球的時代已經結束。」此外，捷安特也宣布他們正在匈牙利興建一座新工廠，以供應歐洲市場，杜綉珍也認為：「將生產線轉移至市場所在地是一種趨勢。」

即便做了這些努力，臺灣企業仍緊緊嵌入在中國經濟之中，一九九一年後的二十年間，臺灣在中國的投資總額共計將近兩千億美元，海峽兩岸的貿易也在二〇二〇年突破紀錄，中國占臺灣的出口比例接近四四％，臺灣擁有極大的貿易順差。因為臺灣負責為在中國組裝的產品，包括臺灣人擁有的工廠在內，提供包含晶片的許多高科技進口貨物，且二〇二〇年的數據無疑也因新冠肺炎的影響膨脹。

疫情使得中國製產品的需求暴增，中國也是第一個開始止跌回升的大型經濟體。臺灣對中國出口的本質，確實為這座島嶼提供了某些保護，不會受到懲罰行為影響，因為中國缺乏自行生產許多組件的能力，只能由臺灣供應，所以干預這類貿易，或是把臺商當成目標，也會讓中國的經濟受到損害。

而臺灣的科技巨人也開始捲入中美之間越演越烈的地緣政治競爭，川普當局對中國施加的貿易禁令，便涉及半導體與相關生產設備，實際上就是要科技巨人選邊站，這同時也使臺灣的高科技貿易對北京當局來說，變得更加重要，鳳梨和蘋果就遠遠沒這麼複雜了。

二〇二一年，臺灣也嚴格修法，以防止中國竊取關鍵的科技及挖角人才，因為擔心北京當局已經加緊對臺灣進行經濟間諜活動，修訂後的法律規定，使用政府經費研發敏感科技的臺灣人，在前往中國之前必須提出申請，審查後才能前往。政府同時也通知臺灣各大人力銀行，下架所有中國的徵才訊息，特別是那些涉及重要產業的，例如積體電路及半導體產業，臺灣勞動部便警告道：「中國積極透過挖角、滲透等手段吸納臺灣半導體人才，以建立自主供應鏈。」

隨著晶片戰爭情勢升溫，臺灣主要的反間諜機構，隸屬法務部的調查局，也設立了特別專案小組，以根除中國在島上的祕密行動，臺灣政府指控北京當局在臺設立空頭公司以竊取科技及挖角人才，調查局也公布已破獲的二十七間類似公司，還有另外數十間正在調查中。

此外，臺灣政府亦揭露，半導體公司也是來自海峽對岸網路攻擊最主要的目標之一。而在這越發緊張的局勢下，亞洲地區的另一個鄰居尤其頻繁發聲、直接捍衛臺灣，其行動也同樣相挺，這個鄰居便是日本。這數十年間，東京當局在地緣政治上可說是低調謹慎的典範，但現今也認為自身安危，與臺灣密不可分。

第三部

巨龍怒火也扳不倒的國家們

第12章 臺灣有事，日本就有事

「如果臺灣發生了大問題，要說這可能是個（對日本的）存在威脅，也不會太誇張……在這樣的情況下，日本和美國將需要攜手合作，捍衛臺灣。」

——前日本副首相麻生太郎，二〇二一年七月

通常在日本國會進行的辯論，並不會吸引太多國際關注，但二〇二一年七月，討論日本對新冠肺炎疫情的因應時，時任首相菅義偉於席間將臺灣、澳洲、紐西蘭並稱為採取嚴格措施對抗病毒的「國家」，反對黨領袖枝野幸男加入辯論後，提到臺灣時也用了「國家」一詞。這引發了中國對於這類「錯誤」指稱的暴怒，北京當局立刻提出外交抗議，中國外交部發言人汪文斌怒嗆：「中方要求日方立即做出明確澄清，消除業已造成的惡劣影響，並確保

不再發生此類情況。」

不過日本當然並沒有如此確保，時任日本外務大臣茂木敏充在提到中國試圖阻擋臺灣從其他地方取得疫苗後，日本政府捐贈疫苗給臺灣時，也犯下了相同的「冒犯」。但日本領導者在外交政策及措辭上通常極度謹言慎行，特別是涉及中國的時候，所以，**當官員開始稱呼臺灣為國家，這已經不再是什麼不小心說溜嘴了，而是東京當局在傳達訊息**。

接下來幾週，訊息變得更為明顯，時任日本副防衛大臣中山泰秀便表示：「我們在『侵略』的中國面前必須清醒過來，我們必須保護臺灣這個民主國家。」北京當局當然同樣氣炸了，將他的言論形容為「居心險惡，極其不負責任，也十分危險」。

不久之後，時任日本財務大臣暨副首相麻生太郎，也明確將臺灣的安危與日本的安全連結，他在某場募款活動中提及：「如果臺灣發生了大問題，要說這可能是個（對日本的）存在威脅，也不會太誇張，在這樣的情況下，日本和美國將需要攜手合作，捍衛臺灣。」

臺灣有事，就是日本有事

日本的年度國防報告通常是份相當平和的文件，但《二〇二一日本國防報告》中，直接將日本安危和臺灣連結，該報告指出：「對日本的國安及國際社會穩定而言，穩定臺灣周遭的情況相當重要，因此，我們有必要以前所未有的危機意識，密切關注相關情況[1]。」

該報告的封面有幅插畫，畫中是位全副武裝、策馬衝鋒的日本武士，和前一年色調為粉色、繪有富士山及白色櫻花的封面，可說是鮮明的對比，而報告出版時，日本防衛大臣岸信夫也表示：「國際社會必須更加關注臺灣的存亡。」

破天荒頭一遭，美國國防部長和日本防衛大臣也同意若臺海發生衝突，雙方應「密切合作」。根據報導，美日雙方皆大幅擴張了其軍事規畫，並針對臺海衝突的情況，進行兵推及聯合軍演，相關活動據說是在川普執政的最後一年開始，且在拜登上臺後也繼續維持，包括最高機密的桌上兵推，以及在南中國海及東海的聯合軍演。

假如中美真因臺灣爆發衝突，日本似乎無可避免一定會遭到捲入，因為美軍的重要基地都位於日本，這些基地很可能會遭北京當局鎖定，只不過在數十年來避免和中共發生衝突之後，日本全新的自信和批評中國的意願，主要的原動力仍是來自其重新評估了對方的野心和自身的安危。

從歷史上看來，日本可說是第一個了解到臺灣戰略重要性的強權，臺灣等同於南中國海的「軟木塞」，控制了東南亞和東北亞之間的交通，日本也深知維持海上航道的暢通，對其國家存亡來說極度重要。

而日本在二〇二一年夏天，重新調整的對臺及對中政策，改變更是極其劇烈，因為這代表了過去數十年間謹慎政策的重大轉向，東京當局非常擔心臺灣落入越發充滿敵意和侵略性的北京當局手中，且日本官員同時也做出結論，認為中國在東北亞的帝國野心，絕不可能止於臺灣。

為什麼，大家都想要釣魚臺？

臺灣座落於日本與那國島西方僅約一百一十二公里處，天氣晴朗的話還可以從這裡直接看見臺灣。二〇二一年五月，時任日本防衛大臣岸信夫造訪與那國島上剛蓋好的軍事基地時便表示：「我可以看到臺灣很近，就在海岸另一頭。」他還補充道：「臺灣的和平及穩定，與此區及國際社會的和平跟繁榮有關。」

直到最近以前，這個位於日本極西端的小小前哨基地，最有名的或許還是巨大的蛾和當地辛辣的烈酒，但其戰略地位卻日益水漲船高，不僅身為日本距離臺灣最近、有人居住的島嶼，對一連串實際由日本控制，中國卻宣稱擁有主權的小島——尖閣諸島來說，同樣也是最接近的。

這些小島在中文被稱為「釣魚臺列嶼」，位於與那國島北方約一百六十公里處，與那國

1 日本防衛省白皮書《二〇二一日本國防報告》中，提及臺灣的部分在第十九頁，參見日本防衛省網站：https://www.mod.go.jp/en/publ/w_paper/wp2021/DOJ2021_Digest_EN.pdf。

島上的基地便配有早期示警雷達及其他感應設備，任務即為監視北京當局在此處日漸頻繁的活動。

釣魚臺列嶼也成了中國越發侵略主張其領土宣稱的另一個引爆點，其由五座無法居住的島嶼及三座露頭（突出地表的岩石）組成，日本自一八九五年來便一直實質有效控制此地，除了二戰後一小段、由美國控制其領土期間。歷史上看來，釣魚臺列嶼似乎大多是用來當成導航的標記，沒有任何國家在其上有效行使過主權，一直到一九七〇年代，謠傳此地可能蘊藏原油及天然氣後，中國才開始聲稱擁有此地的歷史權利。

北京當局的主權宣稱在過去十年間變得更加刺耳，特別是在習近平統治期間，他大聲嚷嚷的國族主義瞄準了日本，日本因此成為中共「愛國教育」中主要的牛鬼蛇神，中國學童從小便遭持續灌輸仇日情緒，講述日本在戰時的種種暴行，而釣魚臺列嶼也同樣變成這些憎恨的象徵。

二〇二一年，釣魚臺周遭日本海域遭入侵的次數也突破紀錄，武裝的中國海警隊船隻幾乎天天都會前來騷擾，時任防衛大臣岸信夫便警告道：「我們永遠不會接受（中國）單方面強迫改變現狀的嘗試。」

根據報導，在某次事件中，四艘中國船隻騷擾了日本漁船，後來在該區日漸升溫的情勢中，遭到日方的巡邏艦驅離，中國也大幅提高了戰機在釣魚臺列嶼，和整個東海區域巡邏的頻率及程度，迫使日本也必須緊急派出戰機升空回應[2]。

釣魚臺列嶼恰好位於日本又稱南西諸島的琉球群島北方，這一連串島嶼從日本本島一路延伸到西南方一千兩百公里處的與那國島，其中最大的一座就是沖繩，上面駐紮著兩萬六千名美軍，約是美國在日駐軍的一半人數。

琉球群島在戰略上之所以重要，是因為其形成了分隔東海和太平洋其他地區的天然邊界，中國擴張中的多數海軍若要離開沿海，勢必得通過此處。數十年來，日本在琉球群島都沒有什麼軍事作為，但情況目前正在改變，以回應頻繁又強力的中國軍事侵擾，東京當局現在正試圖加強控制這些島嶼間的「瓶頸」，要是臺海真的開戰，如此便能限制中國海軍自由移動的能力。

其中最重要的「瓶頸」，便是宮古島和沖繩之間兩百四十公里的海峽，中國戰艦會定期經過此處，這裡是琉球群島深度最深的海峽，也因此是重要的潛艦通過地點。東京當局已開始在群島沿岸裝設反艦飛彈系統，包括宮古島，同時也預計裝設防空系統，這將創造出所謂的交叉飛彈「火網」，中國船艦若要前往開放海域，勢必得經過一場大戰。

2　有關中國在東海越發頻繁的軍事活動，以及日本回應的深入概覽，請參見蘭德智庫（RAND Corporation）二〇一八年公布的報告，由Edmund J. Burke、Timothy R. Heath、Jeffrey W. Hornung、Logan Ma、Lyle J. Morros、Michael S. Chase等人所撰寫的〈中國在東海的軍事活動及其對日本航空自衛隊的影響〉（*China's Military Activities in the East China Sea. Implications for Japan's Air Self-Defence Force*）一文。

此外，根據報導，日本也大手筆投資水下監測技術，包括部署在琉球群島沿岸，能夠偵測潛艦動靜的水下聲納陣列，這是在美國協助下所裝設，與那國島便是該陣列的最西端，還有一條「分支」接到釣魚臺列嶼，而臺灣國防部軍事情報局的某個軍官，則是將此系統形容為美國海軍的「水下釣魚防線」。

拜登當選總統後，首度撥電話給日本時任首相菅義偉時，也向他保證《美日安保條約》下的美國安全保證，同樣能應用在釣魚臺列嶼上，這通電話的目的不只是要展示美國在川普時代的不確定性後，對盟友的承諾，也是在向中國發出警告，表示華府當局對其侵略性的領土宣稱，將會強硬以待。

日本沒有軍隊，卻因中國逐步解開封印

日本沒有軍隊，只有所謂的自衛隊，看起來像是軍隊、裝備也像軍隊、年度預算也只比英國軍隊還少一點，換句話說，除了名字之外，根本就是軍隊，而且還比大多數其他國家的軍隊都更強大。

之所以不能稱作軍隊，是因為日本反戰的憲法中如此規定，該憲法是二戰後占領日本的美國人所寫，其中提及：「日本人永遠放棄國家主權中的戰爭權利，以及將訴諸武力或相關威脅當成解決國際紛爭的手段。」並繼續聲明：「陸軍、海軍、空軍及其他可能發動戰爭的

軍力，永遠都不會受到維護與保持。」

以廣泛的定義看來，驅逐中國戰機並追蹤其潛艦，如同日本所做的，皆屬自衛行為，而對侵略進行反擊則不是，在日本和華府當局簽署的防禦協定下，這部分是美國盟友的工作。然而近年來，日本領導者積極推動，讓自衛隊看起來和做起事來都更像是一支普通的軍隊，他們用更廣泛的角度去詮釋憲法中的限制，並通過新法，允許日本向盟友提供後勤支援及其他協助，同時也可以在各種更為多樣的情況下動武。

日本自衛隊也參與了聯合國的維和任務，政府還設立了國家安全保障會議來發展及監督相關的國防政策，日本的海上自衛隊現在是亞洲第二大的海軍，僅次於中國，而陸上自衛隊從二戰時便建立了他們第一個海上單位。日本政府也大幅增加國防預算，預計在二〇二二年時達到破紀錄的四百八十億美元。

東京當局亦購買了美軍某些最尖端的裝備，包括先進的F－35匿蹤戰機，以及搭載了神盾（Aegis）飛彈攔截系統的全新驅逐艦，並且也正在研發自己的匿蹤戰機。此外，日本也投入更多預算在對付無人機的武器系統上，還有發展人工智慧、極音速武器、網路作戰、太空作戰能力，因此國防預算極有可能會超過，他們在一九七六年為自己設下的一％GDP標準，這可說是個重要的里程碑，但其預算仍只有中國軍費的五分之一而已。

日本噸位最大的戰艦「出雲號」，根據官方描述，是一艘專門進行反潛艦作戰的直升機護衛艦，也已經過改裝，可以搭載多達十二架最新的F－35戰機，這也使得自衛和攻擊之間的界線更趨模糊；而出雲號的姐妹艦「加賀號」也預計會進行類似改裝，這兩艘船將會成為強大的航空母艦，只有其名字不是而已。此外，美方的匿蹤戰機也將會使用改裝過後的日本航母，這也是兩國合作達到的全新里程碑。

接著，還有日本潛在的核武能力。有人將日本視為潛在的核武強權，因為他們擁有所需的技術、科技、材料，想要的話隨時可以迅速研發出核武。在二〇一一年的東北大地震及海嘯導致的福島核災之前，日本共有五十四座使用中的核反應爐，發電量占全國超過三分之一，而且還有巨量的鈽存量。

根據某些西方戰略專家估算，**日本最短在六個月內便能造出核彈，使其擁有世界上最短的「爆發」時間**，日本領導者有時也相當鼓勵這類的臆測，因為這本身就是一種威嚇形式，不僅能讓中國不敢越雷池一步，也能使美國繼續參與亞太地區事務，這類策略即稱為「地下室有核彈」，也就是一種「核武避險策略」，如果情況迅速惡化，便能快速展開核武計畫。

二〇一六年時，時任美國副總統的拜登，便在某場訪談中表示，他曾警告習近平日本擁有「基本上能在一夕之間」獲得核武的能力，當時討論的主題是北韓的核武野心，拜登正努力說服習近平對平壤當局施加影響力，而他的警告迄今依舊頗為中肯。

不過目前大多公認，東北亞的國防情況需要劇烈惡化，東京當局才有可能選擇這條路，而且也得等到美國的保護傘不再可靠，因為美國承諾對日本的任何攻擊，都將引發他們的報復行動。話雖如此，東京當局對美國承諾的信心多少有些動搖，特別是在川普擔任總統期間，他稱美日之間的安保協定並不公平，據說還曾考慮過要一併取消，而在他競選時，他還曾表示如果日本及南韓自行研發核武，可能反倒會為兩國帶來利益。

阻止現代日本沒有更進一步軍事化的主要原因，便是其國內瀰漫的巨大反戰情緒。日本是唯一在二戰遭到核武攻擊的國家，一九四五年廣島及長崎皆被核彈轟炸，因而民意可說是壓倒性的反對取得核武和使用，百姓的反對，迄今也防止了日本政府一手推翻憲法限制，以建立侵略性的軍隊，還有開戰。

根據某份民調，約有五四％的日本民眾反對甚至最細微的憲法改動，雖然在另一份二〇二〇年底的民調中，有八六％的受訪者認為中國對日本造成威脅，而在二〇二一年十月的全國選舉期間，連續執政的自民黨也許下了史無前例的承諾，表示要將國防預算加倍。超過七十年間，日本都未曾因盛怒開戰，且到目前為止各項改變也都頗為小心謹慎，但改變確實正一步步發生，主要原因正是中國。

日本人民之間瀰漫的強烈反戰情緒，可說激烈牴觸了中國惡意愛國官宣，及教科書中所描繪的日本形象，弔詭的是，對於更偏向鷹派、主張強硬軍事立場的日本領袖來說，中共的侵略性行為，竟然才是他們最有力的盟友。

中共永遠都在指控日本的軍國主義故態復萌，這雖與實情相距甚遠，但很可能會成為一則自證的預言，到時中共就只能怪自己了。值得注意的還有，中國本身身為對和平的威脅，鋒芒也已遮蔽了傳統的東北亞魔鬼北韓，只不過這兩個最大的威脅，近來的關係其實比一般理解的還更為緊密。

支持或制裁北韓，得先看共產黨的利益

開心的村民唱歌玩樂，驕傲的母親懷中抱著嬰兒，背景則是座簡單的鄉村小屋以及上方繁茂的林蔭。這是幅理想的鄉村畫面，卻好景不常，因為日本人要來了。不祥的音樂一下，村莊一片恐慌，槍枝上了刺刀的日本士兵衝上舞臺，四處射擊和亂刺，他們放火燒了小屋，嬰兒也被從母親身上搶下，一把丟入火焰之中，「革命歌劇」《血海》的情節於是展開。

這真是有夠戲劇化，但我的兩名北韓監護者李先生和朴先生卻完全錯過了，一路睡完整場演出。他們的工作是監視我，但我猜也包括監視彼此，結果他們兩項任務都失敗了，這是漫長的一天，他們之前也很可能已看過無數次這齣劇。

二〇〇四年到二〇〇八年間，我拜訪了北韓好幾趟，而就像我在劇院的經歷顯示的一樣，這個罕見的王國在妖魔化日本人上，輕輕鬆鬆就能超越中國，日本曾於一九一〇年至一九四五年間殖民朝鮮半島。在我造訪的那段期間，平壤的偏執妄想可說舉世無雙。隨著中國在社會及經濟上更加自由，北韓的中國遊客數量越來越多，雙方接壤的邊境也開始建立了貿易往來。

接受我採訪的年輕中國遊客，大多覺得平壤很怪又不怎麼有趣，某些年紀較大、還記得

毛澤東統治時代的中國人，則覺得平壤的風情頗為懷舊。此外，也出現很多「中國式改革」的呼聲，平壤正在實驗中型的農產品市集，以及基本消費性商品的自由市場，其中商品大多數來自中國。

當時，北京當局正負責主持一連串看似永無止境，且注定不會開花結果的談話，目的便是說服北韓放棄核武。那時對華府當局和東京當局來說，北韓可說是周遭區域的惡棍頭子，雙方都將其視為東北亞到當時為止最主要的國防挑戰。日本公民曾遭北韓政府綁架，而美國雖然是在遠處看著平壤當局的飛彈測試，這些飛彈卻直接飛過日本頭上，或是掉進鄰近的水域、濺起大片水花。兩國也將中國願意合作、加入說服北韓的行列，視為相當必要的發展，以便限制平壤當局的核武野心。

中國可說是北韓的經濟命脈，而且也是唯一擁有舉足輕重影響力的國家，他們是這樣認為的。但問題當然就是此舉有利有弊、是把雙面刃，北京當局對平壤當局擁有的優勢，其實也是他們對美國擁有的優勢，華府當局受到壓力，必須對中國讓步，不再緊咬中共在其他方面的所作所為，好讓其繼續參與北韓相關事務，而且在氣候變遷相關議題上，也出現了類似的論述，我們稍後會再回頭討論。

中國觀察家之間的假設，則認為北京當局主要擔心的是其邊境穩定，且在限制極權金氏政權不受控的行為上，也擁有共同利益，北京當局也頗為鼓勵這類觀點，中共了解北韓給了他們對西方的優勢，且也積極想將自己描繪成一個老實的中間人，此外還透過強調自身影響力有限，試圖降低西方期望。如此一來，他們就可以玩起兩面手法，強硬派的中共黨人總是將北韓視為美國在該區影響力的主要緩衝國，因此不想看到金氏政權以一種可能會使美國和其盟友南韓更接近中國邊境的方式垮臺。

中共和北韓也擁有強烈的情感連結，因為在一九五〇年到一九五三年的韓戰中，雙方曾並肩作戰、對抗美國為首的聯合國部隊，中國和北韓間也在一九六一年簽署了共同防禦協定《中朝友好合作互助條約》，承諾若是其中一方遭到攻擊，另一方就會提供軍事支援，這也使得北韓成為中國唯一正式簽訂協定的盟友，但也出現了不少疑慮，質疑此承諾究竟會不會受到履行。

然而，二〇二一年七月，在《中朝友好合作互助條約》簽訂六十週年之際，雙方再次重申了其共識，中國外交部表示條約「將一直有效」，北韓領導人金正恩則是表示兩國正「透過破壞敵對勢力的高壓專制及孤注一擲的行為，堅定邁向一個光明的未來」，兩國「唇亡齒寒」的這個老掉牙口號，看來似乎是再貼切不過了。

在那幾年徒勞無功的核武協商期間，西方外交官大大壓抑了他們有關中國動機是否純正的疑慮，但這些疑慮隨著中國破壞經濟制裁的證據日益浮現，也再度捲土重來。二〇二〇年十二月，拜登就任美國總統一個月前，華府當局便指控中國「惡意違反」了其執行聯合國對北韓實施經濟制裁的義務，並警告美國可能會對中國人及相關實體採取行動。

美方在五百五十五次不同的場合上，觀察到載著遭禁運煤炭和其他制裁商品的船隻，從北韓開往中國，某個官員還表示：「船隻也沒有特別偽裝或隱匿行跡。」衛星照片也顯示油輪公然從中國港口走私燃料至北韓，根據報導，二〇二一年二月，美國和其他G7工業國的官員，也向北京當局以及聯合國中國代表團，提出了正式外交抗議，表示中國制裁不力。

而代表聯合國安理會，負責監督對北韓經濟制裁的專家小組，也回報遭到北韓駭客竊取價值數百萬美元的加密貨幣，是透過中國的加密貨幣場外掮客進行洗錢[3]，北京當局的回應則是嚴正拒絕指控，並表示雖然他們不同意制裁，仍盡力在執行。但這段陳述在美國提供專家小組衛星照片，其中顯示遭禁運的煤炭從北韓船隻轉移到掛著中國國旗的船隻時，正是由中國海警隊船隻在旁守衛後，也變得更加站不住腳了[4]。

中國卻堅稱巡邏艦的出現「完全正常」，並向聯合國的專家小組施壓，迫使其將照片改放到二〇二一年九月報告的機密附件中，不過報告內文仍有提及該起事件。當時中國正面臨迫在眉睫的能源危機，努力在世界各地搜刮煤炭供應。不過，還是讓人覺得西方對中國的容忍及期望已經來到極限，以及北京當局是為了自身利益在濫用北韓。而這麼做的同時，他們也在周遭區域早已一觸即發的情勢中，又引進了另一個全新的危險因子。

3 請參見二〇二一年三月四日，由北韓經濟制裁專家小組遞交給聯合國安理會的S2021/211號報告，第五十六頁。
4 請參見二〇二一年九月八日，由北韓經濟制裁專家小組遞交給聯合國安理會的S2021/777號報告，第三十四頁至第三十五頁。

前美國總統川普在他的任期中，和北韓領導人金正恩舉辦了三次高調的高峰會，但結果除了北韓短暫暫停飛彈測試外，並沒有什麼太大突破，川普也遭控忽略了他的日本及南韓盟友。而拜登上任後，則試圖將兩國納入其北韓政策中，某個白宮女性發言人將其形容為「經過調整的務實做法」，清楚遠離任何川普式吵雜喧鬧的討價還價。

但在一段相對平靜的時期之後，北韓於二〇二二年一月間測試的飛彈總數，就超越了二〇二一年一整年，其中便包括他們五年內第一枚中程彈道飛彈。美國的回應相當低調，國務院重覆了先前的某份聲明，表示美國沒有敵意，並呼籲北韓重啟對話。

分析師將拜登的政策稱為「維持現狀」，減少他對平壤當局的關注，以便讓美國將心力放在中國上，他不想再讓北韓成為關注中心，而且也不想一直公開提及金正恩。新冠肺炎疫情也幫了拜登一把，因為北韓在對抗疫情時相對沒什麼動靜，他們關閉了和中國的陸上邊境，嘗試自外於疫情，還令人難以置信的宣稱境內沒有任何病例。而北韓關閉陸上貿易，也可說是某種「自我經濟制裁」，導致國內經濟重挫，也有人擔心會爆發另一波飢荒。

但無論拜登再怎麼想將他的北韓政策束之高閣，以便專心對付中國，金正恩還是更喜歡成為關注焦點，且中國和北韓也無可避免的密不可分，其中一個跡象便是中共的韓戰官宣再度起死回生，隨著中美關係暴跌至數十年來的低點，相關宣傳也越發甚囂塵上。

中共將韓戰稱為「抗美援朝」，在二〇二一年十月，充滿男子氣概的血腥愛國史詩片《長津湖》也打破了中國的影史票房紀錄。這部電影是由中共的宣傳部門資助，上映時機也特別安排在中共建黨百年，情節描述人民解放軍的「志願軍」，在韓戰的其中一場重要戰役中，擊退邪惡的美國人。

志願軍在跋涉穿過厚重的積雪時，吶喊著：「抗美援朝，保家衛國！」中共黨報《環球時報》也迅速找到當代的對比：「影評表示，電影的成功顯示其中展示的民族感情，呼應了在挑釁面前維護國家利益的公眾情緒正在上升，這對今天的中美競爭具有重大意義。」

根據報導，中國警方也逮捕了社群媒體上的某個知名評論家，他質疑片中對該場戰役的描繪與史實不符，中國在戰役中估計應損失了二十萬至九十萬名士兵。統計之所以出入這麼大，是因為北京當局從未正式公布官方傷亡人數，公開討論也不受允許，而中共官宣亦忽略韓戰爆發其實是源自北韓的入侵，且以美國為首，打著聯合國旗幟應戰的軍隊，也是由多個國家所組成的。

《長津湖》上映的前一年，中國才剛用一系列的紀錄片來紀念韓戰七十週年，《英雄兒女》將這場衝突描繪為對美國帝國主義無故入侵的自衛，毛澤東時代的電影《上甘嶺》也被修復，其中戴著巨大假鼻子、邪惡又卑劣的美軍，被英勇愛國的解放軍打跑，隨著中美貿易戰逐漸升溫，中共官媒也鼓勵人民再次展現「上甘嶺精神」。

在毛澤東時代，韓戰可說是中共官宣及流行文化中相當重要的一部分，後來卻遭棄用，只有當中美關係緊張時，才會時不時拿出來抖抖灰塵、故技重施。但到了現今的習近平時代，又再度起死回生，用以當作抵抗美國的象徵。

習近平不只大致上擁抱了更為類似戰爭的修辭語彙，也將戰爭描繪成維護國家統治正當性的手段，情況和他先前的領導者相比，可說有過之而無不及，證據便是中共出版物越發好戰的語言，其中將欣然參戰的意願，視為一種驕傲和自信的展現。習近平在中共建軍節的活動上，也曾提及解放軍應該要隨時準備好開戰並獲勝，並表示：「誰都不要指望我們會吞下損害我國主權、安全、發展利益的苦果。」

為應付新仇，放下舊恨：南韓

過往南韓在應對他們最大的貿易夥伴北京當局時，也都相當小心謹慎，試圖在其經濟利益和美國的安保同盟之間取得平衡，然而，他們對中國的態度也越發強硬，這當然又是北京當局再次自食其果。

二〇二〇年，該情況在一樁有關韓式泡菜「辛奇」（kimchi）的詭異爭執中達到高峰，這是道辛辣的韓國料理，以醃漬的白菜、辣椒、大蒜製成，但國際標準化組織（International Standards Organization，簡稱ＩＳＯ）在經過北京當局遊說後，竟然對中國類似辛奇的料理「泡菜」，發布了新的標準，中國官媒馬上見獵心喜將其吹捧為「意味著我國的泡菜產業成為了國際泡菜市場的行業標竿」，南韓社群媒體頓時群情激憤，指控中國根本是文化竊賊。

泡菜於是成了中國小粉紅壓抑已久種種鬱悶的宣洩管道，中國社群媒體上後來出現各式爭議宣稱，包括南韓的日本殖民時代詩人暨獨立運動人士尹東柱，其實是中國人，還有某個使用了傳統韓服的中國手機遊戲，也在其中宣稱這是中國服飾。其實在二〇一六年，北京當局為了回應南韓應美國要求、裝設終端高空飛彈防禦系統，而對其產品實施經濟制裁後，他們便已有積怨，裝設該系統的目的是要防禦北韓的攻擊，但北京當局宣稱這也威脅到了他們的安危。

在中國重挫南韓各式產業，從旅遊業到娛樂業後，南韓遭受了七十五億美元的鉅額損失，中共官媒還在中國境內煽動反韓浪潮及相關攻擊，南韓對中國的經濟依賴因此被無情的曝露，中共樂意將其濫用的野心也同時顯露，全都是再令人熟悉不過的模式。

根據二〇二一年七月的某份民調，共有七二%的南韓民眾將中國視為軍事威脅，此外也發現他們強烈支持美國。美國在南韓約有兩萬八千五百名駐軍，美國智庫皮尤研究中心（Pew Research Center）的另一份獨立調查則顯示，南韓民眾對中國的負面評價，在二〇二〇年達到歷史高峰的七五%，相較之下，二〇〇二年時僅有三一%而已。

二〇二一年五月，在這波漸長的反中情緒中，南韓江原道某個被反對者稱為「中國城」，總價十億美元的韓中文化城興建計畫，也在六十五萬人簽署線上連署反對後遭到取消。而在這之前兩個月，預算高達兩千八百萬美元的韓國歷史奇幻影集《朝鮮驅魔師》，也在播出第二集後遭到腰斬，因為製作方遭控在劇中使用中國道具，包括中國酒和水餃、月餅、皮蛋等食物，扭曲了韓國歷史。

二〇二二年的北京冬奧也引發了更多有關文化挪用的憤怒指控，因為在開幕典禮上有位來自中國少數民族「朝鮮族」的女子身穿傳統韓服，手上拿的卻是中國國旗，而在兩名南韓年輕競速滑冰選手於準決賽被判失格，導致中國隨後獲勝後，中國駐首爾大使館外的中國國旗也遭到破壞。

此外，習近平大肆宣揚中國在韓戰中扮演的角色，也在首爾激起眾怒，但南韓政府本身仍保持謹慎，評論相當低調，僅表示他們已和「中方進行必要的溝通」。二〇二一年五月，時任南韓總統文在寅和美國總統拜登結束第一次高峰會後，發表了一席聯合聲明，其中重申了雙方的共同防禦條約「堅若磐石」，還表示：「拜登總統確保了美國竭盡所能提供長期威嚇的承諾。」[5]他們也特別提及了臺灣，強調臺灣海峽和平穩定的重要性，這也引來北京當局的嚴厲警告，表示他們是在「玩火」。

而二〇二二年三月的南韓總統大選中，在民意日益反中的背景之下，候選人的對中政策也成了重要議題，最終由來自保守派反對黨的尹錫悅勝選，他承諾會和美日加強連結，並對北京當局採取更強硬的態度，此舉應能協助拜登，讓日韓除了就北韓議題與美國保持同步外，在對中態度上也是，這個目的原先因為兩個盟友彼此之間的仇恨而相當錯綜複雜。

首爾當局和東京當局的關係一直以來都不太和睦。除了因日本二戰時的暴行，還有針對戰時南韓勞工及多達二十萬名「慰安婦」，即日本軍隊在戰前及戰爭期間，強迫賣淫的女子及女孩的相關賠償，無法達成共識。

兩國在日本海的島嶼也有自己的領土爭議，島嶼目前由南韓占領，日本卻宣稱擁有主權，而華府當局則熱切的想讓兩國專注在中國帶來的戰略挑戰上。即便首爾當局的回應較為緩慢，他們應對北京當局的謹慎態度，也已越來越與其國內輿論脫節，東北亞的國防焦點也確實正在改變，不過比較多是因為中國侵略性的行為，而不是華府當局對盟友的好說歹說。

美澳日印結盟，低調的資優生表明立場

二〇二〇年春天，習近平原先預計要首次出訪日本，卻因為新冠肺炎疫情無法成行，後來也沒有再安排新的行程，而且日本民眾也傾向希望此次出訪徹底取消。二〇二二年則是日本和中國雙邊外交關係正常化五十週年，但由於當時的情勢如此緊張，東京當局也不太可能熱情慶祝此事。

在二〇二一年十月的日本大選中，自民黨再度勝選，新任首相為岸田文雄，新任外務大臣則是林芳正，兩人在過往的對中態度都算是相當謹慎，林芳正曾擔任日中友好議員聯盟的

5 二〇二一年五月底拜登與文在寅於華府高峰會的完整聯合聲明，請參見白宮網站：https://www.whitehouse.gov/briefing-room/statements-releases/2021/05/21/u-s-rok-leaders-joint-statement/。

會長，這是個尋求和北京當局建立良好關係的議員團體，但他很快就辭去職位。此外，兩人都是和美國結盟的死忠支持者，且自從執政以來，對北京當局的立場也都變得極度強硬，**對中國示弱在日本政治中，可說已不再是個選項**。

有人曾將日本形容為亞洲「低調的資優生」，他們是此區基礎建設最大的投資者，因此沒有太多依賴中國的擔憂。即便中國的一帶一路計畫躍上頭條版面，二〇二一年時，日本在印尼、馬來西亞、菲律賓、泰國、越南未完成的投資計畫，總值還有一千五百九十億美元，並且又默默加碼到兩千五百九十億美元。

日本還有另一個稱號是亞洲的「祕密超級強權」，「規模大到可以提供幫助，卻又沒有大到會招致恐懼及焦慮」，雖然日本在二戰時劣跡斑斑，今日仍會固定登上亞洲最受尊崇國家的民調冠軍，特別是在年輕人之間。

此外，「現代外交」（Modern Diplomacy）線上平臺也將日本形容為「軟實力巨人」，從科技到料理，日本都吸引了大多數其他國家只能夢寐以求的尊敬，尤其是對中國來說，Brand Finance 組織評比的二〇二一年全球軟實力指數（Global Soft Power Index）中，也將日本列為亞洲第一、全球第二。

即使英國、美國、歐盟都誇誇其談他們要用自己的投資計畫挑戰中國的一帶一路，日本卻已默默透過「高品質基礎建設合作夥伴關係」（Partnership for Quality Infrastructure）及「自由開放印太地區」（Free and Open Indo-Pacific）等倡議，結合對亞洲市場的地利之便及密切熟悉著手行動。

而自從川普退出自由貿易協定「跨太平洋夥伴協定」（Trans-Pacific Partnership）後，日本也挺身而出填補空缺，領導整個協定，而他們也在二〇二〇年完成了亞洲地區貿易協定「區域全面經濟夥伴協定」（Regional Comprehensive Economic Partnership）的簽署，東京當局將這兩個協定視為該區重要的經濟外交基礎，目的便是要對抗北京當局的影響力。

此外，日本也位於不斷演進的軍事結盟網路核心，低調的與亞洲幾乎所有國家拓展軍事連結和諮詢關係；他們還相當積極參與復甦的四方安全對話，該對話由美國、澳洲、日本、印度四方組成，並加強和印度及澳洲的雙邊軍事連結。二〇二一年夏天，英國的伊莉莎白女王號航空母艦及其戰鬥群造訪亞太時，日本的海上自衛隊也來到附近，加入聯合軍演。

第13章 全球不列顛的對中政策

「我不會跟你說，英國政府要推開所有來自中國的提議，當然不會，中國是我們經濟生活中非常巨大的一部分，將來很長一段時間會是，我們一輩子都會是。」

——前英國首相鮑里斯．強森，二〇二一年十月

二〇二一年九月中，英國和日本潛艦在日本海深處玩起一場貓捉老鼠的遊戲，輪流假扮中國對手的角色，這類演習堪稱是史上第一次，參與的則是一艘英國皇家海軍核動力潛艦和一艘日本的柴電混合式潛艦。

沒有太多細節公布，這是在英國全新的航空母艦伊莉莎白女王號及其戰鬥群部署到印太地區後，進行的數次敏感軍演之一，戰鬥群也和日本改裝過後的航母出雲號一同演習。「以

深化我們的合作並提升雙方部隊的協同作戰能力。」英國航母戰鬥群的司令史蒂芬・摩爾豪斯（Steven Moorhouse）准將如此表示，演習最後則以英國和日本航母上的匿蹤戰機編隊飛行作結。

伊莉莎白女王號是英國皇家海軍所打造過噸位最大，威力也最強的船隻[1]，其打擊群由八艘船艦、一艘潛艦、三十二架戰機、三千七百名官兵組成，二〇二一年五月離開朴資茅斯（Portsmouth），預計到訪四十個國家[2]，皇家海軍將其形容為「本世代離開的英國最巨大海上及空中軍力集合[3]」。

試圖找回昔日地位，卻不敢直呼中國名諱

該航母戰鬥群便是由時任英國首相強森派出，他出現在造價三十億英鎊的航母艦橋上，

1 伊莉莎白女王號的所有相關數據，請參見皇家海軍的簡介：https://www.royalnavy.mod.uk/our-organisation/the-fighting-arms/surface-fleet/aircraft-carriers/hms-queen-elizabeth。

2 請參見皇家海軍新聞稿，二〇二一年四月二十六日，https://www.royalnavy.mod.uk/sitecore/content/home/news%20and%20latest%20activity/news/2021/april/26/210426%20csg21%20deployment。

3 請參見英國國防部新聞稿〈航母戰鬥群出航，展開為期七個月的初次部署〉（*Carrier Strike Group sets sail on seven-month maiden deployment*），二〇二一年五月二十二日，https://www.gov.uk/government/news/carrier-strike-group-sets-sail-on-seven-month-maiden-deployment--2。

身穿拉起拉鏈的海軍藍防風衣，圓形胸章上繡著伊莉莎白女王號的圖案以及「首相」字樣。對他來說，這趟為期八個月、長四萬一千六百公里的航程，用意是要成為全新後脫歐時代「全球不列顛」在世界舞臺上昂首闊步的象徵，他想要英國在戰略地位相當重要的印太地區扮演更吃重的角色。

但在批評者眼中，「全球不列顛」不過是個空洞的口號，他們認為英國應該將縮水中的國防資源，集中在離家更近的地方，且伊莉莎白女王號的航程是砲艦外交中一次沒意義又浪費錢的活動，同時也是散發濃濃後帝國時代鄉愁的魯莽行為。

另外，也有人認為如果把航母塞滿新冠肺炎疫苗，沿途發放給那些掙扎著控制疫情的國家，對英國的外交政策來說可能還會比較有用。前英國國安顧問彼得・芮基茲（Peter Ricketts）爵士便表示：「這是外交展演的一部分，並非軍事戰略。」

英國的航母戰鬥群還包括一艘荷蘭巡防艦及一艘美國驅逐艦，航母甲板上也有十架美國的F-35戰鬥機，數量超過英國自己的八架，航母的一千六百名船員中，則有約兩百五十人來自美國海軍陸戰隊。對批評者而言，這都在在強調了英國軍隊的能力限制，以及這趟任務的荒謬，但在支持者眼裡，卻展示了盟友之間如何合作，可說是團結及力量的象徵。

英國航母戰鬥群和印度海軍也在孟加拉灣舉行聯合軍演，根據摩爾豪斯准將的說法，這是兩國之間「密切國防夥伴關係的軍事肌肉展示」，當他的艦隊準備進入中國幾乎宣稱擁有全部主權的南中國海時，他告訴《印度時報》，航行自由可說是海洋法的根本：「如同英國國防大臣班．華勒斯（Ben Wallace）近期所說，我們是本著信賴的精神這麼做（進入南中國海），而不是要尋釁滋事，且就像我們尊重中國，我們也期望中國會回以尊重。」

英國航母戰鬥群，或說其中部分的船艦，也和新加坡、南韓、越南海軍舉行聯合軍演，並與馬來西亞、新加坡、澳洲、紐西蘭共同參與了二〇二一年的「柔佛黃金」（Bersama Gold）軍演，這五國也組成了所謂的「五國聯防」（Five Power Defence Arrangement，簡稱FPDA），該結盟起初於一九七一年形成，以協防馬來西亞和新加坡，這同時也是世界上歷史最悠久的非正式軍事協定之一。

而新加坡國防部長黃永宏也將五國聯防形容為「周遭區域的穩定劑」，即便國防挑戰已然改變，依舊相當重要。此外，雖然沒什麼人會直接這麼表示，但這又是另一個例子，顯示一項歷史悠久的盟約，在面臨越發侵略的中國時，如何重新改頭換面、調整目標。

二〇二一年九月二十七日，英國航母戰鬥群的巡防艦里奇蒙號（Richmond），航經分隔中國及臺灣狹窄又敏感的臺灣海峽，中國空軍及海軍都密切注意著這艘船，解放軍東部戰區司令部也在聲明中警告道：「這種行為居心不良，破壞臺海和平穩定。」中國官媒則調侃了英國的「二流」海軍，黨報《環球時報》即表示：「英國試圖用航空母艦戰鬥群來南海刷存在感，但他們根本就沒有重塑南海格局的能力。」

《環球時報》甚至一度宣稱解放軍可能會拿英國來殺雞儆猴、「殺一儆百」，並在該篇社論中又警告道：「準確說，英國如果想在南海扮演脅迫中國的角色，就是犯賤，如果有實質動作，就是找抽（討打之意）。」而隨著伊莉莎白女王號和支援艦隊準備離開南中國海，英國國防部也宣布從二〇二一年底起，他們會把兩艘海上巡邏艦永久派駐到印太地區[4]。

無論是否在展演，大多數評論家都將伊莉莎白女王號航母戰鬥群，視為英國對於印太地區全新地緣政治情勢的回應，不過強森從朴資茅斯派出航母戰鬥群時，使用的是耐人尋味的模糊語氣，提到了「我們在中國的朋友」，甚至還顯得有些道歉的意味，表示雖然這趟任務的目的是要維護國際海洋法，「我們卻沒有想對抗任何人」。

而這同樣的模糊，在英國和澳洲與美國達成協議，要協助澳洲打造核動力潛艦時也顯而易見，這所謂的「AUKUS」協議目的明顯是要威嚇中國，但在協議簽署後的各式訪談中，強森都想方設法、極力避免直接提及，他堅稱他是個「親華派」（Sinophile），後來還告訴各下議院議員，該協定「並非意圖要對抗任何其他強權[5]」。

這看似是個頗為怪異的威嚇方式，幾乎就像是強森根本還沒決定好所有活動的目的、意義為何。如同英國奇幻小說《哈利波特》（*Harry Potter*）系列中，那個不能說出名字的大反派佛地魔（Voldemort），強森在提及他的國防戰略時，也看似不敢直呼中國或習近平的名諱，中國領導人因而成了**「那個不能說出名字的習近平」**。

在英國政府二〇二一年三月公布的《國安、國防、發展、外交政策整合檢討報告》（*Integrated Review of Security, Defence, Development and Foreign Policy*）中，類似的模糊也頗為明顯，其中把「地緣政治和經濟重心正往東移向印太地區」視為最重要的全球趨勢，並將中國稱為「對英國經濟安全最巨大的國家級威脅」以及「系統性競爭對手」，卻也把北京當局描述成「應對疫情準備、多元性、氣候變遷等全球挑戰的重要夥伴」。

此外，報告也強調了兩國間的經濟連結，表示：「我們會持續追求正面的經濟關係，包括深化貿易連結以及更多中國在英投資。」不可思議的還有，這份報告甚至連提都沒提到臺灣，前英國國安顧問彼得・芮基茲爵士當然沒有漏掉其中的矛盾，他表示：「用委婉的方式來說，可以將其視為一種戰略模糊政策，而更直接的方式，則是政府甚至根本都沒辦法告訴我們（和中國間的）競爭挑戰、對抗關係、還有我們在經濟上究竟哪邊需要他們，其中的平衡究竟會落在何處。」

監控、能源、半導體……數千億中國投資流入英國

二〇二一年十月，英國科學博物館（Science Museum）成了「全球不列顛」又一次嘗試

4　參見英國國防部二〇二一年七月十九日的新聞稿，其中也詳細描述了航母戰鬥群進行的軍演：https://www.gov.uk/government/news/uk-carrier-strike-group-to-exercise-with-indo-pacific-partners

5　二〇二一年九月十六日，強森在國會做出此番陳述，並更為詳細解釋AUKUS協定的影片，請參見《衛報》（*The Guardian*）網站：https://www.theguardian.com/politics/video/2021/sep/16/johnson-says-aukus-not-intended-to-be-adversarial-towards-china-video。

堅稱自身存在的背景，且也再次顯示了上述的模糊。這裡是「全球投資高峰會」的場地，有兩百多名國際商界領袖與會，會後接著到溫莎城堡（Windsor Castle）會晤英國王室，交際來往之間許多想法暗潮洶湧，但英國政府對中國的態度仍是一如既往的雜亂無章。而在高峰會開始前和彭博社（Bloomberg）進行的訪問中，強森也被逼問到，他歡迎中國哪一類的投資。

「就是能夠刺激這個國家就業和經濟成長的那些投資啊，」他的回應頗為模糊，後來又補上：「我不會跟你說，英國政府要推開所有來自中國的提議，當然不會，中國是我們經濟生活中非常巨大的一部分，將來很長一段時間會是，我們一輩子都會是[6]。」

同時，他也提到英國不會天真到忽略重要的國家基礎設施，像是下一代的5G電信網路，英國已經禁止中國電信巨人華為參與，還有英國正試圖從核能領域，和中國的合作關係中掙脫。英國國際貿易大臣安妮—瑪麗．屈維里安（Anne-Marie Trevelyan）也呼應了強森的言論，她提到英國對中國在其經濟上的大多數投資，都不感到擔心，並表示：「對於非戰略領域的一切，我們都歡迎所有了解在英國工作的價值與重要性的投資人。」

而問題當然就在於要如何界定「戰略」，在該場高峰會舉辦之際，以及二〇二一年秋天於英國格拉斯哥（Glasgow）舉辦的第二十六屆聯合國氣候變遷大會（COP26）準備期間，英國政府便宣布了中國國有能源公司華能集團，要投資當地的一個電池儲能計畫，還將其形容為「英國電池儲能的重大新里程碑[7]」，該設施預計與威特夏（Wiltshire）麥提村（Minety）現有的計畫一同興建，除了華能集團外，還將牽涉中國國有投資公司國興國際，並被吹捧為歐洲最大的鋰離子儲能設施[8]。

與此同時，上海的風力發電機製造公司遠景科技，也宣布要在桑德蘭（Sunderland）大幅擴張其電動車電池製造廠，在撰寫本段時，這是全英國唯一一座所謂的「超級電池工廠」（Gigafactory），負責為未來汽車生產重要的零件。「電動車已成為綠色工業革命起點。」遠景科技的億萬富翁老闆張雷在宣布擴張消息時如此表示，而他同時也是中國的橡皮圖章國會——全國人大，還有中共諮詢機關中國人民政治協商會議的成員[9]。

中國實體在英國的電池儲能計畫中，已迅速建立起龐大地位，使得他們對一項我們認為在「綠色」未來中非常重要的科技，擁有極大的控制權，即便該領域似乎並不歸屬於英國政

---

6 二〇二一年十月十八日，彭博社訪問強森，他在其中談到中國和相關投資的影片，請參見：https://www.bloomberg.com/news/videos/2021-10-18/johnson-says-u-k-won-t-pitchfork-away-chinese-investment。

7 該投資是於英國政府二〇二一年十月十九日的新聞稿〈投資人在英國全球投資高峰會上，承諾投資將近一百億英鎊〉（*Investors pledge almost £10bn at UK Global Investment Summit*）中公布，請參見：https://www.gov.uk/government/news/investors-pledge-almost-10bn-at-uk-global-investment-summit。

8 請參見殼牌石油（Shell）二〇二一年七月十五日麥提村的設施開始運轉時發布的新聞稿〈殼牌石油開始從歐洲最大的電池設施取得能源〉（*Shell starts trading power from Europe's largest battery*），https://www.shell.co.uk/media/2021-media-releases/shell-starts-trading-power-from-europes-largest-battery.html。

9 張雷的簡介可以在英國碳信託公司（Carbon Trust）二〇二〇年十月十四日舉辦的企業永續高峰會（Corporate Sustainability Summit）講者資訊中找到，他當時受邀進行主題演講，請參見：https://prod-drupal-files.storage.googleapis.com/documents/resource/public/Speaker-biographies.pdf。

府所謂的「戰略」定義之中。如同我們在本書其他部分所討論的，這也只是中國越發掌控全球電池供應鏈的冰山一角而已，他們的控制已從礦藏開採及加工，延伸到電池和電動車的生產本身。

澳洲公司「Peak Rare Earths」也預計要在提賽德（Teesside）耗資一億六千五百萬美元興建一座稀土精煉廠，以提煉風力發電機及電動車所需強力磁鐵的混合物原料，這筆投資對英國來說是相當重要的一大步，能夠使其在這類重要礦物上，降低對北京當局的依賴。但是二〇二二年一月時，根據報導，這間公司已經不再那麼「澳洲」了，因為他們把二〇%的股權賣給中國稀土巨人，我們第五章中在格陵蘭遇過的盛和資源。

不過，至少英國政府目前認定核能屬於「戰略」資源，根據前首相大衛・卡麥隆（David Cameron）在所謂對中關係「黃金時代」的二〇一五年時簽訂的合約，中國國有的核能公司中國廣核集團，預計要在艾塞克斯（Essex）海岸邊的布萊德威爾（Bradwell）興建他們自己的核能發電廠，交換條件則是資助英國兩項由法國帶領的計畫。但中國廣核集團已遭美國政府指控竊取美國科技進行軍事用途，並列入美國的「黑名單」中，基本上已禁止美國公司與其做生意，華府當局也警告不要和該公司合作。

不過到了二〇二二年時，前述的第一項法國計畫，位於英格蘭西南方辛克利角（Hinkley Point）的核能發電廠，早已開始動工了，而且預算也大幅超支，預計將花費超過兩百二十億英鎊[10]，中國廣核集團則擁有三三%的股權；而第二項法國計畫，位於索佛克（Suffolk）賽斯威爾（Sizewell）的核能發電廠，則根本還沒開始動工。

如同中國投資如此慣常的伎倆，北京當局的目標總是戰略性的，布萊德威爾才是他們真正的大獎，這將是第一座位於中國境外，由中國人設計的核能發電廠，北京當局將其視為推動自身科技國際銷售的跳板。二〇二一年夏天，英國政府表示他們正在想辦法把中國廣核集團弄出賽斯威爾的計畫，並且廢除布萊德威爾計畫，不過目前仍不清楚他們究竟要怎麼樣填補資金漏洞，以及處理和北京當局之間的政治餘波。

即使催生核能發電廠合約的卡麥隆「黃金時代」已然逝去，至今依然尚不清楚英國政府到底會以什麼取代，因為在他們終於決定阻止華為染指自家5G電信網路，以及試圖拍開中國對核能基礎設施的髒手之前，其實已經過美國的大量提醒和耳提面命。

英國一直都是中國投資相當熱門的目的地，他們也頗為歡迎，中國的投資總值已來到一千三百四十億英鎊[11]，有將近兩百間英國企業不是由中國投資人控制，就是中國人也算是其中的小股東，從能源、國防、基礎設施、房地產、交通運輸，到健康照護、教育、科技部門都是。

10 編按：約合新臺幣八千七百億元。
11 編按：約合新臺幣五兆兩千九百億元。

中國企業不僅投資了位於倫敦市中心，又稱「刨起司器」的利德賀大樓（Leadenhall Building），還有Pizza Express餐廳、Thomas Cook旅遊集團、狼隊（Wolves）和南安普頓（Southampton）足球隊，以及一間生產黑色計程車的公司。中國主權基金還擁有泰晤士水務公司（Thames Water）及希斯洛機場（Heathrow Airport）的少數股份，中國海洋石油也負責英國在北海開採石油四分之一左右的業務，中國實體更收購了英國國家電網公司（National Grid）天然氣部門的部分股份，而身為世界最大雲端數據供應商之一的Global Switch，中國也有其股份。

此外，中國創投公司也在多間崛起中的英國科技公司建立股東地位，包括基因定序公司Oxford Nanopore和專門研究癌症的公司Immunocore。二〇二〇年，這類投資的風險終於曝露，當時中國股東試圖控制位於赫特福德（Hertfordshire）的手機圖形處理器設計公司Imagination，違背了他們先前保證自己是被動投資人的承諾，而在這個案例中，英國政府則出手阻止了這場董事會政變。

華為雖已遭到禁止，無法干涉英國的5G事務，該公司仍深深嵌入當地早幾代的電信網路中，在英國學界也擁有相當龐大的研究合作。而英國也沒有經過太仔細的審查，便張開雙臂歡迎其他中國科技公司進駐其經濟的敏感角落。

就以海康威視為例，他們是世界上最大的監視器製造商，同時也是將這類監視器結合人工智慧的領頭羊，其中便包括臉部辨識及步伐辨識，也就是辨識人們走路的獨特方式，甚至還有可以判讀情緒的監視器。海康威視和中共關係密切，就是他們將習近平的反烏托邦監控國度化為可能，也因協助新疆的壓迫遭到美國政府列入黑名單中，而英國國會的外交事務委員會（Foreign Affairs Committee）也曾呼籲禁止該公司進入英國。

然而，根據估計，目前英國境內共有一百二十萬部海康威視監視器，包括機場、地方議會、醫院等場所，就連公車和學校裡都有，倫敦有超過一半的地方議會都擁有中國製的監視器，在政府機關中可說相當普遍，也正是英國衛生部中的海康威視監視器，拍到前衛生大臣麥特．漢考克（Matt Hancock）熱吻女部屬，該照片隨後遭到洩漏，導致他丟掉官位和婚姻。雖然照片洩漏的來源是某個不滿的職員，但是在重要政府機關中，使用和中共過從甚密的公司所生產的監視設備，仍讓人非常擔心。

根據報導，英國情報單位也曾推動要限制中國提供的「智慧城市」科技，擔心相關使用可能會導致監控、間諜活動、破壞行為、敏感資訊遭到竊取。「智慧城市」是個定義頗為廣泛的詞彙，指的是理論上應該能維持我們未來的城市基本運作的監視器、感測器，與其他「智慧」系統，在過程中卻也會蒐集令人毛骨悚然的極大量數據。

二〇二一年五月，英國政府通訊總部國家網路安全中心的技術首長伊恩．勒維（Ian Levy），便在他的部落格文章中強調了其中潛在的危險，同時援引一九六九年的電影《大掏金》（*The Italian Job*），來說明他針對相關漏洞的論點，片中由米高．肯恩（Michael Caine）飾演的主角查理．闊克（Charlie Croker）是某個倫敦幫派的頭頭，他關閉了杜林

（Turin）的交通控制系統，造成交通大堵塞，並趁機洗劫一輛裝滿金條的卡車[12]。

二〇二二年一月，英國通過全新的《國家安全及投資法》（*National Security and Investment Act*，簡稱ＮＳＩＡ），授權各部門大臣阻止他們視為危害國家安全的公司收購，不過法案在立法過程中仍遭到稀釋，使得外國持股受到調查的門檻，從原先預定的一五％，上升到二五％，這將大幅減少需要受到監督的交易數量，該法因而也遭批評過於沒效率，並忽略太多規模雖小，卻令人擔憂的投資。

但英國政府堅稱他們針對法律如何執行，擁有很大的決定權，可是決定權是把雙面刃，就在法案生效的幾個月前，各部會才剛通過某間中國公司對紐波特晶圓廠（Newport Wafer Fab）的收購。這是英國最大的半導體製造商，該次事件直到資深的保守黨後座議員出手介入後，才遭下令徹查。

強森試圖將更為棘手的政治議題與經濟連結分開，但問題出在，這並不是中國的界定。如同我們先前所見，在習近平的統治下，中國已經進一步運用了貿易、投資、開放市場的手段，並將其當成脅迫工具，問題不只在於英國要保護他們經濟中定義狹隘的「戰略」部分，而是要在更廣泛的層面上，避免對中國過度依賴，這可以是在貿易、科技、供應鏈，這些北京當局毫不猶豫當成武器，用來對付其他國家的層面。

中國並沒有西方理解中所謂的私人企業，**所有企業都欠黨一份恩情，存在也受其隨心所欲控制，有數條法律規定這些企業必須協助完成黨的要求，**而在中國，科技公司也是這個監控國度不可或缺的一部分，不管股份證明上寫的是怎樣，中共離董事會永遠都只有咫尺之遙，且黨也相當擅於鎖定在戰略上重要的收購。

法律阻撓，就從校園下手——華為、騰訊與英國大學

大學學界的研究合作也受到更詳細的審視，二〇二一年五月，英國政府宣布成立「研究合作顧問團隊」（Research Collaboration Advice Team，簡稱 RCAT），以向各大學提供建議，使其成果免受「惡意活動」侵擾[13]。時任英國財政大臣夸西・夸騰（Kwasi Kwarteng）表示：「這個新團隊會為大學和相關機構提供最新的建議，有關如何和國際夥伴安全合作，並防止那些試圖傷害英國的勢力。」

之所以出現此舉，是因為針對和中國研究機構與企業合作，以及間諜活動和智慧財產權

---

12 伊恩・勒維二〇二一年五月七日的部落格文章〈相連之地：國家網路安全中心針對「智慧城市」的全新安全守則〉（*Connected places: new NCSC security principles for "Smart Cities"*），請參見英國國家網路安全中心網站：https://www.ncsc.gov.uk/blog-post/connected-places-new-ncsc-security-principles-for-smart-cities

13 請參見英國政府二〇二一年五月二十五日的新聞稿〈專門政府團隊防止學者成果免受惡意活動侵擾〉（*Dedicated government team to protect researchers' work from hostile activity*），https://www.gov.uk/government/news/dedicated-government-team-to-protect-researchers-work-from-hostile-activity。

威脅的擔憂漸增，但大學校長紛紛抱怨政府的指引不清不楚，批評者也宣稱RCAT制度不夠健全。

英國前首相卡麥隆和前財政大臣喬治．奧斯本（George Osborne）所謂的「黃金時代」，就像一把巨大的起跑信號槍，讓英國越發商業導向的各大學開始追逐中國的錢潮。在二○一三年至二○一九年間，英中之間的研究合作便成長了一一五．六%，二○一九年時，總計有一萬五千六百二十三件這樣的合作案，使中國成為英國的第三大研究夥伴，僅次美國及德國，同時也是成長速度最快的。

這看似是輕鬆的快錢，英國大學也都照單全收，沒盡到什麼必要的調查責任，到了二○二一年，和中共有關係的實體已深深嵌入英國的大學中。根據Civitas智庫的報告，在公認為英國頂尖研究機構的二十四間羅素聯盟（Russell Group）大學中，**有半數都和中共軍方相關的大學或企業有所牽扯**。

二○二二年二月《泰晤士報》（*The Times*）的調查也揭露，英國大學已從中國機構獲得兩億四千萬英鎊[14]的資金，其中許多都和軍方有關，並表示英國科學家與中國機構間的研究合作，在六年間已經成長三倍，來到超過一千件，而這些機構都和解放軍密切相關。

英國國防單位也對和俄國、中國這類國家合作的風險，提出嚴正警告，敵國正鎖定英國大學，以竊取「可用於協助他們自身軍事、商業、獨裁利益」的研究成果及智慧財產權，英國國家基礎設施保護中心（Centre for the Protection of National Infrastructure）如此表示。

光是華為公司，就和三十五間英國機構和大學合作，包括在劍橋大學（University of Cambridge）、愛丁堡大學（University of Edinburgh）、索立大學（University of Surrey）、倫敦帝國學院（Imperial College London）資助先進設施，還獲准購買一小部分「牛津科學創投公司」（Oxford Sciences Innovation）的股份，該公司專門將牛津大學的研究成果商業化，使得這個中國電信巨人，有辦法在初期階段，就接觸到英國學者研發出的某些最具前景的科技。

二〇二一年，和中國關係受到特別檢視的劍橋大學，也公布了自身的守則，提供「並未與英國共享民主法治承諾」的國家，一起執行計畫的學生和學者參考，劍橋大學校長史蒂芬・圖普（Stephen Toope）如此形容道。曾預計要於二〇二二年九月退下校長職位的圖普，雖是名專業的人權律師，卻強烈支持與北京當局強化連結。

根據中國駐倫敦大使館的網站，二〇一七年，他在成為劍橋大學校長後，頭幾個去拜會的地方就是此地，他在那裡和中國駐英大使劉曉明合照，兩人還討論了進一步促進「黃金時代」中英關係的合作[15]。不久後，圖普也告訴新華社：「以後會有更多機會和中國積極交

14 編按：約合新臺幣九十四億七千萬元。
15 相關聲明和照片請參見中國駐英大使館網站的〈駐英國大使劉曉明會見英國劍橋大學新任校長杜思齊〉一文，二〇一七年十一月二十三日，https://www.chinese-embassy.org.uk/eng/ambassador/t1516053.htm。

流，這個國家的影響力正以非凡的速度日益壯大，像劍橋這樣的大學應該要多多關注。」

在圖普任內，劍橋大學獲得了中國政府數百萬英鎊的資金，並於南京設立了「智慧城市」研究中心——「劍橋大學南京科技創新中心」，並將其形容為他們迄今與中國「最具野心」的合作，這同時也是他們第一個規模如此龐大的海外設施。二〇一九年九月，圖普在新中心的奠基典禮上和南京政府的中共官員並肩合照時也表示：「這座中心孕育的創新，將會促進『智慧』城市的發展，感測器將讓永續的生活方式成真、改善健康照護、控制汙染、有效運用能源[16]。」

也許充滿攝影機和感測器、全面連結的城市真能改善都市的生活方式，但在習近平統治下的中國，**被這些科技同樣化為可能的，卻是程度前所未見的監控及壓迫**。

南京的合作是由劍橋大學工程學系推動，他們在二〇二一年也宣布獲得了來自中國公司騰訊「慷慨的饋贈」，協助資助未來量子電腦的相關研究，該系網站上的某篇聲明也表示：「一九九八年創立的騰訊，致力於運用科技造福網路使用者的生活。」該聲明和其中的其他形容，都是直接從騰訊的公關宣傳照抄而來[17]，只要稍微調查一下，就會發現騰訊和中共及相關國安單位關係密切。他們無所不在，時常被稱為「萬用程式」的微信應用程式，便是監控國度不可或缺的一部分，能被用於審查、傳播假訊息，及監控使用者。

二〇二二年三月，當時還未成為英國國王的查爾斯三世（Charles III）正式啟用劍橋大學永續領導力研究所（Cambridge Institute for Sustainable Leadership）的新建築，此地原先是劍橋市的舊電話交換所，在耗資一千兩百八十萬英鎊[18]改建後，成為終極的低耗能建築，又稱「Entopia」，玩的是能量（energy）和烏托邦（utopia）兩字的文字遊戲，命名者正是先前提過的中國企業家暨中共顧問張雷，他的公司遠景科技為其提供了一半的資金[19]。

建築物於一年前開始動工時，圖普將其形容為「劍橋大學校園中最永續的建築」，而這剛好發生在張雷身為成員的中國全國人大，以壓倒性票數通過法律、閹割香港的選舉制度，撲滅這個前英國殖民地的最後一絲民主生機之時。

此外，華為也忙著在大學旗下的「劍橋科學園區」（Cambridge Science Park）中，建置所謂的「劍橋大學第一座5G私人行動網路」，華為副總裁張國威表示，合作夥伴可以因此

16 請參見劍橋大學二〇一九年九月十六日的新聞稿〈劍橋大學和南京政府「智慧城市」中心奠基典禮〉（*Cambridge and Nanjing break ground on “smart cities” Centre’*），https://www.eng.cam.ac.uk/news/cambridge-and-nanjing-break-ground-smart-cities-centre。

17 有關微信在中共的言論審查和控制上扮演的角色，有許多資料來源，其中優質的入門文章，可以參考麥爾斯・肯延（Miles Kenyon）所撰，多倫多大學研究網路審查的公民實驗室（Citizen Lab）二〇二〇年五月七號發表的〈微信監控淺析〉（*WeChat surveillance explained*）一文，https://citizenlab.ca/2020/05/wechat-surveillance-explained/。

18 編按：約合新臺幣五億元。

19 請參見二〇二一年三月九日劍橋大學的新聞稿〈劍橋大學永續領導力研究所：世界上第一座永續辦公室於新的劍橋大學永續領導力研究所總部展開翻修〉（*Cambridge Institute for Sustainability Leadership. World-first sustainable office retrofit begins at new University of Cambridge Institute for Sustainability Leadership headquarters*），其中宣布了新建築的動工消息及資金的細節：https://www.cisl.cam.ac.uk/news/news-items/entopia-building。

接觸到「我們最一流的設備，以及包括中國與其他國家的市場[20]」。

換句話說，這間因國安理由遭到禁止、無法參與英國5G基礎設施建置的公司，已經得到合約，並將為號稱英國某些最創新的公司所在的科學園區，提供同樣的科技及更多其他服務。而劍橋大學也從中國清華大學科學園區背後的公司啟迪控股，獲得總值兩億英鎊[21]的共同投資，來促進劍橋科學園區的發展[22]。

雙方的合作，顯然未受習近平強力打壓學術自由所干擾，包括對中國清華大學知名法律學者許章潤的迫害，他在批評習近平的「個人崇拜」以及因應新冠肺炎疫情的措施後，遭到拘禁並被禁止繼續教學。中國清華大學除了是習近平的母校外，其中的資深學者也遭視為中共滅絕新疆維吾爾文化的意識形態推手。

該校中國國情研究中心主任胡鞍鋼，便曾和中共高官胡聯合共同撰寫一本影響深遠的著作，並在其中鼓吹中國應追求單一「國族」，他們寫道：「任何國家的長治久安，根本在於從制度上建立一個統一的民族（國族），強化國族認同，淡化族群（民族）認同。」

劍橋市附近的這個地區懷著雄心壯志，渴望成為下一個矽谷，也是歐洲對加州高科技新創風景的回應，而華為則想方設法在其中扮演要角。這個劍橋版矽谷因鄰近的溼地而得到「矽沼」的外號，位於劍橋市郊，其中擁有超過五千間公司，員工則多達六萬八千人，許多人都是受劍橋大學世界級的研究能力，及其衍生出的相關科技公司吸引而來。

二〇二〇年六月二十五日，華為也獲得英國政府許可，預定斥資十億英鎊，在「矽沼」

興建一座研究園區，當天川普當局也正好將華為列入由中國軍方擁有或資助的黑名單企業之中，張國威則表示：「對這個整合式創新園區來說，這裡是個完美的地點，透過和研究機構、大學、當地產業密切合作，我們想要讓整個光學通訊科技產業更加進步，同時為支持英國更廣泛的工業策略盡一己之力[23]。」

而劍橋大學耶穌學院（Jesus College）則擁有兩個中國研究中心：二〇一七年成立的劍橋中國中心（Cambridge China Centre），以及二〇一八年成立的英中全球議題對話中心（UK–China Global Issues Dialogue Centre）。兩者都是「黃金時代」的產物，主要目的便是討好中國，起初也都從事友中計畫，絕口不提新疆、香港、臺灣、廣泛的人權議題，網站

20 請參見華為二〇二〇年十一月十一日的新聞稿〈劍橋無線網路組織將和華為合作，於劍橋科學園區建置首座私人5G測試網路〉（*Cambridge Wireless and Huawei to partner to build the first private 5G testbed in Cambridge Science Park*），https://www.huawei.com/uk/news/uk/2020/cambridge%20wireless%20partnership。

21 編按：約合新臺幣七十九億元。

22 請參見劍橋大學三一學院（Trinity College）二〇一八年二月一日的新聞稿〈劍橋科學園區指標性的共同投資〉（*Landmark Joint Venture at Cambridge Science Park*），https://www.trin.cam.ac.uk/news/landmark-joint-venture-at-cambridge-science-park/。

23 請參見二〇二〇年六月二十五日，華為於計畫許可獲准當天發布的新聞稿〈華為預計於劍橋興建光電研發暨製造中心〉（*Huawei to Build an Optoelectronics RnD and Manufacturing Centre in Cambridge*），https://www.huawei.com/uk/news/uk/2020/huawei%20to%20build%20an%20optoelectronics%20rnd%20and%20manufacturing%20centre%20in%20cambridge。

亦直接借用了中共官宣的詞彙，充滿各種有關中國「非凡變革」和在中共領導之下「偉大復興」的口號。

校園中的耳目：中國學生軍

英中全球議題對話中心是由中國的政策規畫機關「國家發展和改革委員會」出資成立，同時也接受華為的贊助，而兩個中心也都想方設法在批評聲浪越演越烈之時，重新塑造自身形象。英中全球議題對話中心將「中國」從名稱中拿掉，更名為全球議題對話中心，劍橋中國中心也開始執行更多樣的計畫，兩者也都改變了官網上的用詞。

不過，就算到了近期的二〇二〇年十一月，劍橋中國中心主任彼得・諾蘭（Peter Nolan）教授，仍告誡學生不要討論中國在新疆和香港的人權迫害，表示這可能不會「在促進共同理解上，帶來什麼幫助」，並警告**「我們這邊有很多中國學生」**。

諾蘭教授做出此番評論的場合，是在劍橋中國中心顧問委員會討論後續活動的某場會議上，該會議的逐字稿由「開放民主」（openDemocracy）網站取得，並流出給《週日泰晤士報》（*The Sunday Times*）。二〇二一年八月，諾蘭也是頭幾個在新任駐英大使鄭澤光上任後，到中國駐倫敦大使館拜會的貴賓。兩人坐著喝水，身旁是大型的英國和中國國旗，頭上則是一幅巨大的畫作，畫中是奔馳的戰馬，描繪中國「解放」西藏的場景，兩人「就當前突出的國際和地區問題深入交換了看法[24]」。

而為時常身兼雙職的中國企業高階主管暨中共官員，所提供的「領導力訓練」，也是耶穌學院相當賺錢的一門生意。根據該學院網站，他們的中國高階主管領導力計畫（Chinese Executive Leadership Programme），「每年都會帶中國最大企業的各個執行長，來到劍橋大學參加為期三週的訓練計畫，師資則結合了專業學者及國際企業領導人[25]」。

對劍橋大學而言，香港的事件也一直都特別棘手，該校沃夫森學院（Wolfson College）的香港學生因香港特首林鄭月娥鎮壓民主運動，而要求學校褫奪她的名譽院士頭銜時，學院起初是拒絕的。直到二〇二〇年，殘暴的《香港國安法》被強制通過後，沃夫森學院才表示他們正在「考慮」這麼做，林鄭月娥最後則自己替他們做了決定，和學院切斷了關係。

而在劍橋大學抗議的香港學生，也受到中國學生的恐嚇、威脅，與監控，後者是該校人數最多的國際學生，共有超過一千三百人，同時也是其重要的收入來源，某個當時就讀沃夫森學院大三的香港學生尤里西斯・周（Ulysses Chow，音譯），就表示在經過網路霸凌的狂

24 請參見中國駐倫敦大使館網站的〈鄭澤光大使會見英國知名學者彼得・諾蘭〉一文，二〇二一年八月二十日，http://uk.china-embassy.org/eng/ambassador/t1901770.htm。

25 請參見劍橋大學耶穌學院網站，中心主任彼得・諾蘭教授的個人簡介中，便列有中國高階主管領導力計畫，https://www.jesus.cam.ac.uk/people/peter-nolan。

轟濫炸，甚至自己母親遭受死亡威脅後，他已不再感到安全。

香港學生特別擔心「全英中國學生學者聯誼會」的勢力，他們自稱是個社交、文化、福利組織，實際上卻密切和中國駐英大使館合作，至少也有受到部分資助。這是中國大使館在英國校園中的耳目，除密切注意中國學生之外，也會動員他們去追獵可能的敵人及批評者。二〇一一年，中國使館被控介入全英中國學生學者聯誼會的會長選舉，且其支持的候選人甚至賄選後，便遭到劍橋大學短暫解散，自此之後也受到國際社會越發嚴格的審視，但根據香港學生的說法，劍橋大學依舊十分縱容他們。

上述例子可說不勝枚舉、牽連甚廣，不過根本還沒搔到癢處、不足以讓我們了解和中共相關的實體，究竟和英國學界牽連多深。但劍橋大學強烈否認以任何方式接受中國資金、干預學術自由，並堅稱他們的研究是「遵守倫理規範及外部控制的法規」，且他們擁有「檢視策略關係及相關捐獻的健全系統」。

在某些學者眼中，光是由外部人士來監督他們的合作關係，並檢視合作夥伴如何運用他們的創新等舉措，便可說是對學術自由的卑鄙汙辱了。而劍橋大學在捐獻和其他合作上的不公開透明，則堪與中共本身比擬，他們特別難搞、完全不歡迎監督。此外，劍橋雖並非唯一（差得遠呢）涉入的大學，但身為英國一流大學之一，應該也要特別為此負起責任。

如同我在本書其他部分的看法，在中國，中共永遠都離實驗室、演講廳、董事會不遠，不論其股份證明上如何記載，學者名義上的關係又是怎麼樣的，表面上的商業企業實際上可能享有補助，包括私下和公開，且受到黨以戰略方式部署，研究單位也以類似方式受到拖累，因為根據中國法律，**一切創新都必須和國安機構以及軍方分享**。

習近平也透過將「軍民融合」寫入憲法，加強了這樣的要求，北京當局非常擅於奪走其在戰略上視為重要的實用知識，也難怪他們會將英國學界看作既豐饒又好騙的儲藏室了。「國家安全」時常相當難以定義，而英國政府所設立、用來提供建議，以及檢視商業投資和學界合作的單位，看來幾乎完全無法勝任他們的任務。

海外華人（和他們的錢），都是黨的法寶

二〇二二年一月，英國國內的情報組織軍情五處（MI5）向下議院議長林賽・霍伊爾（Lindsay Hoyle）爵士發出了一份「干預警報」，他接著也將消息知會各議員，警報中警告倫敦的華裔律師李貞駒（Christine Lee）「代表中共中央統戰部蓄意進行政治干預活動」。

李貞駒遭控意圖透過捐獻或「善意捐獻」影響數名工黨、自由民主黨、保守黨議員，其中金額最高的，是捐給工黨議員巴里・加德納（Barry Gardiner），他收受了數萬英鎊，李貞駒的兒子便是負責替加德納安排行程的志工，而加德納本人在傑瑞米・柯賓（Jeremy Corbyn）的影子內閣任職時，通常都採取支持北京當局的立場。

這名來自北布蘭特（Brent North）選區的議員聲稱這些捐獻完全公開透明，而且他已經

「和我們的國安單位保持聯絡好幾年了，知會李貞駒的消息」，他說他讓軍情五處完全得知「她和我辦公室的往來，以及過往她資助我辦公室研究人員的捐獻」。

也許其中最大的驚喜，其實是李貞駒的活動，竟然還會讓人感到意外。中共早已在英國境內進行各種範圍廣大、不斷成長的干預活動，英國政府幾乎也不怎麼約束，培養影響力當然是所有外交政策必備的基本，但中國一直以來都不斷越過影響的界線，踏足更極端的滲透及干預。

中共中央統戰部本身便是個隱密的組織，負責協調所有行動，他們從北京中共總部旁一座巨大的無名建築掌控一切，且許多工作都是暗中進行，運用外圍組織或是個人名義來提供資金和好處，以便促進黨的利益並形塑相應的輿論。毛澤東便曾將「統戰」工作形容為「法寶」，而這更是習近平的要務之一，他親自監督了統戰活動的大規模擴張。

李貞駒是中華海外聯誼會的成員，於自由民主黨現任黨魁愛德・戴維（Ed Davey）爵士在卡麥隆聯合政府擔任能源大臣期間，向當地黨部捐贈了五千英鎊[26]。事件爆發後，該黨發言人說愛德爵士「聽聞消息揭露後相當震驚」，而泰瑞莎・梅伊（Theresa May）擔任英國首相時，也為了「促進在英華人和英國人社群間的互動、理解、合作」，頒獎給李貞駒。

據說，李貞駒特別鎖定現已解散的國會團體「華人在英社群」（Chinese in Britain）成員，其金流來自香港及中國，但都在暗地進行，以遮掩資金的來源。後來李貞駒也沒有受到任何處罰，因為英國並沒有法律規範尚未達到間諜活動標準的政治影響力活動。此外，軍情五處的干預警報也只是他們有史以來發出的第二次而已，而他們覺得必須發出警告一事，在在證明了其對英國政府機關遭到如此徹底的危害，是多麼的擔憂。

中共中央統戰部也和中國傳統的間諜機關合作活動，中文的「情報」同時代表「情資」和「資訊」這兩個意思，可說簡潔的濃縮了這個結合公開及暗地進行，各類正式和非正式技巧的巨大系統，其獨特的本質及深度。在竊取以及自願傳授實用知識之間，通常都有一條明確的界線，如同我們在英國大學的案例中所見，中國可說將後者發揮得淋漓盡致，這些年間，中共已建立了一個全面性的系統，透過各種手段來鎖定及獲取外國的科技。

在李貞駒影響力掮客身分曝露的兩個月前，英國祕密情報局軍情六處的局長理查．摩爾便曾警告道：「中國情治單位具備非常強的能力，且也持續對英國和我們的盟友進行大規模間諜活動，包括鎖定那些對中國擁有特定利益的產業、官方、學界人士，而他們同時也在監控華人離散族群，並試圖對其運用不正當的影響力[27]。」

26 編按：約合新臺幣二十萬元。
27 理查．摩爾二〇二一年十一月三十日在國際戰略研究所發表的演講全文，請參見英國政府網站：https://www.gov.uk/government/speeches/cs-speech-to-the-international-institute-for-strategic-studies。

人權與貿易，英國政府選哪個？

英國上議院的國際關係暨國防委員會（International Relations and Defence Committee）在二〇二一年九月的報告中，將英國的對中政策形容為「戰略空白」（strategic void），並提及即便模糊有時擁有優勢，在應對北京當局上，其實需要更多的清晰。

該報告還警告了中國可能將「貿易、投資、原料供應鏈武器化」，同時表示：「越發密切的經濟合作不應以犧牲英國的價值為代價，包括人權和保護勞工在內，政府在這類議題上不應騎牆觀望。」

而囊括英國兩大主要政黨：保守黨及工黨在內的七名前外交大臣，也聯合呼籲英國政府應該扮演領袖角色，帶領協調國際聲量，向中國對香港的壓迫做出回應。他們認為，身為前殖民強權以及中國現在撕毀的「一國兩制」協議共同簽署方，英國應負有特殊的道德及法律義務。其他人也呼籲英國政府應制裁遭控侵害人權的香港領袖，並擴大港人的簽證權利，特別是對那些身處抗議活動最前線的香港學生及年輕人。

二〇二一年九月，強森在國會質詢中也被控失職，無法採取任何「有意義的舉動」，包括相關制裁，強森則表示他覺得這樣的指控「有些詭異」，宣稱英國已為人權挺身而出，他提及了開放英國海外國民護照持有者，及其直系親屬申請的簽證計畫，可以讓多達三十萬名香港人前往英國，並告訴國會：「我覺得我們持續和我們的中國夥伴交流非常重要，而且要在我們在乎的重點上極度堅定的交流，不管是香港的人權、香港的民主，還是對待維吾爾人的方式[28]。」

二〇二一年三月，強森當局首次加入歐盟、加拿大、美國制裁新疆高階官員的行列，理由為「嚴重侵犯維吾爾人人權」，而中國也以自身的制裁報復，對象包括五名曾批評過中國的英國下議院議員。英國國會也首次通過不具約束力的決議，將中國對維吾爾人的迫害形容為「反人類罪及種族滅絕罪」，時任外交大臣多明尼克・拉布（Dominic Raab）則指控中國「工業級規模」的侵害，不過英國政府仍迴避使用種族滅絕一詞，至少不是公開使用。

二〇二一年十一月，《泰晤士報》報導繼任拉布擔任外交大臣的莉茲・特拉斯（Liz Truss）私下指控中國犯下種族滅絕罪行，據說她是在某次和英國駐中大使吳若蘭（Caroline Wilson）憤怒的對話中提及，吳若蘭主張對北京當局採取不那麼強硬的立場。根據報導，吳若蘭詢問特拉斯，為什麼英國不能「像我們對待法國那樣」對待中國，特拉斯則回應：「**因為法國沒有犯下種族滅絕罪**。」根據兩個來源證實，這通電話在特拉斯仍擔任國際貿易大臣時進行，且據說頗為唐突的結束了。

28 強森首相這番言論於二〇二一年九月十六日，有關AUKUS防禦協定的國會辯論上提出，完整辯論紀錄請參見英國國會網站的國會議事錄：https://hansard.parliament.uk/commons/2021-09-16/debates/4835BC3D-E0BF-43E0-9A3B-9BCC5B77DF7F/AUKUS。

據說特拉斯本人因為維吾爾人受到的迫害「相當驚駭」，她也更加擔心中國不公平的貿易行為和經濟脅迫，而在她擔任外交大臣不久後出訪印度時，也表示：「我應該要這麼說，沒錯，我們和中國進行貿易，他們是英國重要的貿易夥伴，但在戰略上避免變得依賴他們，仍舊非常重要。」

特拉斯和吳若蘭大使的對話，幾乎肯定是由特拉斯的盟友洩漏，以強調她對中國更為強硬的立場，和她的前任拉布以及首相強森相比，特拉斯的立場可說都更為鷹派。

到了二〇二二年初，英國政府內部便在對中政策及戰略上，展開了一場拉鋸戰。鴿派由首相里希．蘇納克（Rishi Sunak）代表，他主張重置雙方關係，就從恢復舉辦因新冠肺炎疫情及香港緊張情勢，而停辦的大型貿易高峰會開始，他表示：「針對中國的辯論沒有意義。」與蘇納克親近的官員也認為：「**管你喜不喜歡，你都不能忽略中國的貿易機會。**」

這種觀點似乎也得到首相本人的支持，某個前唐寧街官員甚至認為，強森當初禁止華為參與英國5G網路建設的決定，並非本人堅定不移的立場，只是受到美國和他自己黨內的後座議員施壓。

特拉斯任內則強調她對香港的觀點，在北京當局認為當地議員對中共不夠忠心，而進行大規模撤換後，呼籲中國維護言論自由，使得她招致來自中國大使館的激烈攻訐，怒嗆她的言論「不負責任」。香港的政治活動入罪化，及中共消滅當地最後一絲自由餘孽的行動，仍然如火如荼的進行，使得香港監獄關滿了政治犯。根據估計，到了二〇二一年底，約有一萬人因和民主抗議牽連被捕，但法院的審判程序才剛開始四分之一而已。

而如同所有這類政權，壓迫行為也不時會擺盪到近乎鬧劇的邊緣。二〇二一年十月的香港馬拉松期間，政府便要求所有跑者遮住刺青、標語、圖案，否則就禁止參賽，其中就有一名男跑者遭要求必須用繃帶遮住腿上寫著「香港加油」的刺青，這是中文常見的表達支持方式，另外也有一名女性在主辦單位拿她短褲上的「香港」圖案大做文章後，遭到禁賽，至於這場馬拉松的贊助單位，則是英國的渣打銀行。

中國環球電視網、全新中國大使館入主倫敦

這兩棟建築雖座落於倫敦相反方位，風格也截然不同，但都彰顯了北京當局的影響力及野心，還有意志堅定的人們反抗的能力。第一棟建築位於東倫敦的瓦平（Wapping），是前英國皇家鑄幣廠（Royal Mint）雄偉的舊址，中國現已出資買下，計畫將其改建為他們在歐洲最大的使館；第二棟則位在西倫敦奇斯威克（Chiswick）的現代商業園區中，是中國環球電視網全新的歐洲總部，也就是中共官方宣傳頻道的海外部門。

二〇一八年三月，在皇家鑄幣廠舊址的交接儀式中，中國駐英大使劉曉明宣布道：「這是新時代中國外交的『新氣派』，衷心希望雙方攜手書寫中英關係『黃金時代』新篇章。」這座喬治時代（Georgian era）風格的建築物建於一八〇九年，之後將會位於巨大中國使館複

合式建築的中心，且根據劉曉明的說法，還會成為「倫敦地平線上的新座標」和「新時代中國在英國的一張『新名片』」。

而代表英國政府擔任中間人，將這座建築出售給北京當局的，正是強森最親密的戰友之一，愛德華．李斯特（Edward Lister）爵士，他之後還受封為烏德尼—李斯特（Udny-Lister）男爵，強森當時則是擔任外交大臣。

後來被揭露的消息指出，李斯特同時收受代表北京當局的房地產公司及開發商的報酬，以兩億五千五百萬英鎊[29]的價格售出這座建築，劉曉明還親自感謝他為敲定這樁交易所做的「積極努力」[30]。英國政府則堅稱這位備受強森信任的顧問，已用合適的方式表明他從中獲得的利益，且其中不存在利益衝突。

強森成為首相後，也指派李斯特擔任他的首席策略顧問，李斯特更在多明尼克．康明斯（Dominic Cummings）離開幕僚職位後，短暫擔任過強森的幕僚長，某個前唐寧街助理則形容他是「強森耳邊有力的親華派聲音」，二〇二一年四月，李斯特離開政府，並在當年稍晚成為滙豐銀行董事會主席的資深顧問。

塔村區（Tower Hamlets）是英國最貧窮，種族也最多元的地區之一，有將近四〇%的居民是穆斯林，為英國境內之最，且東倫敦長久以來都擁有對抗壓迫及暴政的歷史。一九三六年的纜繩街之戰（Battle of Cable Street），便發生在距離皇家鑄幣廠不到一．六公里之處，成功阻止了奧斯華．莫斯利（Oswald Mosley）的黑衫法西斯分子前往當時猶太人聚居的白教堂（Whitechapel）區。

皇家鑄幣廠的交易成交不久後，塔村區的區長約翰・畢格斯（John Biggs）就寫信給劉曉明表示「有關新疆情況的報導，在我們這個多元的社區引發巨大擔憂」，劉曉明則反嗆這類報導「全都是由**少數不負責任的西方政客和媒體編織出來的謊言**」。當地議員也對於香港的壓迫、封路與預訂的抗議活動受到干擾等實際議題表達擔憂，劉曉明則憤怒的要求當地議員不要再試圖干擾他的計畫。

二〇二一年三月，當地議會還舉行了投票，考慮變更周遭區域路名及建築物名稱，「天安門廣場」、「維吾爾廣場」、「香港路」、「西藏丘」都在建議之列，以「表達我們社區對自由及多元性的支持」。

而中國環球電視網的歐洲總部，則是占地近兩千八百平方公尺的一流設施，其占據了西倫敦奇斯威克商業園區某座新建物的一整層樓，該公司位於中國國營媒體全球擴張的最前線，中共領導人還將其形容為「黨的耳目喉舌」。

但相關的指控很快便排山倒海而來，英國政府的媒體主管機關英國通訊傳播管理局

29 編按：約合新臺幣一百億元。

30 請參見中國駐英大使館網站二〇一八年七月六日的聲明〈劉曉明大使會見英國外交大臣特別顧問李斯特爵士〉，http://www.chinese-embassy.org.uk/eng/ambassador/t1575365.htm。

（Ofcom），發現中國環球電視網屢次在播報香港民主抗議事件時，違反新聞中立原則，這家中國電視臺也因為在多個場合播放強迫的自白而遭到制裁，其中包括英國私家偵探韓飛龍（Peter Humphrey）及其妻子虞英曾。

過去，兩人曾因違法交易個資遭到中國監禁，韓飛龍後來也提及他是怎麼被拖出來、銬在鐵椅上，攝影機再透過牢房的鐵條拍攝他的「自白」。強迫自白一直以來都是共產中國的特色，但在習近平統治下更是變本加厲，並透過各種官宣管道在國內及海外傳播和渲染。

二〇二一年二月，英國通訊傳播管理局發現，中國環球電視網是直接由中共控制後，便撤銷了其在英國放送的執照，雖然此舉從某種程度上來說，似乎只是點出了再明顯不過的事實，但對英國通訊傳播管理局而言，仍是重要的一大步，因為他們的法律規定媒體不應受到直接的政治控制[31]。

北京則是以禁止BBC在中國放送作為報復。雖然在中國，BBC早已受到限制，只能在國際飯店和外國人辦公或居住的建築中播放，且在播報批評中國的報導時，還時常會遭到蓋臺黑頻。

中國環球電視網也展開反擊，二〇二一年八月，他們在找到法規漏洞後，宣布將會重新回到英國放送，因為在英國仍屬成員的《歐洲電視跨境播送協議》（*European Convention on Transfrontier Television*）之下，中國環球電視網有權使用，在該協議規範中任何國家取得的執照於英國放送。

他們想辦法從法國的媒體主管機關高等視聽委員會（Conseil supérieur de l'audiovisuel，簡稱CSA）拿到授權，不過目前尚不清楚執照期限將維持多長，因為法方也正在調查他們的違法行為[32]。直到二〇二一年底，中國環球電視網仍未找到願意播放他們節目的平臺，並且正在嘗試不須相關執照的串流服務。

這兩棟建築物的故事，包括在奇斯威克和塔村區，對那些想要看見中共為自身行為負責的人而言，可說帶來了一線希望，但是如同前文所討論的，英國的對中政策仍不夠清晰。在撰寫本段時，英國政府內部對於要採取多麼強硬的立場應對中國，情勢依舊頗為緊張，結果便是一則模稜兩可的訊息，中國環球電視網和皇家鑄幣廠的經驗，顯示了中國擁有極大野心與影響力，且他們還鍥而不捨，而在這場影響力大戰之中，他們也將英國看成現在進行式。

---

31 請參見英國通訊傳播管理局二〇二一年二月四日的新聞稿〈英國通訊傳播管理局撤銷中國環球電視網在英國的放送執照〉（*Ofcom revokes CGTN's licence to broadcast in the UK*），https://www.ofcom.org.uk/news-centre/2021/ofcom-revokes-cgtn-licence-to-broadcast-in-uk。

32 請參見「保護衛士」（Safeguard Defenders）組織二〇二一年八月二十四日的聲明〈不，中國環球電視網並沒有真的要回到英國放送〉（*No, CGTN is not really back on the air in the UK*），https://safeguarddefenders.com/en/blog/no-cgtn-not-really-back-air-uk。

大英國協經驗談：澳洲的教訓

強森當初在為「全球不列顛」的經濟機會尋求建議時，曾找上前澳洲總理東尼・艾伯特（Tony Abbott），並邀請他擔任特別貿易顧問，艾伯特曾積極支持和中國交流，並在二〇一三年至二〇一五年擔任澳洲總理期間，和北京當局簽訂了自由貿易協定，但後來某次訪問英國期間，他表示要是換作今天，他絕不會簽下類似協議：「**我覺得這真他媽是個令人清醒的警告。**」

他在倫敦與時任國際貿易大臣特拉斯同臺時，也警告道：「北京政府將貿易視為一種戰略武器，跟水龍頭一樣可以開開關關，拿來獎勵朋友、懲罰敵人。」並將中國形容成比蘇聯更難對付的對手，認為「由於中國越發融入世界經濟的紋理之中，所以可以同時從經濟和軍事方面施壓對付對手[33]」，而他之所以這麼說，便是源於自身的慘痛教訓。

33 二〇二一年七月二十一日東尼・艾伯特的主題演講全文，請參見「政策交流」（Policy Exchange）智庫網站：https://policyexchange.org.uk/pxevents/strategic-trade/。

第14章 無理挑釁的澳洲，和「瘋狂小國」立陶宛

「澳方此舉是針對中方的又一無理挑釁行徑。它再次表明澳方對改善中澳關係毫無誠意，勢必對雙邊關係造成進一步損害，也必將搬起石頭砸自己的腳。」

——《環球時報》，二〇二一年四月

就算以中國侵略性的「戰狼」外交標準檢視，這也是次不得了的演講。「歷史會證明，你們選擇中國作為朋友，是明智的且具有遠見的。」王晰寧先對他的澳洲商界聽眾表示，但接著警告就來了，他怒嗆道：「那些蓄意汙衊詆毀中國、破壞中澳友誼、損害兩國人民福祉的敗類會遭到世人唾棄，他們的後代會羞於提及他們在歷史中的反面作用。」

二〇二一年三月，這名中國駐澳洲公使正在坎培拉的商界年度晚宴上發表演講，中文版的演講逐字稿中便包含了「敗類」兩字，意思類似於「低等」或「渣滓」，或是怒氣沖沖的澳洲人解讀成的「人渣」，但在英文版逐字稿中，中國使館還是把這句粗話刪去了。

而這只不過是當時對澳洲人發射的連珠炮侮辱和威脅中，最新的一次而已。中國官員還曾將澳洲形容為「自己得了病，卻要讓別人吃藥」，並大聲嚷嚷著「無知及頑固」，官媒甚至還刊出一則漫畫，將澳洲描繪為一隻受美國擺布的愚笨袋鼠傀儡，也曾將其稱為「有點像黏在中國鞋底上的嚼過的口香糖」和「一隻大袋鼠充當美國的狗」。

澳洲「敗類」講錯話，最大的貿易就遭殃

澳洲究竟是哪邊得罪到了中國呢？因為他們呼籲獨立調查新冠肺炎病毒的起源，也就是二〇一九年十二月首次於中國武漢爆發的疫情。二〇二〇年四月，澳洲開始對調查施壓時，時任中國駐澳大使成競業便威脅要抵制澳洲的商品，表示：「也許一般民眾會說：『我們何必喝澳洲紅酒？吃澳洲牛肉呢？』」而當澳洲仍保持立場堅定，並指控北京當局進行「經濟脅迫」後，中國則是直接履行其威脅，掀起一場貿易戰，瞄準**總值高達一百九十億澳元的澳洲出口商品**。

中國是澳洲最大的貿易夥伴，占該國出口比例超過三分之一，不過大多數都是天然資

源，北京當局一開始鎖定的商品也是大麥、牛肉、棉花、煤炭、紅酒、海鮮，他們用提高關稅和其他胡謅的技術限制打擊澳洲，也確實阻擋了這些商品進口到中國。

此外，北京當局還警告他們的學生和觀光客，不要前往一個「種族歧視」的國家，當時中國已成為澳洲最大的國際學生及外國觀光客來源。不過，新冠肺炎疫情其實已讓澳中分別都關閉國境，導致直接影響較小。《環球時報》也怒嗆道：「澳方此舉是針對中方的又一無理挑釁行徑。它再次表明澳方對改善中澳關係毫無誠意，勢必對雙邊關係造成進一步損害，也必將搬起石頭砸自己的腳。」

這些年間，北京當局已在許多場合將貿易當成武器許多次，但對澳洲的抵制之所以特別引人注目，是因為其規模之大，等同於澳洲近一〇%的出口，而且中國也沒有試圖想要掩飾，明擺著就是對「傷害中國人民感情」的懲罰，即便他們也有其他貿易抵制的目的是為了懲罰，其中的連結卻很少如此明顯過。

與此同時，澳洲的公私部門組織也遭遇一連串的網路攻擊，澳洲政府表示這類攻擊是由一支「精密複雜的國家級網軍」所進行，目標遍及澳洲方方面面，囊括政府、業界、政治組織、教育機關、健康照護、重要服務供應商、其他重要基礎設施廠商等。

攻擊斷斷續續持續了好幾個月，期間澳洲國會、礦藏豐富的西澳地區議會、澳洲主要媒體的電郵系統都遭到入侵，網路資安專家表示這波攻擊的元凶幾乎無庸置疑，因為他們追溯的數位足跡，正是連往和中國關係密切的團體。

中國駐坎培拉大使館又繼續加碼，他們向澳洲政府遞交了一份額外的不滿清單，其中包含幾乎所有由澳洲政客、媒體、智庫對中國做出的批評，這些「罪狀」例如批評中國在南中國海建造人工島和其他侵略行為、對香港及新疆的壓迫、對臺灣的恫嚇，此外還加上澳洲政府指控北京當局進行網路間諜活動、坎培拉當局禁止華為參與澳洲5G網路的建置，還有在更廣泛的層面上與美國結盟。

北京當局也抱怨澳洲政府為了對抗中國在澳洲產、官、學界的影響力，而新通過的反外國干預法，並攻擊了「不友善且充滿敵意的媒體」與智庫。這份清單可說非常精采，洋洋灑灑條列了十四條「反中罪狀」，全都包含在中國大使館發出的文件中，其中更警告：「中國生氣了。**如果你把中國當作敵人，中國便會是你的敵人。**」

位於北京的中國外交部也呼應了這份不滿，時任發言人趙立堅便表示：「澳方應正視兩國關係受挫的癥結，客觀理性看待中國和中國的發展，切實秉持相互尊重、平等相待的原則處理兩國關係，多做有利於增進兩國互信、促進兩國合作的事。」實際上，北京當局便是試圖把他們在自家對異議的不容忍，拓展到國際舞臺上，來堵住澳洲政府的嘴，告訴坎培拉當局要「閉嘴」，作為和中國做生意的代價。

但澳洲政治領袖根本不屑一顧，時任澳洲總理史考特・莫里森（Scott Morrison）便表示：「澳洲永遠都會忠於自我，我們永遠都會根據自身的國際利益，設立我們自己的法律及我們自己的規則，而不是在任何其他國家的要求下進行。」而澳洲前總理麥爾坎・滕博爾

（Malcolm Turnbull）則稍微再更直接了一點，將中國的清單稱為「真的是我所見過最瘋狂的東西之一」。

即便坎培拉當局呼籲對新冠肺炎病毒的起源展開獨立調查，讓中澳關係雪崩式下滑，但雙方的政治及貿易連結其實早已開始臭酸，某個評論家便將其比擬為大文豪海明威（Ernest Hemingway）筆下對破產的描述：逐漸逼近再一夕暴跌。

坎培拉當局因而被迫必須回答一個最基本的問題：澳洲的企業和政治領袖，是不是讓他們自己被北京當局的危險「掏金熱」心態，牽著鼻子走太久了？這是否不僅讓他們對習近平統治下中國凶殘的現實視而不見，而且還創造出了現在回過頭來，反噬自身的過度依賴？

以上億天價，出租港口九十九年

達爾文（Darwin）是澳洲最北端的城市，也是整座大陸上最溼、最小、最偏遠之處，一九八六年使保羅．霍根（Paul Hogan）晉升澳洲國民演員的動作喜劇《鱷魚先生》（*Crocodile Dundee*），便是在達爾文東部的卡卡杜國家公園（Kakadu National Park）拍攝。而對許多在雪梨或墨爾本生活的澳洲都市人來說，此處也沒有太多改變，在他們眼中，達爾文仍舊是個有些原始的偏遠城市，住著鄉下人和會吃人的恐怖鱷魚。

但這一直都是個不公平的刻板印象，現今這個澳洲北領地（Northern Territory）的首府，已成了一個越發生氣蓬勃、文化也相當多元的城市，共有超過三分之一的人口是生於海外，原住民人口數也屬全澳洲最高。即便可能離澳洲其他地方都頗為偏遠，距離亞洲主要的城市及航線卻都近上非常多，使得從這裡可以最快到達南中國海及更遠的區域。換句話說，達爾文的戰略位置可說極度重要。

近年來，達爾文的地位也躍升為澳洲面對亞洲市場的門戶，是個農產品及天然資源充滿潛力的出口樞紐。自二〇一一年起，美軍潛艦也會在城市周邊打轉，每年有多達六個月的時間都會和澳洲國防軍（Australian Defence Force）進行軍演和訓練，海軍基地也距離達爾文港不遠，並透過港口輸送彈藥、裝備、燃料。此外，達爾文港也會固定支援澳洲的軍演，同時負責接待外國海軍。

然而，**在二〇一五年時，北領地政府竟把港口賣給了中國**。精確一點來說，他們把港口九十九年的租約，以五億零六百萬澳幣[1]的價格，賣給一間叫嵐橋集團的中國公司，時任美國總統歐巴馬便批評時任澳洲總理滕博爾，竟然連問都沒問他，就進行了這筆交易。該交易牽涉到各種讓人警鈴大作的地雷：形跡可疑的嵐橋集團表面上看似是私人的公司，總部位於中國山東省的港口城市日照，和中共關係密切。

而突襲日照、試圖想挖出這間公司及其低調老闆葉成更多祕辛的澳洲記者，發現他們盯著的是一個無底的黑洞，他們替葉成取了個「隱形億萬富翁」的外號，因為幾乎不存在任何他的公開檔案。不過，對長期觀察中國的人來說，這樣不透明的情況可說非常熟悉。

該公司和中共的連結亦然，葉成是中共某諮詢機關的成員，中共當局甚至曾一度將他形容為「十大關心國防發展人物」之一，且根據某間中國官方軍事報社，嵐橋集團也屬於數間建立了武裝民兵單位，以在戰爭或危機情況下，支援解放軍的公司之一。

不管股份證明是怎麼寫的，中國所有企業都必須聽中共之令行事，不能拒絕，除非他們不想繼續做生意了。但即便如此，交易當下仍只有澳洲戰略政策研究所孤伶伶的指出，嵐橋集團簡直跟中共的外圍組織沒有兩樣。

交易於是進行下去，並且還是以一種可以逃過澳洲外資審議委員會（Foreign Investment Review Board）監督的方式，北領地的首長欣然歡迎他的全新「私部門合作夥伴」，時任澳洲國防部長丹尼斯・理查森（Dennis Richardson）也表示，對這樁交易的恐懼是「危言聳聽的無稽之談」。北領地已經設法招攬達爾文港的投資好一段時間了，其首長也指控批評這樁交易者是在「散播排外情緒和恐懼」。

這時正是澳洲的「中國熱」達到顛峰之際，達爾文的交易可說是那個時代的代表，如同英國和北京當局的核能交易，澳洲的經濟正蒸蒸日上，已經長達四分之一個世紀沒有衰退，很大一部分都是由快速成長的中國所造就，他們瘋狂的掃貨鐵礦、煤炭、液化天然氣、其他

1 編按：約合新臺幣一百零五億。

各式天然資源，幾乎就跟澳洲將其從地底開採出來的速度一樣快。

中國的金流也流淌進澳洲資產，收購各種能源公司、油氣管線、新南威爾斯的港口設施、乳品加工廠、牧場、濱海區的豪宅及鄉間的地產，而且沒有人提出什麼疑慮。此外，中國也很快超越紐西蘭，成為澳洲最大的外國觀光客來源，中國學生也為澳洲大學帶來了數十億的錢潮。

二〇一四年底，雙方簽訂自由貿易協定，中國承諾降低農產品、乳製品、紅酒的關稅，並讓澳洲銀行業及其他專業服務，更容易打入中國市場，時任澳洲總理東尼．艾伯特在當時也不斷將該貿易協定吹捧為他最大的政績。

二〇一四年十一月，他也在坎培拉和習近平會晤，習近平對澳洲國會的參眾兩院議員表示：「澳大利亞是一個富有活力、開拓創新的國家。」艾伯特的回應則是：「我們已然成為一個典範，顯示了兩個民族和兩個國家能如何完美的互補。」

時間快轉七年後，艾伯特搖身一變，成了中國最嚴厲的批評者之一。中國駐坎培拉大使館也怒嗆他是個「失敗而可憐的政客」，達爾文港亦重回新聞版面，不過卻是因為截然不同的原因。

澳洲政府公布了國防部有關二〇一五年交易的報告，他們現已擁有新的權力，不只可以審查有可能影響國安的交易，還能施加新的條件，或**甚至撤銷先前已獲准的交易**，澳洲總理在訪視北領地的行程中，也表示他願意傾聽任何「有關重要基礎設施國安考量」的建議。

澳洲政府現已將達爾文港視為「澳洲重要的戰略資產」，適合發展為重要的海軍樞紐，此地同時也成了個戲劇化的象徵，顯示了時代變化有多麼快速、劇烈。如同一個從**糟糕宿醉中清醒的懊悔醉漢**，澳洲正慢慢試圖看清他們當年對北京當局的過度沉溺，並修正這對其國安造成的損害，當然也包括對其民主制度及公民組織的危害。

政治獻金、中國留學生，在全世界都管用

以後見之明看來，二〇一四年底中澳雙方的自由貿易協定，以及達爾文港的交易，可說標誌了澳洲對中國愛意的最高點。那時，澳洲對其合作夥伴的所作所為，已經有了些不安的看法，彼時澳洲的外交政策，時常被形容為在他們和中國間日益蓬勃的經濟關係，以及與美國的國防合作間尋找平衡之舉，坎培拉當局和美國是正式簽訂條約的盟友。

澳洲以為自己可以躲過艱難的選項，並同時享受兩個世界最棒的好處，澳洲國防分析師修・懷特（Hugh White）便將此政策稱為「系統性兩面手法」（duplicity），但當時已有越來越多人發覺，中國的崛起絕非良善，並且日益對澳洲主權帶來威脅。擔憂起初聚焦於北京當局對澳洲經濟的影響力，以及澳洲對中國巨大市場的依賴程度。但最令人清醒的一記警鐘，則以一樁收買政治影響力醜聞的形式降臨。

那時，自由貿易協定上的墨水都還沒乾，澳洲舉國就因消息揭露國內政客和政黨，從和

中共關係匪淺的商人手上收受捐款，以試圖影響澳洲政策傾向中國，而大受震撼。某個澳洲工黨參議員在收錢後，竟呼籲澳洲尊重中國在南中國海的主權宣稱、嘗試阻止黨內外交事務相關發言人與香港的民主派抗議人士會晤，消息甚至指出，該參議員也向他的中共贊助人通風報信，警告他可能正受到情治單位監控。

相關消息促使澳洲在二〇一八年通過了一系列新法案，嚴格規範政治獻金和影響力活動，澳洲總理滕博爾在公布法案時表示：「我們不會容忍任何暗中進行、脅迫、貪腐的外國影響力活動，這是區隔合法影響力和非法干預的界線[2]。」澳洲情報單位澳洲安全情報組織（Australian Security Intelligence Organisation）的首長麥克・勃吉斯（Mike Burgess）也呼應了該警告，他表示：「我們目前面臨外國間諜及干預活動威脅，其程度可說前所未見，比冷戰高峰期時還更高。」

該法案禁止了外國政治獻金，並要求外國說客必須事先註冊，同時也將意在干預民主程序，或為外國政府提供情報的祕密、欺騙、威脅活動入罪化。澳洲的法案代表著，西方民主國家對付中國干預，迄今最強勢的反擊，且目的也在於納入先前未達間諜活動定義標準的行為。相較之下，英國法律依然存在相當大的漏洞。

而中共相關團體在澳洲大學、智庫、公民組織中的活動，同樣也受到監督，某個和中國大使館關係密切的學生團體，便遭控在澳洲校園中威脅批評者，並試圖撲滅有關中共敏感議題的討論，例如臺灣、西藏、香港、新疆議題。

澳洲大學極度依賴中國學生的學費，在新冠肺炎疫情爆發前，其人數約為十六萬人，占國際學生的四〇%左右。澳洲智庫獨立研究中心（Centre for Independent Studies）二〇一九年的某份報告，便將中國學生形容成澳洲大學的「金雞母」，其中發現澳洲的七間頂尖大學，從中國學生身上獲得超過二十億澳元的收入，占其總收入的一二%到二三%之間，最高學費的寶座由雪梨大學（The University of Sydney）奪得，他們收取了超過五十萬澳元[3]。

人權觀察組織後來在另一份報告中，也表示中國政府仍持續監控中國大陸和香港學生，並在民主派抗議人士之間，發現「恐懼的氣氛」，他們擔心自己在澳洲的活動，會導致家鄉的親屬遭到懲罰或審問。

某個使用化名「恐懼動物園」的中國異議分子，便告訴ＢＢＣ她是如何在墨爾本組織一場抗議活動，主題是中共在武漢肺炎疫情爆發初期試圖掩蓋，並追獵那些想辦法示警的醫生，但其他愛國小粉紅學生拍下她的照片並貼上網路，導致她之後受到威脅，她告訴記者：

---

2 引用自滕博爾總理二〇一七年十二月七日公布之《二〇一七年國家安全立法修正案（間諜活動及外國干預）法》（*National Security Legislation Amendment (Espionage and Foreign Interference) Bill 2017*）的演講，全文請參見其網站：https://www.malcolmturnbull.com.au/media/speech-introducing-the-national-security-legislation-amendment-espionage-an。

3 編按：分別約合新臺幣四百一十五億元、一千零三十七萬元。

「有人說想殺了我。」還表示中國警方找到了她的父母，這嚇壞了她那完全不知道女兒正從事抗議的媽媽。

人權觀察組織也指出，澳洲講師及教授的壓力同樣日益增加，教授中國研究及擁有中國學生的受訪者中，有超過半數表示他們會自我審查，而遭認為批評中共的學者，則會面臨實體或線上的騷擾，某些人還表示大學的管理部門曾要求他們遠離敏感議題。

利用海外學生促進中共的利益，是習近平明目張膽的政策，且幾乎所有受訪的學者，都指出在習近平掌權後，愛國學生的人數明顯上升。此外，中澳的研究合作也同樣受到澳洲政府審查，「孔子學院」的活動也是，這是個由中國政府資助的組織，表面上是要推動語言和文化交流，實際上卻遭控傳播中共官宣及撲滅敏感議題討論氣焰，在澳洲校園中共有十三間孔子學院。

中共同時也鎖定了澳洲規模相當大、多達一百二十萬人的華僑離散群體，在社群組織上大撒幣，並實質控制了大多數當地華文媒體，黨的外圍組織會提供新聞媒體相關內容和好處，並幫忙牽線直接及間接的資助。另外，如同世界各地其他華人社群的情況，微信也成了移民和家鄉親友保持聯絡不可或缺的工具，但同時也是中共用於審查、監控、傳播假訊息的強力管道，為那些母語不是英語的移民，提供扭曲過的現實觀點。

到了新冠肺炎於武漢爆發之時，澳中關係已經快速觸礁，後來飆出「敗類」言論的中國駐澳洲公使王晰寧，便將澳洲呼籲獨立調查病毒起源之舉，比擬為布魯圖斯[4]（Marcus Junius

Brutus Caepio）背叛了凱撒大帝（Iulius Caesar），他向坎培拉的澳洲媒體俱樂部（National Press Club）表示：「（這）幾乎跟凱撒生前最後一天，看到布魯圖斯接近他時說的一樣：『你也有份嗎，布魯圖斯？』（Et tu, Brute?）」

許多澳洲經濟學家也都對中國的警告洗耳恭聽，並建議坎培拉當局在應對北京當局時要「實際」點，因為中國巨大的市場無可取代，澳洲國立大學（Australian National University）的中國經濟專家葛麗珍（Jane Golley）教授便警告道：「**沒有其他選項能夠彌補失去中國的損失，差得遠了呢。**」

她還表示，她覺得那些要澳洲背棄中國的呼籲實在令人沮喪：「我在想的是路上那些讀到頭條，覺得我們應該要分散對中國風險的民眾，我總是懷疑他們到底有沒有透澈思考過這究竟代表什麼，以及這將如何導致他們或他們的孩子在未來失業。」

這真是令人熟悉的老調重彈，在其他西方國家也以許多形式出現，事實上就是在告訴政治家，停止裝腔作勢了，趕快捏著鼻子收成和中國貿易會帶來的豐碩經濟成果吧。然而，不管中國再怎麼在經濟上施壓，澳洲依舊堅定不移，而且事實上，他們的經濟似乎也沒有受到多大影響。

---

4 編按：羅馬元老院議員，組織並參與了謀殺凱撒的行動。

中國制裁下，澳洲出口額創歷史新高？

當海警出現時，走私客正在香港西北方小村落流浮山的某座碼頭外，裝載兩艘強力快艇。走私客共有四名，即便被逮個措手不及，他們依然想辦法成功搭上其中一艘改裝過的船隻逃逸，快艇搭載的多顆舷外馬達，讓他們的動力輕鬆超越海警，快速駛過后海灣、逃往後方的中國大陸。但他們仍被迫將大多數珍貴貨物拋棄在碼頭上，警方和海關官員迅速翻過這些違禁品，即裝滿將近六百公斤澳洲龍蝦的保麗龍箱，市價約為兩萬五千美元。

活龍蝦在中國的婚宴和其他高級派對上，一直是道重點佳餚，且中國迄今也都是澳洲龍蝦的主要市場，直到龍蝦遭北京當局的經濟制裁鎖定為止。對澳洲來說，一個每年價值估計超過五億美元的出口市場，就這麼在一夕之間消失，這便是走私興起之時。香港仍然被當作獨立的關稅領域對待，在中國禁止澳洲龍蝦進口後的幾個月間，**出口至香港的龍蝦爆增了五十倍**，其中大多數的命運都是透過非法的後門管道，轉運到中國大陸。

中國也鎖定了澳洲的紅酒，而前往這個澳洲酒商曾經最大市場的直接出口，在遭受高達二一二%的鉅額關稅衝擊後，同樣一夕乾涸。不過，香港又一次頂上了懸缺，進口至香港的澳洲紅酒在禁令後的幾個月，也成長了超過一倍，多出的數目幾乎注定是要流向中國的後門。隨著北京當局以貿易禁令打擊澳洲，香港這個前英國殖民地似乎也落葉歸根，回歸當年黑市樞紐的地位、中國灰色地帶交易的中心，他們也曾因此相當興盛繁榮。

在澳洲酒商及龍蝦業者眼中，通往中國的後門可說頗受歡迎，讓他們鬆了口氣，酒莊也因英國出口量大增獲得不少安慰，因為英國人家中的酒架在新冠肺炎疫情封城期間，絕對都會大肆補貨、補到滿為止。

其他遭到北京當局重創的產業，也跟釀酒業一樣，急忙到處尋找替代市場：大麥農夫在亞洲和拉丁美洲找到新的買家，煤炭則轉往印度、歐洲、拉丁美洲。根據某項估計，面對高額關稅或其他貿易壁壘的貨物出口到中國的總值，在一年內降低了約一百一十七億澳元，但同樣貨物出口至世界其他地區的總值，則提升了一百三十四億澳元。

尤有甚之，澳洲對中國的出口總值竟創下**歷史新高**，這都要多虧北京當局對西澳的鐵礦成癮，其價格在二〇一九年至二〇二一年間，飆升了超過三分之一，澳洲占中國鐵礦進口總量的六〇%，雖然北京當局不斷抱怨他們必須付出的價格，他們短期內依然沒有其他替代方案，限制異國的甲殼類及黑皮諾（Pinot Noir）葡萄酒進口可能會讓婚宴的賓客不爽，但黨可不能危及到真正驅動他們經濟成長的鐵礦。

整體看來，澳洲的經濟充滿令人驚豔的韌性，講話有了底氣的坎培拉當局，也在世界衛生組織上針對紅酒和大麥關稅，正式向中國提出抗議，澳洲政府還直接撕爛了他們和中國簽署的一帶一路協議。中國大使館想當然耳七竅生煙、指控坎培拉當局「無理挑釁」，但就如同某個澳洲戰略分析師指出的：「**他們再也不能對澳洲怎麼樣了**，當你一使出渾身解數來對付別人，從戰略角度來看，澳洲政府就已經百無禁忌、他媽的想怎樣就怎樣了。」

澳洲總理莫里森也宣布國防預算大幅提高，在接下來十年間將升高四〇%，並聚焦於印太地區。他表示，澳洲必須準備好面對一個「更窮、更危險、更失序」的後疫情時代。澳洲也和美國及英國簽訂了國防協定，這將讓他們有史以來第一次能夠建造核動力潛艦，並著手重新活化其和日本、印度的區域性「中等強權」軍事夥伴關係，另外也參與討論如何拓展「五眼」（Five Eyes）情報蒐集聯盟扮演的角色，該聯盟由澳洲、加拿大、紐西蘭、英國、美國組成。

而在中國試圖破壞西方民主國家的假訊息作戰上，澳洲也採取更為強硬的立場，於中國強渡關山通過殘暴的《香港國安法》後，中止了他們和香港之間的引渡條例，並和聯合國共同發表聲明，拒絕承認中國在南中國海的主權宣稱。

同樣的，澳洲也採取行動對抗中國在太平洋地區的影響力，坎培拉當局在此擁有悠久的文化和政治連結，加強與太平洋島國的支援及互動，並提供新冠肺炎疫苗當作中國科興疫苗的替代方案。此外，澳洲還試圖阻止某間中國企業買下南太平洋地區最大的電信公司 Digicel Pacific。

澳洲對中國的反撲似乎也呼應了國內的輿論，二〇二一年，國際政策研究機構洛伊研究所（Lowy Institute）的年度民調便發現，澳洲民眾對北京當局的不滿急遽升高，使得中國晉升為澳洲人最不信任的國家，約有八四%的受訪者表示他們根本不信任，或不怎麼信任中國[5]。而當被問及衡量中國比較傾向國防威脅還是經濟夥伴時，有將近三分之二的受訪者認為其屬於威脅[6]。實在很難不做出中國是在「搬起石頭砸自己的腳」的結論，我們從世界另一頭波羅的海海岸的經驗中，更能看出這點。

面對北京制裁，瘋狂小國沒在怕

立陶宛很懂住在惡霸旁邊是什麼感覺，他們是前蘇聯國家中，第一個逃離瓦解蘇聯魔掌的，於一九九〇年便宣布獨立。而在普丁領導的俄羅斯之下，他們現在則有個愛咆哮、憤憤不平、嚇人的鄰居。因此，這個波羅的海小國和臺灣通力合作，向北京當局挺起歐洲其他地方（很遺憾的）都挺不直的腰桿，也可說不怎麼令人意外。

二〇二一年十一月，立陶宛政府准許臺灣在其首都維爾紐斯以「臺灣」名義設立代表處，在歐洲首開先河之後，也加入澳洲的行列，成為受北京制裁的對象。臺灣大多數其他的實質使館，正式名稱都使用首都「臺北」的名義，以免挑動中國的敏感神經，「駐立陶宛臺

5 請參見洛伊研究所二〇二二年的民調「全球強權信賴度調查」：https://poll.lowyinstitute.org/charts/trust-in-global-powers。

6 請參見洛伊研究所二〇二二年的民調「中國：經濟夥伴或國防威脅？」：https://poll.lowyinstitute.org/charts/china-economic-partner-or-security-threat。

灣代表處」當然也引發了北京當局預期中的暴怒。

中國外交部怒嗆此舉「在國際上製造惡劣先例」，並「敦促立方立即糾正錯誤」，中共黨報《環球時報》則稱立陶宛「這個瘋狂的小國內心充滿了地緣政治恐懼」，並警告「立陶宛終將因為它破壞國際規則的惡行而付出代價」。

中國隨即撤回駐維爾紐斯大使，還把立陶宛大使趕出北京，立陶宛駐中國大使館也被威脅電話灌爆，許多都瞄準當地的中國職員。二〇二一年十二月，立陶宛更直接撤回剩下所有外交官員，因為在北京當局要求他們交回外交身分證之後，人員的安危實在令人擔憂，中國也中止了通往立陶宛的鐵路運輸，並實施實質的貿易禁令。

立陶宛是個小國沒錯，北京當局這方面的判斷是正確的。他們的人口略少於三百萬，中國這個泱泱大國則是十四億人，立陶宛的經濟規模也僅為中國的兩百七十分之一，但他們可沒打算效仿這些年間許多更大國家採取的方式：卑躬屈膝的向北京尋求原諒。

立陶宛不僅加倍下注，看起來似乎還頗樂在其中，他們的外交部表示有興趣拓展和臺灣的經濟及文化合作，外交部長加布瑞里斯・藍柏吉斯（Gabrielius Landsbergis）更表示：「熱愛自由的人們應該互相照應。」並在中國試圖阻擋臺灣從世界各地取得新冠肺炎疫苗後，宣布捐贈兩萬劑AZ疫苗給臺灣。北京當局更是特別擔心藍柏吉斯這號人物，他是一九九〇年帶領立陶宛獨立的維陶塔斯・藍柏吉斯（Vytautas Landsbergis）之孫，此舉當年可說是加快了蘇聯的崩解。

立陶宛也退出了所謂的「17＋1組織」，這是個外交論壇，中國試圖透過該組織對東歐及中歐國家施加影響力，且此舉大多公認是為了分裂歐盟。立陶宛政府也鼓勵人民**丟掉中國製手機，並且不要去買新的**，其國家網路安全中心的報告表示，中國公司小米生產的某款高級手機，竟內建工具審查四百四十九個敏感詞彙，包括「解放西藏」、「臺灣獨立萬歲」、「民主運動」等，該清單還可以從中國遠端更新，並內建在手機的網頁瀏覽器之中，雖然在歐洲款式中這項功能已被關閉，但還是可以隨時遠端啟動。該報告也發現了某款華為手機的安全漏洞，使其非常容易遭到網路攻擊。

立陶宛政府也為了國安考量，在境內機場禁用中國製的行李掃描科技，並禁止華為參與電信基礎設施建設，另外，在立陶宛總統將其稱為國安風險後，他們也暫停了中國預定在克萊佩達（Klaipeda）的投資，這是立陶宛唯一的海港，也是北約軍隊重要的交通樞紐。

立陶宛國會也在由五分之三議員支持下，在所通過的不具約束力協議中，將中國對待新疆維吾爾人的方式稱為「種族滅絕」，且除了呼籲聯合國調查再教育營外，也建議歐盟委員會重新檢視與北京當局之間的關係。此外，還呼籲中國廢止《香港國安法》、讓獨立觀察員進入西藏、和達賴喇嘛展開對話，立陶宛正是世界上少數幾個依舊歡迎這位西藏精神領袖的國家之一。

早在臺灣使館的爭議發生之前，北京當局高壓的干預黑手就已經伸進了立陶宛，二〇一九年九月，立陶宛政府便曾向中國駐維爾紐斯大使館提出正式外交抗議，指控外交官員干擾該城支持香港民主運動的抗議。立陶宛外交部表示中國外交官在推擠抗議人士、試圖搶走他們手上的大聲公後，「破壞了公共秩序」。

那年稍晚，某個中國遊客在網路上張貼了一支影片，片中是她自己跑到立陶宛的獨立聖地十字架山（Hill of Crosses），並破壞了一根支持香港的十字架，讓立陶宛人為之驚駭。一併上傳的另一張照片中，則顯示某根十字架上寫了「願甴曱早日安息」，甴曱指的便是蟑螂，是對香港抗議人士的蔑稱。

十字架山位於立陶宛北部城市修雷（Šiauliai）附近，布滿了數萬座木製十字架、雕像、玫瑰經，當地人將其視為信仰、希望、自由的象徵，從許多方面看來，此地都代表著立陶宛各式戰爭、起義、奮鬥的故事，而在這裡樹立十字架的傳統，據說可以追溯至一八三一年對抗俄羅斯帝國的起義。在蘇聯占領期間，執政當局曾多次試圖夷平此地，卻都失敗，十字架總會不斷重新立起，因此也很容易理解，可能由受中共愛國官宣驅策的中國遊客做出的破壞行為，為何會引發眾怒了。

立陶宛可說相當有本錢對北京當局不屑一顧，因為其和中國直接的貿易往來非常少，根據立陶宛經濟部長奧絲琳．雅莫奈特（Aušrin Armonait）的說法，**中國僅占立陶宛貿易出口總值的一%而已**，最嚴重的衝擊僅發生在那些仰賴中國製電子零件的公司身上。

報導指出，他們收到了內容幾乎完全雷同的信件，宣稱電力短缺導致無法如期交付訂單。北京當局也採取其他間接方式對立陶宛施壓，要求跨國公司切斷和立陶宛的關係，不然在中國的生意就會做不下去。此舉代表北京當局在運用經濟脅迫上，已經更上一層樓，實際上規定了在中國營運的公司，所能夠取得原料的來源。

作為回應，立陶宛外交部長藍柏吉斯則訴諸歐盟的支持，他在某封寫給歐盟委員會的信中寫道：「為了向中國傳遞訊息，表達由政治驅動的經濟施壓是不被允許，也不會受到容忍的，必須在歐盟層級上做出強烈的回應。」

老大哥扳不倒的國家們

澳洲和立陶宛位於地球相反的兩側，一個是太平洋地區的中等強權，另一個則是規模雖小，卻勇氣可嘉的歐洲國家，同時是歐盟及北約的會員國。兩國態度都非常強硬，這或許也是為什麼，中共想拿他們殺雞儆猴、懲罰他們竟然有膽跟中國作對，並向其他國家傳遞訊息：**在得罪北京之前，最好先三思而後行**。

但在撰寫本段時，澳洲和立陶宛兩國不僅立場依舊堅定，北京當局的戰略也走火燒到自己，立陶宛外交部長藍柏吉斯便表示：「有時候這正好會帶來完全相反的結果，壓力會提升國家的韌性，而非摧毀國家。」他也將自己的國家形容成「礦坑中的金絲雀[7]」（即初期預警之意），指的就是中國會如何向不願服從其意志的小國施壓。

川普政府時期的美國國防部東亞事務副助理部長海諾・柯林克（Heino Klinck），也使用過相同的比喻，他提到：「這不只跟澳洲有關，而是中國人已經決定，要是他們能逼澳洲人乖乖就範，就能向所有人傳遞訊息。」

二〇二二年二月，美國國務卿安東尼．布林肯出訪澳洲時，也表示澳洲為全世界「樹立了非常強大的典範」，比起在其他可能辱華者的心中激起恐懼，中國對待澳洲和立陶宛的方式，似乎反而喚起了批評的聲浪，並啟發其他國家，挺身對抗中國的脅迫。

反抗在中歐和東歐擴散，部分是因為中國在該區承諾的投資並未兌現，也因為中國的欺凌，喚醒了這些國家身為蘇聯前附庸國的冷戰歷史記憶。臺灣外交部長吳釗燮出訪斯洛伐克和捷克時便受到熱烈歡迎，他在雖然有些投機，卻確實捕捉到這種增長中情緒的聲明中表示：「中東歐國家歷經專制政權的束縛，如今堅持民主、自由、人權與法治等共同價值觀，這些與臺灣相同。」

而代表捷克參議院發言的議長米洛斯．維特齊（Milos Vystrcil）也呼應了這樣的情緒，表示：「從我們自身的歷史來看，**我們非常了解背後有一位老大哥的生活是什麼感覺。**」

斯洛維尼亞前總理亞內茲．楊薩（Janez Janša）則將中國對待立陶宛的方式，形容為「可怕」又「荒謬」，並宣布他的國家也正試圖強化和臺灣之間的外交連結。就連一度是北京當局在歐洲最為死忠捍衛者之一的希臘，態度也開始冷卻。雅典當局表示，二〇一六年時由中國國營公司中遠集團獲得控制權的比雷亞斯港（Piraeus）投資將會中止，且該公司還破壞了當地的海洋環境。

中國也試圖透過歐盟向立陶宛施壓，歐盟傳統上對抗北京的立場都頗為謹慎。然而，布魯塞爾當局的心態也正在改變，歐洲議會便因中國對新疆的壓迫，完全停止考慮某個和北京當局相關的大型投資案，此外還壓倒性通過了某項建議歐盟升級和臺灣連結的提案。「戰略自主」（Strategic autonomy）已成了布魯塞爾當局時下最流行的外交政策口號，意思就是降低對中國供應鏈的依賴、更嚴格審核境內投資，並更強硬的捍衛人權議題。

歐盟同時也提出了新的「反脅迫」法案，目的是要對抗非歐盟國家對歐盟成員國施加不當影響力，看起來似乎是為了捍衛立陶宛量身訂做的，該法案將賦予歐盟權力，可以對中國實施貿易或投資禁令。這對向來謹慎的歐盟官員來說，是很大的一步，且布魯塞爾當局前進的方向，可說已再明白不過了。

在歐盟國家中，德國更是特別小心翼翼，不願激怒北京當局，因為中國市場對德國製造商而言格外重要，特別是他們的車商。根據報導，德國車輛零件巨人馬牌輪胎（Continental）便名列受到中國施壓，要求其停止使用立陶宛生產零件的企業之一。德國大企業據說也回過頭向維爾紐斯當局施壓，要其讓步，德國—波羅的海商會（German-Baltic Chamber of

7 編按：十九世紀初的英國因礦場和礦災需要，礦工或搜救隊會帶著附氧氣筒的籠子，與籠子中的金絲雀一起進入礦坑。由於金絲雀比起人類，對於甲烷等有毒氣體更加敏感，因此在深坑中可以作為預警機制，當金絲雀出現異狀時，便知道有毒氣體濃度正在升高，必須暫停工作、撤出礦坑，以免發生窒息、昏迷等意外。

Commerce）表示若不照做，某些公司可能就必須撤出立陶宛。

然而，德國政府本身卻在世界衛生組織中，支持歐盟對中國提出的抗議，指控中國的不公平貿易行為。英國及美國，當然還有澳洲，也加入了整個諮詢過程。即便世界衛生組織的抗議流程可說慢到令人抓狂，但光是提出抗議這件事，便有著極大的象徵性。

彼時已出現一些謹慎的樂觀看法，認為德國在二〇二一年底上任的新政府，和先前的梅克爾當局相比，會對中國採取更強硬的立場，由社會民主黨、綠黨、自由民主黨組成的「紅綠燈」聯合政府，推選綠黨的共同黨魁安娜琳娜·貝爾伯克（Annalena Baerbock）擔任德國外交部長，她承諾會在德國的外交事務上，更為關注人權議題[8]。

根據大多數定義，外交都是種有捨有得的雙向過程，但在習近平統治的時代，中國外交官可不這麼看，他們嚴格遵守共產黨越發強硬的底線，看不見任何妥協的空間，並把規則和協議視為戰略讓步，需要時可以隨時拋棄，中國的外交也因此淪為所謂的「佯怒展示」。

彭博社的政治記者馬越（Peter Martin）在他研究「戰狼」外交的著作《中國戰狼外交》（*China's Civilian Army: The making of wolf warrior diplomacy*）中，便認為中國外交的特色「結合了憤怒和另一種常見的協商策略：堅稱維護雙方健全外交關係的責任，完全歸屬在另一方身上」。

如果想捍衛民主，就必須為其挺身而出

立陶宛和澳洲的例子，可說展示了中共最惡劣的欺壓和霸凌，在這些年間，大多數國家、企業、政治家、名人，都卑躬屈膝的在其脅迫面前乖乖遵守規則，而中國之所以愛霸凌別人，**是因為他們可以這麼做，也因為這很有效**，或至少從前有效。立陶宛和澳洲，因此堪稱某種全新自信的先鋒。

二〇二二年一月，立陶宛外交部長藍柏吉斯便和時任澳洲外交部長瑪麗斯．潘恩（Marise Payne）並肩站在坎培拉總督府中，打趣道他們現在是某個「獨家俱樂部」的會員。兩人也警告，如果共享相同價值的國家不去挑戰北京的脅迫之舉，那將會有更多國家遭到鎖定，藍柏吉斯本次造訪澳洲，便是為了在當地開設立陶宛第一間大使館。

而兩國承受北京當局憤怒的意願，也很可能成為全球反抗中國聲浪的轉捩點，在這兩個案例中，中共的所作所為都帶來了反效果，更進一步破壞了中國的國際地位，且立陶宛和澳

8 編按：截至二〇二三年六月，德國《明鏡週刊》（*Der Spiegel*）已披露的德國對中策略草案中表示，德國正在調整對中心態和戰略，將以人權作為德中關係核心，在維持與這個最大貿易夥伴的合作關係之際，更把中國視為系統性對抗的競爭者。德國外交部長貝爾伯克亦多次發表中國人權問題的批評，並於二〇二三年四月訪問中國，然柏林當局仍尚未提出明確的對中策略。

洲也都以各自的方式，提出了有關北京當局脅迫的警告，以及該如何應對的札實經驗。

二〇二一年八月，在墨爾本的拉籌伯大學（La Trobe University）舉辦的辯論中，澳洲前總理滕博爾表示北京當局試圖拿澳洲殺一儆百：「想大力懲罰我們，讓我們更聽話。」他認為該策略可說「完完全全、徹徹底底的適得其反」，並警告那些仍然支持積極與中國交流的人：「你只要交流，就會慢慢開始拍起馬屁，然後再拍更多馬屁，最後就需要逢迎諂媚了。」立陶宛則將自身經驗稱之為替歐洲同胞敲響了警鐘，其外交部副部長阿諾德斯．普蘭克維丘斯（Arnoldas Pranckevičius）表示：「如果你想捍衛民主，就必須**為其挺身而出**。」

中共總是先聲奪人指控西方民主國家——特別是美國——想要限制中國的崛起、防止他們在世界上獲得應得的地位，而立陶宛和澳洲的經驗，則顯示了問題並不在於中國的崛起，而是這種崛起的本質，以及北京當局運用其全新力量的方式。

全球對中國的反撲，並不是受中共總愛將其失敗歸咎其上的某種陰謀黑手指引，而是他們自作自受的後果。中共自己壓迫的黑手太過頭了，而習近平的深宮，可說是個傲慢自大、充斥不安全感的所在，且很可能已經抵達其權力顛峰。

中共接下來有很高機率，將面臨他們慣常希望發生在西方身上的那種腐敗和衰微，只不過在短期看來，這一切可能只會讓北京當局變得更加危險。

第15章 中國與中國共產黨的未來

「我們要大抓實戰化軍事訓練，加強指揮訓練和聯合訓練，加強檢驗性、對抗性訓練，提高練兵備戰質量和水平。」

——習近平，二〇一八年十月

二〇二一年秋天，全球領袖齊聚英國格拉斯哥，參與「不成功便成仁」的第二十六屆聯合國氣候變遷大會時，最引人注目的便是習近平的缺席。他人待在中國，當務之急是大量提升中國國內的煤炭產量及進口量，以解決嚴重的能源短缺，這次短缺堪稱是十年以來最嚴重的一次。

中國有半數省分都在限電、工廠停工，還會定期大停電，舊煤礦坑快速重回開採行列，現有礦坑的產量則繼續提高，中國也在世界各地搜刮煤炭，包括違反經濟制裁從北韓購買。

這場危機背後有多個原因，像是產煤區域發生水災等，但絕大部分都能追溯至其政策失當，從新冠肺炎疫情後一如既往依賴能源密集建造業及重工業的經濟反彈，到弄巧成拙的能源津貼。二〇二一年十月，中國的煤炭價格飆到歷史新高，和年初相比，漲幅高達二六〇%，隨後才在政府的干預之下下跌。

貴為綠能霸主，卻燃燒最多的煤炭

中國是世界上最大的汙染製造國，占二〇二一年全球溫室氣體排放量的二七%，**燒的煤炭比全世界加起來都還多**，他們不斷開設全新的燃煤發電廠，排放量年增的速度也比全世界省下來的更多，截至二〇二一年秋天，他們正在全國境內超過六十處興建新的燃煤發電廠。北京當局承諾他們的溫室氣體排放量在二〇三〇年以前就會開始下降，並在二〇六〇年以前達成碳中和，但是這類「碳排顛峰」承諾都缺乏細節，更多的是警告意味。

在格拉斯哥高峰會的準備階段時，習近平表示中國不會再資助國際上的燃煤發電廠，中國將其當成讓步，而焦急渴望北京當局合作跡象的西方，也熱切的如此接受。但事實根本不是這樣，相關建設早已乾涸，因為飆漲的煤炭價格及再生能源價格下跌，還有受資助者對於北京當局慷慨人情的擔憂。

中國是全世界的再生能源領袖，其生產的太陽能居全球之冠，並宣稱還有更大的野心，要再提高產量，他們也正試圖壟斷許多綠能科技的全球市場，話雖如此，他們卻依舊對煤炭上癮。二〇二一年，化石燃料占中國能源總消耗的八五％，煤炭則占其中的五七％，中國並沒有提供太多細節，說明他們想要怎麼戒掉煤炭的癮頭，這使得他們的氣候變遷承諾可說毫無意義。

北京當局的態度相當明確，他們把氣候變遷當成一種地緣政治工具，但美國的氣候特使約翰・凱瑞（John Kerry）卻希望這是一個全球共同擔心的獨立議題，並遠離棘手的雙邊緊張關係，中國外交部長王毅則叫他別想了，氣候合作是不可能和政治分開的，且美國應該「停止滿世界圍堵打壓中國」。

長久以來，中國都將他們在氣候變遷及北韓議題上的合作當成優勢和談判籌碼，以在其他地方取得讓步，或是削弱對其人權迫害和在世界各地其他作為的批評，不過他們從來沒有像這次這麼明目張膽過。

這更進一步證明了，中國並不是個可以認真以待的合作夥伴，中共不僅是各種規則和協議的連環破壞狂，而且還以一種狹隘的自私自利觀點處理各式議題，所有讓步都是策略性的，必要的時候一切都不算。

如同黨報《環球時報》所述：「中國已經公布了自己的氣候變遷路線圖，而且會按照自己的速度來。」而格拉斯哥的會議即將結束之時，中國代表也想方設法稀釋了最後的協定條文，將條文中同意的加速努力「逐步淘汰」煤炭使用，改為了「逐步減少」。

事實上，全世界確實唯有在中國付諸行動，減少其溫室氣體排放量的情況下，才能達成氣候變遷目標，但北京當局會用他們自己的方式，並以自己的速度達成，同時將自身經濟當成第一要務。但中國其實非常容易受氣候變遷及相關災害的影響，例如二〇二一年夏天侵襲河南省的災難性洪水，而這比起來自西方的壓力，或是想成為優質全球公民的一絲渴望，都還更能迫使其行動。

與此同時，習近平向格拉斯哥傳遞的訊息，便是：若要與美國和其盟友合作，就**必須按照他的條件，不然就拉倒**。

疫情、缺電與房市泡沫：受挫的經濟

在北京中南海的中共領導機關中，隨著黨在世界上大多數其他地區，都開始學習與病毒共存後，仍遵循著「清零」政策，也越發瀰漫著某種地堡氛圍。習近平自疫情爆發前就沒有離開過中國，並和新冠肺炎病毒玩起了日漸絕望的打地鼠遊戲。該政策在政治上和在公衛上一樣重要，「戰勝」病毒可說是習近平個人崇拜的關鍵原則。

期間，中國所有城市都展開封城，全國每日都只有傳出少數幾例病例。在某名遊客確診陽性後，整個上海迪士尼樂園超過三萬名遊客都被關在其中，所有人都必須檢測，陰性者才能獲准離園；某座城市的武警用手銬拉著頭部蓋住的違法者遊街示眾，他們脖子上還掛著告示，公審的情景令人不禁想起文化大革命。這種執法實在過於狂熱，導致在西安有名胸痛的男子，因為住在中度疫情風險的區域，而遭醫院拒絕收治，結果死於心臟病發；另外還有一名懷孕八個月的女子，也因為新冠肺炎檢測無效，醫院拒絕收治，而失去了她的孩子。

在關閉國境的情況下，習近平也試圖更進一步隔絕中國，遠離危險的外國想法和價值滲透，彷彿這些事物跟病毒一樣會傳染。二〇二一年十一月，這樣的隔絕結合對臺灣的武力恫嚇，竟引發了一場怪異的線上大恐慌。

在政府發給家家戶戶看似無害的指導，要大家準備好必需品過冬後，中國網路上竟瀰漫著**臺海即將開戰**的謠言。該通知很可能只是和新冠肺炎疫情爆發，以及發生中的電力短缺有關，但在中國社群媒體狂熱的世界中，解放軍已經出動了。

這樣的自我隔絕，正好發生在中共面臨一連串經濟問題之時，這激發了一個耐人尋味的可能性，即就算我們短期內無法見證中國的「碳排顛峰」，我們會不會正在見識顛峰中國的殞落呢？

中共有可能正面臨他們頻繁希望發生在西方身上的那種衰退，而就跟氣候變遷一樣，其影響可能既危機四伏又難以預測，中國所面臨的各式急遽成長問題，都和他們無法永續的經濟模式有關。

二〇二一年九月，中國的房產泡泡開始碎裂，深圳的地產開發商恆大集團已無力償還超過三千億美元的債務，這波崩潰也迅速蔓延至其他地產公司。根據某項估計，世界上欠債最多的地產開發商恆大集團，已收取超過一百六十萬間公寓的訂金，這些都是預售屋，政府只好派出鎮暴警察前往該公司的深圳總部外，以防屋主湧入，某個想辦法衝進公司大廳的民眾便怒吼道：「恆大，還我血汗錢！」

擔心錢拿不回來的國外債權人，則開始在恆大億萬富翁董事長許家印的個人資產上方盤旋，許家印擁有的超級遊艇 Event 號價值四千五百萬美元，讓香港黃金海岸遊艇俱樂部的其他船隻都望塵莫及，其照片彷彿永遠常駐在金融媒體版面上。調查記者也試圖深入許家印用來管理資產，層層疊疊的公司網路，發現包括至少三架總值兩億三千六百萬美元的私人噴射機，還有兩座位於香港太平山的豪宅，價值相加估計約兩億零四百萬美元。

許家印的人脈很廣，和香港大亨與北京的中共領導人都有往來，二〇二一年七月，他也和中共領導人一起慶祝建黨百年。二十年來瘋狂的建設潮，使中國境內的全新城市如雨後春筍般崛起，這全都建立在張狂的投機活動之上，是廣闊卻空蕩蕩的「鬼城」，有著所有都市生活外表特徵的大都會，卻**獨缺居民**。

根據某項估計，中國共擁有六千五百萬座閒置的公寓，**幾乎夠分給英國每個人一人一戶了**，即便這些年來有許多屋主真的都是買來自住，需求卻都是由投機分子所驅策，他們認為房價就只會一直往上漲，但現在投機分子逐漸退場，沒有足夠的年輕人可以買下所有的空公寓，而且還有另外幾百萬間還沒蓋好。

借錢給地產開發商和屋主的銀行也栽了跟斗。截至二〇二〇年底，根據中國銀行保險監督管理委員會主席，暨中國央行中國人民銀行黨委書記郭樹清的說法，銀行貸款中的房地產相關借貸占比竟高達驚人的三九%。他將房地產市場形容為「灰犀牛」，是個極為明顯，卻常遭忽略的威脅。他在做出這番評論後不久，中國立法機關便收緊了借貸法規，這導致恆大集團猛然出現問題，郭樹清原先希望他可以慢慢把泡泡的空氣擠出來，但有太多代價都維繫在這一線希望上了。

房地產是中國經濟的主要驅動力，房地產本身和相關商品及服務，占了中國將近三分之一的GDP，地方政府的收入也有很大一部分來自於把土地賣給房地產開發商，且因為中國晦澀難解的財政機器運轉的方式和其普遍運用，也早已出現針對地方政府隱藏債務的擔憂。根據某項估計，地方政府尚未支付的債務占中國GDP的四四%，但從來沒有人能真正確定，因為整個財政系統都非常的不透明。

房地產崩潰將會重挫中國的經濟，中共被這可能造成的不穩定性嚇壞了，希望他們可以蒙混過關、替企業紓困，並把賤賣的資產轉移到國有銀行和其他彈性較佳的實體上。但是，即便他們成功控制了空氣漏出泡泡的速度，經濟仍舊可能面臨多年的相對不景氣。從許多方面來說，中國房地產部門都可說是其更大範圍經濟的縮影，是個令人害怕的組合，結合了瞠目結舌的債務、缺乏公開透明、揮霍投資慘澹的報酬。

共同富裕的口號，嚇跑了外資、趕走外國人

房地產危機降臨之時，中共正鎖定中國某幾間最大的科技公司，約束其勢力及活動，包括電商巨人阿里巴巴、拼多多、TikTok背後的字節跳動、騰訊、計程車平臺滴滴出行，這導致企業家退下他們一手創立公司中的最高正式管理職。

從某種程度上來說，這次的突擊頗為令人費解，因為中共早已嚴格控制那些名義上私有的科技公司，他們代表黨在審查和監控上扮演要角，中共官方引用了新的數據保護和競爭法條，還有各種雜亂無章的新口號，像是「防止資本無序擴張」，以及培養「共同富裕」，後者大多公認是指縮小中國巨大貧富差距的努力。

相關鎮壓通常反覆無常、無法預測，也不走合法程序，原因基本上可以歸結到黨要確保更嚴格的控制，特別是針對科技及數據，還有更進一步將權力集中在習近平身上，像是電商大城杭州的某個前中共高官，就被驅逐出黨，並面臨貪汙指控，遭控和私人公司共謀，以支持其「無序擴張」。

習近平想要中國成為世界創新中心，然而，閹割了中國最生氣蓬勃的企業，怎麼看都不像是達成這個目標的最佳方式，尤其是中國現在離過往如此容易就能竊取、複製，或以其他方式取得的西方實用知識已越發隔絕。

二〇二一年，北京大學某份隨後遭禁的分析，便點出了中國面臨的挑戰，其中表示中國

「在多項細分技術領域發展迅猛，努力追趕世界先進水平，在部分細分領域取得領先優勢。然而，中國在一些細分領域的劣勢仍十分明顯，存在技術空白和『卡脖子』的現象」。如同我們先前所見，中國在晶片生產上就落後對手數年，儘管他們在人工智慧領域已大幅進步，**但他們唯一真正領先的領域，依舊只有監控**，這可說不怎麼令人意外。

這波鎮壓使這些科技公司的市值蒸發了數千億美元，並嚇壞了外國投資人，讓他們到處詢問現今中國是否「不宜投資」，二〇二一年十月，唯一一間仍在中國營運的西方大型社群網站領英（LinkedIn），也宣布他們將要撤出中國，只留下工作專用的網站版本，這間先前願意代表中共進行審查的公司現在表示：「我們在中國正面臨更嚴峻的營運環境，及必須更加服從的要求。」兩週後，雅虎（Yahoo!）同樣表示他們將撤出中國，並提及「越發艱困的商業和法律環境」。

西方企業有時看似願意忍受任何輕蔑，只為在神話般的中國市場中分一杯羹，而北京當局也從開放市場中榨取相當高昂的代價。但他們現在已必須更常面對緊張的地緣政治情勢、各種制裁和反制裁，以及一個配備各種全新國安、數據、網路法規的中共，這使其能夠從前門大搖大擺奪走以前只能從後門竊取的東西，而早已因新冠肺炎疫情封城面臨壓力的供應鏈，也因新疆強迫勞動的控訴，遭受更嚴格的審查。

此外，在中國最大的兩座城市中受聘的外國人數量也急遽下降，二〇一一年到二〇二一年這十年間，中國金融中心上海的外國人數量，已降低了二〇％，來到十六萬三千人左右；

北京的情況則更為嚴重，下降了四〇%，來到約六萬三千人。這個現象是好幾個因素造成的，且也有謠言指出，自從中國邊境因新冠肺炎疫情關閉後，外國人減少的速度又更快了。然而，背後更廣泛的原因，其實是**中國整體對於西方企業及外國人來說，已然成為一個更不歡迎他們的所在**。

香港從前還是個庇護所，是個擁有法治及言論自由之地，這座庇護之島可以遠離在中國大陸做生意的紛擾及艱難。但現在「一國兩制」已名存實亡，中共在香港積極圍捕批評者的程度不亞於在中國本土，因此外國人也正大量出走。二〇二一年五月，美國商會（American Chamber of Commerce）的調查便發現，有四二%的受訪者都在考慮離開香港。

而長期挑戰也正在浮現。中國社會正快速邁向高齡化，且沒有任何跡象顯示中共有在想辦法控制即將逼近的人口危機，中國的情況比世界上其他地方都更為嚴重，很大一部分也都是自食惡果。二〇一五年至二〇二〇年間，中國三十歲以下女性的生育數降低了五成，來到將近六十年來的最低點，**二〇二一年的全國新生兒人數比一九六一年還低，當時的大躍進甚至造成了大規模饑荒和死亡**。

中國的人口預計將於二〇二二年起開始下滑，且二〇一五年到二〇二二年間，中國的結婚人數也直接砍半，這代表未來將出現極低的生育率，而這大多是來自其殘暴家庭計畫政策的遺緒，同時使得性別平衡大幅倒向男性。一胎化政策現在雖已廢除，但這對提高生育率並沒有任何幫助，因為女性現在大多選擇不要生那麼多小孩。

根據某些估計，到了二十一世紀中葉，中國將會有多達三分之一的人口超過六十五歲。中共堅稱他們可以運用創新方式度過這次危機，並脫離勞力密集的經濟體系，但其他人看見的則是前方的大災難，包括其經濟成長、無法負荷的醫療體系，和資金匱乏的退休金制度。

在許多中國人眼中，中共統治的正當性在於其促進經濟進步和穩定的能力，如果情況真是如此，那麼習近平的人生可能會更加難過，因為他在無情的上位過程中樹敵無數、各種整肅異己，而其中許多都打著反貪腐的大旗。

二〇二一年，在預計如橡皮圖章般，通過讓他終生掌權的中共重要會議之前，習近平便鎖定了國內的國安機關，遭到整肅者之中，不乏各種高級官員，還包括一名前副總理，而他在習近平掌權初期，還曾替他幹盡壞事。

習近平也在全球各地揮霍中國的軟實力，二〇二一年夏初，美國智庫皮尤研究中心在針對十七個先進經濟體進行的某項調查中，便發現幾乎所有對象對中國及習近平抱持的負面評價，都來到或接近歷史高點。

而在許多接受中國一帶一路計畫投資的國家中，情緒也都越來越不快。老實說，中國一直以來都不太受到喜愛，這些關係主要都是公事公辦，「無條件」金援表面上的慷慨，到頭來還真的什麼都沒拿到。

跳票的一帶一路，引起的怨言不只一點

二〇二一年底好幾個星期的時間中，抗議人士都擠滿了巴基斯坦海港城市瓜達爾的街頭，吆喝著：「給瓜達爾權利！（Gwadar ko haq do!）」他們擋住了通往城市的道路、焚燒輪胎，還威脅要封鎖這座中國擁有、越來越像軍事複合設施的港口。抗議人士要求停止摧殘當地漁業的非法拖網捕魚，並表示他們根本沒有得到北京當局當初承諾的水源、電力、其他基礎必需資源，他們同時也要求撤除嚴格的安檢，包括數個檢查站在內，這嚴重干擾了日常生活。

這座城市之所以逐漸軍事化，是因為一系列針對中國在巴基斯坦人員及資產的恐怖攻擊，其中包括一起巴士爆炸案，共造成九名在當地進行水壩計畫的中國工程師喪生，以及一起旅館爆炸案，當時中國大使正住在其中。瓜達爾所在的巴魯支斯坦省，長期以來都醞釀著分離主義運動，且不時傳出暴力衝突，叛軍將中國在此漸增的影響力，視為對巴魯支身分的威脅。

中國國營之中國海外港口控股公司擁有四十年租約的瓜達爾港，除了受吹捧為下一個新加坡之外，還如同當地港務局的形容，是「巴基斯坦自獨立以來最大的基礎建設計畫[1]」，其占據了阿拉伯海重要的戰略位置，對岸是阿曼，鄰近波斯灣出口，同時也是中國在巴基斯坦投資的中心。

這些投資統稱「中巴經濟走廊」，中國在上面砸了好幾十億美元，屬於北京當局一帶一路計畫的一部分，其中經過巴基斯坦的油氣管、公路、鐵路，將讓中國擁有另一個出海口。二〇二二年初，中國還向巴基斯坦施壓，想要隔開整片區域，並將其變成高度維安區，但伊斯蘭馬巴德當局至今都拒絕這項要求，因為擔心這會使巴魯支人更加憤怒。

瓜達爾只不過是中國一帶一路計畫碰壁的最近一例而已。如同我們先前所見，他們在緬甸通往海上的經濟「走廊」，也因當地越演越烈的內戰蒙上陰影；而北京當局在剛果的鋰礦利益，也遭到暴力抗議人士鎖定。其中擔憂更因中共根深柢固的鎮壓、威嚇、霸凌習慣加劇，還有各式貪腐的跡象，各國開始漸漸發覺，一帶一路這些不透明計畫的主要目的，都是要為中國企業及員工帶來利益，並進一步促進北京當局的地緣政治利益。

而在許多案例中，例如在東歐及希臘，憤怒則是源自北京當局無法兌現承諾，如同某個先前支持中國購買希臘港口比雷亞斯港的受挫工會領袖所言：「**他們根本沒在這花半毛錢，就連他們要換路燈，都是直接從中國運過來。**」

一帶一路計畫永遠不可能達成原先吹得天花亂墜的承諾，這個一度受到大肆宣揚，用於進行地緣政治工程，及大幅累積影響力的野心勃勃工具，現在看起來只不過是個好高騖遠的

1 請參見瓜達爾港務局網站：http://www.gwadarport.gov.pk/home.aspx。

傲慢之舉罷了。

中共走上這條新絲路的長征，在各式不穩定的地區，創造出了一個複雜的利益及資產網路，他們幾乎無力維持，即便北京當局試圖將其慷慨餽贈的邊界傳播得又遠又廣，他們依然總是在最為獨裁和貪婪的政權身旁，才能感到舒適。不過溺愛這些暴徒和惡棍，仍存在其風險，特別是當你想把錢拿回來的時候。

根據美國智庫全球發展中心（Center for Global Development）的某份研究，約有二十三個參與一帶一路計畫的國家「對於債務危機極度或高度脆弱」。二〇二一年末，習近平也宣布未來三年內，對非洲的資助將減少三分之一，其實中國在世界各地的借貸早已開始縮減，因為其客戶面臨的債務壓力，由於新冠肺炎疫情導致的經濟衰退餘波更為惡化。

要精確計算中國在全球的借貸總額可說十分困難，因為相關數據皆頗為隱密，官方公布的數字也需要謹慎看待。二〇二一年九月，研究機構 AidData 在全球一百六十五個國家間，統計出總值八千四百三十億美元的一萬三千四百二十七項計畫，時間跨度為十八年，範圍遍及世界所有主要區域。

中國的借貸時常會從「債務陷阱外交」（debt-trap diplomacy）的觀點分析，即北京當局利用債務獲取影響力和控制的能力。然而，債務其實是把雙面刃，且總額牽連如此廣大，因而對中國及其過度緊繃的銀行來說，問題可能跟那些向他們借錢的國家一樣大。北京當局沒有任何處理國際債務危機的經驗，如果他們到時試圖強加苛刻的條件，或奪取承諾當成擔保的資產，不僅可能會重創和他們借錢的國家，也可能會更進一步破壞中國的地位。

中國也以國債的形式，持有一兆零六百億美元左右的美國國債，約占外國持有比例一五%，也曾有建議表示，要是中方和華府當局之間情勢進一步升溫，可以將其當成武器：如果北京當局開始大量出售美國國債，很可能將會造成美元瘋狂貶值，並使美國借貸的成本提高。

然而，這麼做也將導致國際金融體系大震盪，回過頭來也會對中國帶來嚴重損害，尤其是那些提供給一帶一路國家的鉅額貸款。這一切都為北京當局強調了一個更嚴重的議題：**不管中國再怎麼憤慨，美元仍是國際金融體系的中樞**，而北京當局自己也身陷這個體系之中，並且高度依賴於此。

此處又有另一個將會影響中國奪取領土野心的悖論，過去三十年間，中國大規模擴張及現代化其軍隊，主要目的便是要攻下臺灣，並威嚇美國的干預；然而，在同一段時間內，中國也成了世界上最大的債權人，完完全全嵌入世界經濟體系之中。如果臺海真的開戰，北京當局將曝露在肯定會隨之而來的全球經濟體系大震盪之下，更不要說之後西方各國為了回應中國的侵略，將會進行的各種懲罰性經濟制裁。

習近平的中國夢，歷史上已有前車之鑑

中共本身已成了好戰國族主義的工具，而這種國族主義，則是圍繞著習近平的個人崇拜展開，他最愛自吹自擂的「中國夢」，便是種沙文主義的願景，旨在恢復中國遭竊的偉大，並以不滿及受害者情節為基礎，可以追溯至幾乎如神話般虛構的時代，當時中國的霸權可說是萬物的自然秩序。

這同時也是種擴張的意識形態，要遵從宿命，並由一種黑暗又偏執的世界觀補充，**在每個轉角都會看見敵人及其陰謀，且把所有批評都當成對國家尊嚴的汙衊**，我們在本書中探討的諸多例子，背後都是這樣的心態在作祟。

習近平統治下的中國，可說在在讓人想起希特勒的德國，尤其是令人膽寒的新疆「再教育營」，這是自納粹以來針對單一民族最大規模的集體監禁，不過更為精準的對比，應該是一戰爆發前的德意志皇帝威廉二世（Kaiser Wilhelm II）。

威廉二世親自監督他的國家在經濟及軍事實力上的迅速崛起，並試圖透過併吞殖民地和德意志帝國的擴張，將這種崛起轉換成全球政治影響力。一九一一年，他在漢堡的某場演講中表示：「沒人能跟我們爭論，最棒的位置應該屬於我們。」三年後，第一次世界大戰便於歐洲爆發。

這個願景可以追溯至國家理應強盛的時代，並由嚴重的偏執及憤恨，認為德國理所當然

的崛起，卻受到外國勢力阻止等思想補充。威廉二世因為世界不願屈服於他的意志而受挫，並相信德國受到充滿敵意的勢力包圍，想方設法要阻撓他的野心。然而，就像當代的中國一樣，這些包圍都只存在威廉二世的幻想之中，疏遠及警告其鄰國的，其實是他的軍力建立、帝國野心、增長的經濟實力，於是他們只好採取反制措施。

對於一戰爆發的精確原因，歷史學家已仔細研究，但還有一點，是因為威廉二世感到壓力，必須在德國還相對強盛時，運用他現代化的軍隊，發動一場先發制人的戰爭，他擔心到了一九二〇年代，歐洲的權力平衡焦點將會自柏林移開。

而北京的戰略分析師也做出了頗為類似的分析，他們自認遭到包圍的偏執，在中國的海上邊境尤為嚴重，特別是在南中國海附近，中國最明顯的「爆發點」便是臺灣。北京當局將其視為自身擁有歷史權利的領土，且同時在戰略上極度重要，如此才能接觸到海洋，並掌控貿易路線。中國的軍力建立及軍事現代化，正是在此區域最為密集，不過西方強權也做出回應，除了加強其存在感之外，也鞏固和重新活化了區域結盟，並強化臺灣的防衛。

中國相對的軍力優勢並不會持續，而習近平就像威廉二世一樣，正感受到壓力，要在遭到反制之前，運用他手上的軍事優勢，他同時也深知他每拖一年，臺灣就會離他的手掌心越來越遠。

各方長久以來都認為北京當局很有耐心，時常會將中共掌權一百週年的二〇四九年，當成「統一」的預定期限，但習近平把這個目標變得更為迫切，讓「收復」臺灣成為民族復興

「中國夢」的重點。

習近平在某次前往監控南中國海情況的解放軍南部戰區時，便表示：「要強化使命擔當……集中精力推進備戰打仗工作……我們要大抓實戰化軍事訓練，加強指揮訓練和聯合訓練，加強檢驗性、對抗性訓練，提高練兵備戰質量和水平。」

習近平身邊有許多人都認為，衰退中的美國沒有意願與中國一戰，所以現在正是時候羞辱美國，並確立中國出類拔萃區域強權的地位。不過，北京那些腦袋清醒的人，也了解如果嘗試進行這麼一個，對黨的身分認同如此重要的計畫，結果卻失敗了，那將會宣告習近平的末日，且很有可能會是黨本身的末日。如同先前的威廉二世，越發孤立隔絕的習近平，可能會過度高估自己的能力，無法做出明智的政治判斷。

當戰略模糊不管用，世界怎麼防禦中國

在中國入侵，甚至只是封鎖的面前，實在很難想像西方民主國家會這麼拋下臺灣。防衛臺灣的議題，已經成了美國外交政策擬訂中非常關鍵的事項，目前有越來越多人認為，「戰略模糊」甚至是「一中政策」本身都已經過時了，且比起讓北京當局猜測，一個更為明確的安全保證，可能會有更強的威嚇效果。不少人都接受，若放任臺灣遭中國吞噬，不僅對民主價值來說是個沉重的打擊，也可能會無可逆轉的改變全球權力平衡。

美國在其不斷演進的戰略中，也正加進更多彈性，二〇二一年十月，美國政府公開宣布有一小群美軍教官正派駐臺灣，便是其中一個跡象。如同我們先前所見，在加強臺灣的防禦上，也匯集了更多想法，當前目標已不是試著變得和中國勢均力敵，而是透過不對稱作戰，包括各種小型、低成本，卻同樣致命的裝備，從武裝無人機，到機動式海防巡弋飛彈和智慧地雷等，都會讓開戰代價大幅提高，因此也被稱為「豪豬戰略」。

重新活化、聚焦在對抗中國上的區域結盟，包括集結日本、澳洲、印度、美國的「四方安全對話」，以及由英國、美國、澳洲、加拿大、紐西蘭組成的「五眼」情報蒐集網路。此外，全新的AUKUS協定，不僅會將美國和英國的核潛艦技術傳授給澳洲，還承諾三國將在戰略科技上攜手合作，包括量子電腦及人工智慧。而數十年來先是對抗蘇聯，現在則對抗俄羅斯的北約組織，也正將其焦點轉往中國。

四方安全對話可能會成為一個組織鬆散、不斷變化的聯盟核心，讓其他國家在需求出現及利益受影響時參與，在印太地區廣受歡迎的AUKUS協定，未來也有可能擴張。這種更具彈性的架構，在對抗中國以及鼓勵更多亞洲國家積極參與上，可能會是個更有效的方式，因為這些國家對組織死板的大型聯盟較有戒心，而西方軍隊在該區域的巡邏也已變得更為頻繁。根據報導，美國也正重新調整其架構，分散此區的某些兵力，以便降低反應時間。

二〇二二年初，拜登當局正為印太地區準備一個更為廣泛的全新經濟策略，目的便是要和友好國家在各類議題上密切合作，包括數位貿易、供應鏈、綠色科技等，而G7組織也推出了價值數十億美元的國際投資基金，旨在對抗北京當局在低所得國家的經濟影響力[2]。

歐盟和英國也宣布了目的類似的不同資金，英國外交大臣特拉斯表示，該資金將以高標準的公開透明、清楚產權、個人自由運作：「這將協助那些國家獲得他們所須的基礎設施及其他資金，並以一種不須附帶條件，也不會有來自其他不明來源資金的方式發展。」她這番言論幾乎毫不遮掩，就是在暗酸中國的一帶一路計畫。

即便目前還言之過早，無法判斷這些措施的實質意義、會帶來多少資金、又有多少成效。然而，這依然證明了要對中國展開反擊，需要的不只是加強軍事結盟而已，且如同我們先前所見，日本可說是這方面的典範。

中國看似高大無比，但也有弱點

二〇二一年底，國際女子網球協會（Women’s Tennis Association）在中國網球明星彭帥指控某退休中共領導人性侵，本人也接著人間蒸發之後，暫停了在中國舉辦，能夠帶來龐大經濟效益的錦標賽。其主席史蒂夫．西蒙（Steve Simon）表示：「這比生意還更重大，女性需要受到尊重，不該遭到噤聲。」小威廉絲（Serena Williams）、諾瓦克．喬科維奇（Novak Djokovic）、安迪．莫瑞（Andy Murray）、大坂直美等網球明星，也發聲支持彭帥。

二〇二一年十一月，彭帥在她的微博貼文中，指控前中國副總理，暨中國最高級領導團體──中共中央政治局常務委員會──排名第七的委員張高麗，性侵了她。該則貼文在二十分鐘內遭到審查下架，彭帥的帳號也遭到封鎖，而中共審查機關在孤注一擲的滅火嘗試中，甚至還將「網球」加進了敏感詞彙清單中。

後來超過兩個星期的時間，彭帥完全無聲無息，彷彿人間蒸發。接著中共官媒發布了一封電子郵件的截圖，其中甚至看得到螢幕上的游標，聲稱是彭帥寫給西蒙的信，她在信中表示自己安全無虞，且她先前的性侵指控是錯誤的。西蒙則認為，這只會令人更加擔心，他提到：「我幾乎無法相信彭帥真的寫了這封我們收到的電郵，也不相信聲稱代表她的說法。」

他同時也質疑了後續一系列彭帥擺拍照片及影片的可信度。二〇二二年北京冬奧期間，彭帥在和法國運動雜誌《隊報》（*L'Équipe*）一場受到嚴密控制的訪談中，表示一切都是場「天大的誤會」，而她也和國際奧會主席湯瑪斯·巴赫（Thomas Bach）見面，但巴赫遭控已淪為中共官宣的道具，只要彭帥還待在中國一天，就極不可能獲准和外界自由交流。

在對抗中共上，網球界可說展現了應對中國時，某種極為罕見的特質，即一種風骨，一種**願意將關心人權擺在前頭，而非注重有利可圖中國市場的意願**。這真是個非凡的時刻，因

2 有關「重建美好世界夥伴關係」（Build Back Better World Partnership）的細節，請參見白宮網站二〇二一年六月十二日的簡介：https://www.whitehouse.gov/briefing-room/statements-releases/2021/06/12/fact-sheet-president-biden-and-g7-leaders-launch-build-back-better-world-b3w-partnership/。

為對中共來說，他們已經如此習慣霸凌來中國做生意的人，這次似乎是真的被嚇到了，並且苦苦掙扎、無法做出回應。那些擺拍的影片相當劣質又業餘，其中一部還能聽到有個聲音在下指令，這讓中共看起來與影片本身同等的惡劣又荒謬。

學校老師會告訴你，惡霸之所以霸凌別人，是因為他們覺得**自己躲得過懲罰**，其目標通常是那些他們認為比較弱的對象，安撫只會讓他們變本加厲而已。有時，惡霸們只是在尋求關注、試著讓自己感覺起來更重要，霸凌同時也可能是個缺乏安全感的症狀。

而對付惡霸的戰略，包括為自己挺身而出、認清自己的價值、盡可能避開惡霸、和朋友同心協力，當成威嚇手段。對教育工作者而言，以上只是遊樂場上的某些基本原則而已；不過對政策制定者來說，從這裡開始思考怎麼對付中國，也不失是個不錯的起點。

就跟所有惡霸一樣，獨裁政權也擅於炫耀他們自以為擁有的力量，並隱藏他們的弱點。在美蘇冷戰高峰期，擔任美國國防部長的詹姆斯・斯勒辛格（James Schlesinger），便告誡眾人注意他所謂的「十呎高症候群」（ten-foot-tall syndrome），即傾向誇大他們蘇聯對手的力量和智慧，卻沒有適當考量其弱點的表現。

中國是個嚴重的全球威脅沒錯，或許連當年的蘇聯都未曾達到這種程度，但中共仍有弱點，他們並沒有十呎那麼高，還差得遠呢，他們正面臨各種浮現中的挑戰，且有很大一部分都是自食惡果。

團結一致的西方，是習近平一手催生的

數十年來，西方民主國家都展現非常大的容忍，當然他們也很容易受騙，同時還很貪婪。就算在各種證據出現，證明事實恰恰相反時，他們仍幾乎無視一切、相信中國的崛起是良善的，習近平長久以來也都指控西方——特別是華府當局——試圖「限制」中國。直到最近以前，這都還是個頗荒謬的指控，西方可說協助甚至慫恿了中國的崛起，是中共自己的所作所為，讓他們變成西方之敵，或至少，成為了其對手。

古老的冷戰術語「圍堵」，在西方戰略分析師探討各種阻止中國擴張及擴大影響力的方法時，又再度重回流行。如同先前所見，中國的好高騖遠為其帶來了數個弱點，回過頭來，這也應該為我們提供了反抗的機會——如果世界上的自由民主國家和那些有志一同者，願意且也有足夠的信心，想要維護自身利益的話。

不久之前，習近平還在吹噓要創造一個以中國為中心的全新世界秩序，諷刺之處則在於，在他的壓迫和侵略之下，他可說為舊的世界秩序添進了新的生機，迫使西方國家團結在一起，並促使其他聯盟和倡議的誕生，目的就是為了對抗北京當局。

不過習近平某些更為敏銳的同事，並沒有忽視中國的弱點。二〇二一年十二月，中國前駐美大使崔天凱在北京的某場研討會中，便狠嗆了「戰狼」外交一頓，他表示：「原則上，不打無準備之仗，不打無把握之仗，不打賭氣仗，不打消耗仗。人民的每一點利益都來之不

易，我們絕不能讓任何人掠奪，也絕不能因為我們自己的大意、懈怠和無能，使之遭受損失。」這番言論令人印象深刻之處，除了內容之外，也在於他有膽公開這麼說。

威廉二世的野心在一戰時達到最高峰，而有某些學者認為，從歷史上看來，在一個已經坐穩地位的強權及一個剛崛起的強權之間，總是有非常高的開戰風險，但這種假設實在太過於宿命論了。如先前所見，問題並不是中國崛起這項事實，而是在於其崛起的本質，以及北京當局運用其全新力量的方式。

臺灣海峽的未來正面臨危機，不過對抗中國卻不會只回到軍事威嚇一事上，過去超過三十年間，北京當局便以各種不到戰爭等級的方式，逐漸侵蝕西方強權，而從許多方面上看來，雙方現在可謂角色對調：中國如今是個坐穩地位的強權，一個過度擴張、傲慢自大的強權，且在他們當初處於弱勢時如此擅於運用的那種「其他形式戰爭」面前，可說已變得極其脆弱。

上一次冷戰期間的其中一份重要文件，也就是所謂的「長電報」（long telegram），由時任美國外交官喬治．肯楠（George Kenman）所撰寫，他同時也是圍堵政策的發明者。一九四六年，擔任美國駐莫斯科大使館副館長的肯楠，將這封著名電報發給華府當局，解釋為什麼不能和蘇聯建立承平時期的一般關係，當時華府內部有許多人，還在苦苦試圖理解他們戰時盟友史達林的動機和行為。

現今在西方各政府中，對於習近平的行為也出現類似的困惑不解，而在重新閱讀肯楠當年的電報後，對於他有關史達林統治下蘇聯的許多觀察，竟都能套用到今日習近平統治下的中國上，實在令人相當驚豔。

肯楠當時寫道，克里姆林宮「神經質的世界觀」、其不安全感、其對西方「邪惡、敵對、凶惡」的看法，他還描述了一種瀰漫祕密陰謀的氛圍，以及對客觀事實的輕蔑，並警告道：「**我們的第一步必須是先理解，並認清我們要面對的活動，其本質究竟為何。**」

這一點，在面對今日的中國時，可說就跟肯楠當年發想應對蘇聯的政策時一樣基本。

結語

烏俄戰爭的悠長陰影：我與臺灣外交部長的訪談

「我們都身在對抗威權擴張的前線……這裡的反應非常強烈，因為烏克蘭的經驗值得臺灣借鏡。」

——臺灣外交部長吳釗燮，二〇二二年五月與作者之訪談

世界上沒有其他地方，比臺灣更密切關注俄羅斯入侵烏克蘭了，即使烏克蘭可能距離臺灣有半個世界那麼遠，但在二〇二二年初的幾個月間，兩國似乎令人膽寒的接近。一名憤憤不平又充滿侵略性的獨裁者，試圖摧毀他的民主鄰居，對臺灣而言可說是一記警鐘，而烏克蘭人民的韌性和勇氣，則帶來了啟發。

在俄軍坦克開進烏克蘭之際，臺灣也馬上讓國軍高度戒備，並匆忙趕製一本《全民國防手冊》，詳細說明如何透過智慧型手機應用程式，尋找防空避難所和飲水供應，以及準備急救包的技巧。

二〇二二年五月，我在臺灣首都臺北和其外交部長吳釗燮會面時，他這麼告訴我：「我

們都身在對抗威權擴張的前線，這裡的反應非常強烈，因為烏克蘭的經驗值得臺灣借鏡。」

臺北的各式建築物，包括指標性的臺北一〇一摩天大樓，都點起了象徵烏克蘭國旗的藍黃燈光，憤怒的抗議人士也聚集在俄國駐臺北代表處外。臺灣除了加入對莫斯科當局的經濟制裁外，也很快募集了三千三百萬美元援助烏克蘭難民，臺灣總統蔡英文更捐出了她一個月的薪水。

我和吳釗燮見面時，中國正好在臺灣東海岸大規模軍演，並派出他們的航空母艦遼寧號，吳釗燮表示：「他們不斷在那裡繞圈圈，兩個星期都沒停過，威脅意味非常濃厚。」

烏俄戰爭的警告：阿共真的會打來

對許多臺灣人來說，中國的灰色地帶戰略，即其軍事威嚇、經濟施壓、假訊息及網路攻擊工具包，已然成了背景噪音，是種他們已經習慣的事物，反正**習近平永遠不會真的打過來。然而，很多人當初也是這樣說普丁的**。

吳釗燮表示：「極權體系中做決定的方式，尤其在高度獨裁的中國，有可能會變得極度危險。」烏克蘭便是個赤裸裸的警告，顯示獨裁政府有自己的動能，特別是當他們是由近乎救世主式、想要復興國家偉大的願景所驅策時。

烏俄戰爭加速了臺灣的努力，重新思考自身的防禦，並採用「豪豬戰略」，也就是不對稱作戰的宗旨，目的便是要讓規模更大，看似也力量更強的對手受挫。如同我們先前所見，豪豬使用的工具是具備高度韌性的小型機動武器系統，從無人機到智慧地雷及精準飛彈。

對吳釗燮來說，烏克蘭阻擋莫斯科當局攻下基輔的嘗試，以及擊沉了黑海艦隊旗艦「莫斯科號」（Moskva），都是這項戰略實際應用的例子，他提醒目前烏俄戰爭雖才方興未艾，**但基輔當局的戰略，活脫脫就是出自豪豬戰略的教科書：「我們可以向他們學習，怎麼在一個軍事強權面前捍衛自己。」**

而他也對烏克蘭集合全球結盟援助的能力，以及該結盟能夠目標一致、展開史無前例的制裁，感到相當驚訝，並因此受到鼓勵，表示：「這在中國要是想攻擊臺灣的情況下，對臺灣是件好事，我們希望全球民主國家也能團結一心，回應中國的侵略，國際社會正在密切關注臺灣。」

臺灣的訊息：你不能併吞我

全臺灣和「豪豬戰略」最相關的人，便是李喜明二級上將，雖然他並不是這麼形容這種戰略的。「我不喜歡這個詞，我從來不會這樣講。」他這麼告訴我。在我們身後，豪雨一邊咚咚敲擊著高窗，創造出一幅模糊霓虹和閃爍車頭燈交錯的景象，就像電影《銀翼殺手》（*Blade Runner*）裡的場景。

李喜明將他的策略稱為「整體防衛構想」，這是他在二〇一七年至二〇一九年擔任參謀總長期間發想出來的，他告訴我：「你知道的，概念幾乎和烏克蘭現在做的事一樣，你應該要重新定義什麼叫打勝仗，不要試著在戰場上完全摧毀敵人，只要讓敵人任務失敗就好了。如果你非常堅定，並讓敵人相信根本不可能奪下臺灣，那你就安全了。」

李喜明了解，臺灣永遠不可能趕上中國龐大的軍費開銷，或是解放軍在大型武器系統上的數量優勢，且彼此的差距還越拉越大。二〇二二年，臺灣的國防預算為一百六十八億美元，北京當局的軍費預算則是兩千八百七十八億美元[1]。

臺灣必須更聰明才行，李喜明試圖結合臺灣島的天然地理優勢及小型、致命、高度機動性的武器，包括部署在小型漁港、配備刺針飛彈的小型飛彈突擊快艇艦隊，他們易於隱匿行跡，且對長程飛彈系統免疫，他表示：「你必須建立具高度存活力的系統，所以你需要大量的小型機動式精準武器。」

「整體防衛構想」是透過拒止來進行威嚇的活動，傳遞一個簡單明瞭的訊息：「**你不能征服我，不能奪下臺灣……你不能併吞我。**」目的便是要透過大幅提升中國所有入侵嘗試的成本，來讓這座小島變得「無法消化」，然而，國軍一開始卻不太買單這樣的想法：「所有軍官都想要有大玩具，因為這是軍事力量的象徵。」但現在，李喜明則感覺自己獲得公道了：「人家問我誰會從烏俄戰爭獲益時，我會開玩笑說：『就是我。』因為我多年前的論點曾遭到不少批評。」

李喜明起初也不覺得俄國會入侵烏克蘭：「因為這是個非理性決策，對俄國沒有好處……但是我錯了。」而他也和吳釗燮相同，將之當成一個警告：「這合不合理並不重要……所以**對臺灣的教訓就是，不要以為這裡不可能會開戰**。」

俄國入侵烏克蘭三個月後，「整體防衛構想」已躍居臺灣國防建置的主流意見，烏俄戰爭距離結束還很遙遠，俄國看似要將其輾磨般的攻擊，重新聚焦在更為特定的目標上，即奪取烏克蘭東部的頓巴斯（Donbas）地區。不過，臺灣戰略分析師仍在其中看見類比及機會，臺灣國防部智庫國防安全研究院的研究員蘇紫雲便表示：「臺灣海峽，其實是中國軍隊的重要幹道，他們在這裡最為脆弱。」

對蘇紫雲而言，這就像是在通往基輔的重要幹道上，俄軍於沿線遭到擊退，雖然對為了攻下臺灣，而必須派出的多達兩百萬解放軍巨型入侵部隊來說，情況可能甚至會更加凶險，但蘇紫雲告訴我：「這就是我們的機會，首先會有反艦飛彈，再來是海上地雷，然後是小型無人機、微型無人機、自殺無人機。」

1 這些數據來自開源軍事情報組織詹氏（Janes），其網站是備受尊崇的軍費比較資訊來源，請參見：https://www.janes.com/defence-news/news-detail/china-increases-2022-defence-budget-by-71及https://www.janes.com/defence-news/news-detail/taiwan-proposes-defence-budget-increase-for-2022。

不只臺灣，中國也在向烏俄經驗學習

在烏俄戰爭爆發初期，西方戰略分析師之間瀰漫著一種假設，認為俄國入侵烏克蘭，將會讓中國三思攻打臺灣，短期來說會讓這座島更加安全。北京當局會因為西方對俄國祭出的嚴厲經濟制裁，以及同心協力、重新活化的西方結盟大感震驚，他們過往時常嘲弄西方民主國家早已式微。

而俄軍在戰爭爆發初期的無能，也讓中國受到刺激，因為在戰略上和組織上，俄軍都和解放軍頗為相似。但臺灣的態度則是更為謹慎，吳釗燮表示：「我們可能會有點喘息空間，但中國正在（從烏克蘭身上）學習，以便改進他們的軍事活動，而要是他們認為自己已克服了俄軍面臨的挑戰，他們就可能會受到誘惑，想要開戰。」

俄軍的入侵正好和中國經濟受到重挫重疊，這是源自習近平的「清零」政策，也就是他試圖徹底消滅新冠肺炎病毒的狂熱嘗試，即便此時世界上大多數國家，都已在學習怎麼和致死率較低、傳染力更高的 Omicron 變種病毒共存。

根據估計，截至二〇二二年五月，中國四十座城市中，仍約有三億兩千七百九十萬人面臨某種程度的人身限制。在人口兩千六百萬的中國金融首都上海，也嚴格封城長達兩個月的時間，導致商業活動大幅停滯。此外，中國政府也實施了實質上的國際旅遊禁令，禁止中國公民因「非必要」理由出國，而外國投資人也對中國轉過了身。

此外，時常相當殘暴的封城執行，也在網路上引發眾怒，程度自武漢肺炎於二〇一九年底初次爆發以來最劇，習近平因長者的低疫苗覆蓋率，及中國科興疫苗的低度保護力處處受制，隨著經濟衰退，有關他未來的謠言也不脛而走。

而在開始逐步開放、學習與Omicron共存的臺灣，這段時間可說是危機四伏的時刻，也許習近平需要一個分心的目標，這樣的思路繼續延續下去，有什麼比臺灣還更能讓中國人分心的呢？還是奪下其中一座離島，比如金門呢？吳釗燮便認為：「**威權體制在內部出現問題時，總是會設法創造出一個外部危機。**」

北京當局下令進行全面性的「壓力測試」，以研究中國經濟承受像俄羅斯這樣制裁的能力，並命令銀行和立法機關想出一個計畫，使其經濟變得更有韌性。

世界這次對莫斯科當局的制裁，堪稱有史以來，範圍最全面的集體懲罰措施。其中將俄國領導人逐出環球銀行金融電信協會（Society for Worldwide Interbank Financial Telecommunication，簡稱SWIFT）國際支付系統，並凍結莫斯科當局在海外總值達六千三百億美元的半數外匯及黃金儲備，可說最為讓北京當局瑟瑟發抖，中共黨內的命令也要求高官脫手海外房地產及其他資產，以免開戰時遭到扣押。

北京當局更加倍下注在他們對莫斯科當局的支持上，不僅投票反對暫停俄羅斯在聯合國人權理事會（Human Rights Council）的會員資格（雖然決議最後還是通過了），後來還反對該理事會調查俄軍可能犯下的戰爭罪行。北京當局還怪罪北約和美國挑釁俄國，《人民日報》便怒嗆：「美國對烏克蘭危機負有不可推卸的責任。」軍方報紙《解放軍報》則是針對「從烏克蘭危機看美國在國際舞臺上扮演的卑劣角色」刊登了一系列報導。

全中國的中共黨員也受到召喚，協助拍攝由黨出品的蘇聯解體紀錄片。他們將其描繪成一樁悲劇，普丁的形象則是復興俄國榮耀的英雄，兩國也重申他們要建立一個「公正且民主的世界秩序」的承諾，不過這只是委婉表示，要用一個對他們自己更有利的全球體系，取代以美國為首的系統。二〇二二年五月底，俄國和中國的戰術轟炸機，也在日本海上空進行聯合軍演，時間正好和美國總統拜登出訪日本重疊。

至少在一開始，習近平對普丁的公開支持並未延伸到公然違反西方的經濟制裁，中國的科技和能源公司大多抱持觀望態度，因為擔心招致間接懲罰，習近平對這些制裁氣得牙癢癢的，他似乎認為，這比俄國的入侵本身還更邪惡。

他本來打著經濟制裁和西方的團結會迅速瓦解的算盤，並因此費盡心力試圖破壞歐洲及美國，還有歐洲國家彼此之間的關係，這項策略過往都收到不錯的成效，所以他公開呼籲歐洲在烏克蘭事務上，應該要更加獨立於美國之外。

習近平極度渴望穩定的統治地位，那年中共重要的大會預計要再延長他的任期五年，並為他開啟了終身執政的大道。然而，他還沒準備好要拋下他的好朋友普丁，這兩人有太多共通點了。而且再怎麼說，要是俄國實力因為這場戰爭和制裁受到削弱，也會加強其對中國的依賴，並鞏固北京當局在其合作關係中較高的地位，就算代價是被全球視為俄國暴行的幫凶也無妨。

但中共仍憤怒駁斥將臺灣和烏克蘭比擬，繼續重複其可疑的宣稱，認為臺灣只是個脫離的省分，且早已屬於中國的一部分，彷彿在這樣的脈絡下，侵略行為不知怎的就會變得不同似的。無論如何，北京當局仍密切關注烏克蘭，中國人民大學教授暨中共顧問金燦榮便表示：「從技術層面來看，現在烏克蘭問題確實可以看作是臺海危機的一次預演。這是一次很好的學習機會，**中國可以從中學到很多東西**，比如軍事上該怎麼打，政治上可能會遇到什麼壓力、這些壓力怎麼化解等。」

軍事戰略分析師也注意到，華府當局正避免和俄國發生直接軍事衝突，因為擔憂核戰升溫、為中國帶來壓力，導致其加速擴充核子武器庫。此外，北京當局也將烏克蘭視為一個有用的「戰略分心」，將華府當局的注意力從印太地區轉移回歐洲。

CIA：中國是美國長久以來，最大的地緣政治挑戰

美國在臺協會，如同堡壘般座落於臺北東北方郊區內湖的山坡上。這是棟堅固、龐大、氣勢恢弘的混凝土建築，四周高牆環繞，實際上就是美國駐臺大使館，只不過名義上不是，他們因為禁止臺美正式外交關係的「一中政策」，無法使用這樣的名稱。但實際上，臺美關係正蓬勃發展，而在二〇二二年初的幾個月間，美國在臺協會也相當忙碌，隨著華府當局重

新調整其對中及對臺政策，他們也忙著接待一連串來自國會的訪客和退休與半退休官員。

美國是臺灣主要的軍火供應商，且即便美國軍火公司從對臺的昂貴軍售中獲益匪淺，拜登當局其實強烈支持「豪豬戰略」。拜登總統在他出訪日本期間，便表示若中國進犯，美國願意使用武力捍衛臺灣，這是他第三次發表類似言論了。白宮方面雖否認這代表政策轉變，但在外人的眼中，美國長久以來對防臺的「戰略模糊」政策，看來也開始越來越不模糊，而臺灣政府也欣然接受這樣的改變。

不過外交部長吳釗燮仍堅稱，臺灣並不會依賴這點，並表示：「我們想要向國際社會展現，**我們願意，而且也充滿決心要捍衛自己。**」李喜明則表示：「**你唯一能依賴的，就只有自己。**」

由於俄羅斯侵略烏克蘭的關係，世上的自由民主國家找到了他們的聲音，並重新活化了看似已迷失方向，又變得無關緊要的安保架構及政治聯盟，也出現了新的信心、團結、目的感。這可說完全打破了在習近平及普丁的世界觀中，占據重要地位的印象：他們認為，分裂又腐敗的西方終將走上衰微。

當習近平試著向歐盟說教，要他們離美國遠一點時，也直接遭到打臉，因為中國的國際名聲現在也正處於緊要關頭。二〇二二年五月底，拜登出訪亞洲的五天行程，也代表了邁向重新擘劃地緣政治局勢的一大步，要超越「西方」這類詞彙，朝向更廣泛的「獨裁vs.民主」概念，在這樣的定義下，烏俄戰爭可說是打響了第一槍。而雖然俄國也不應受到低估，美國中央情報局（Central Intelligence Agency，簡稱CIA、中情局）局長威廉・伯恩斯（William Burns）仍警告，習近平統治下的中國是「**我們作為國家長久以來所面對的最大地緣政治挑戰**」。

日本可說是最為歡迎上述世界局勢重新定義的國家了，他們在國防上的轉變相當明顯，並已清楚的將自身安危和臺灣連結。日本首相岸田文雄在出訪倫敦的行程中，便強調國際對俄羅斯的侵略做出強烈回應，在嚇阻中國可能對臺灣採取的舉動上，有多麼重要，他警告道：「烏克蘭可能就是明日的東亞。」

岸田文雄和英國簽署了共同防禦協定，因此未來將會看到英軍和日本自衛隊共同軍演及行動[2]，而他在出訪英國前夕，也確認了日本國防預算加倍的計畫，使其預算來到八百六十億英鎊[3]左右，這打破了二戰之後施加的限制。

南韓則在更為鷹派的新總統尹錫悅帶領下，也正在展開改變。他們加入了北約的網路防禦組織，成為其第一個亞洲成員，此舉激怒了中國，頗為好戰的中國知名評論家胡錫進聽聞

2 請參見英國首相辦公室二〇二二年五月五日的聲明〈英國和日本透過指標性的協定，預計快速加強國防及國安連結〉（*UK and Japan set to rapidly accelerate defence and security ties with landmark agreement*），https://www.gov.uk/government/news/uk-and-japan-set-to-rapidly-accelerate-defence-and-security-ties-with-landmark-agreement。

3 編按：約合新臺幣三兆四千億元。

後怒嗆：「南韓若與鄰國為敵，便是烏克蘭的下場[4]。」

華府當局也帶動盟友積極參與，針對臺灣未來可能的情況進行計畫，他們和英國及歐盟探討了更多可以在外交上和臺灣交流的方式，於更廣泛的層面上，也讓臺灣以民主夥伴的身分加入討論。前英國外交大臣特拉斯在某場重要外交政策演講中也表示：「我們必須確保像臺灣這樣的民主政體，能夠捍衛自己。」臺灣外交部長吳釗燮則認為，這類評論「很可能是提到臺灣時，我們在歐洲所能找到最相挺的了」。

甚至連好萊塢似乎都注意到了風向，當電影《捍衛戰士：獨行俠》在臺灣上映時，觀眾爆出歡呼和掌聲，這並非因為湯姆．克魯斯不怕死的特技，而是因為在他標誌性的皮夾克上，青天白日滿地紅旗又重新出現了。如同我們在第八章所討論的，這部經典電影續集的預告片初次公開時，夾克上的圖樣經過改動，製片方刪去了這面國旗，但原版的夾克背面其實繡有好幾面國旗，而這很顯然是為了通過中國的審查。

中國科技公司騰訊是這部片原始的投資人之一，對中國票房抱有極高期望。然而，騰訊據說在中途退出了，因為擔心支持這麼一部有關美軍的電影會激怒中共，因此對中國的票房期望大幅下降，國旗於是又回來了。現在要說好萊塢已挺起腰桿可能還言之過早，但在二〇二二年五月底的臺灣，其中的象徵性可說十分強大。

普丁無緣無故的侵略，促使西方民主國家開始反思，他們是怎麼讓自己變得對俄國的能源如此依賴，根據歐盟估計，要確保他們的能源獨立於俄羅斯，就必須在五年內花上將近兩千億歐元[5]，西方企業隨之匆匆宣布離去，這將會是個混亂又代價高昂的過程。

此外，這也對於依賴的風險，提出了更為廣泛的問題，特別是依賴中國，他們和俄國相比，在世界經濟上的地位更為重要，或許是受到這點驅使，且也經過不斷猶豫之後，英國最終宣布他們將運用新通過的《國家安全及投資法》，檢視紐波特晶圓廠的收購。這是英國最大的半導體製造廠，先前遭中國公司收購，我們在第十三章中討論過此事件。

英國政府也通過了新的國家安全法案，旨在填補現有法案有關網路間諜及外國影響力活動規範的不足，但在本段撰寫之時，尚不清楚這類試圖揪出外國影響力掮客的嘗試，在未來的實施狀況究竟會如何。

而英國大學也受到施壓，必須切斷和中國的財務連結，但他們認為僅只是拿錢，並不會使其變成外國的說客。但如同本書試圖表達的，這之間經常有條明確的界線，而公開透明正是個必要的起點，如果說烏俄戰爭有帶給我們什麼凌駕一切的教訓，那肯定是**過度依賴暴君可說是極度魯莽的決定**，不論你依賴的暴君，是莫斯科當局還是北京當局。

4 請參見胡錫進二〇二二年五月五日的推特動態：https://twitter.com/HuXijin_GT/status/1522062382666682369。

5 編按：約合新臺幣六兆八千億元。

在壞事發生之前，就做好準備

「左轉有書」書店暨咖啡館位於臺北某條狹窄巷弄中，附近便是臺灣中央政府機關所在地，其店外停著成排這座城市無所不在的機車，店前窗戶上用大大的字體貼著「Stand with Ukraine」，烏克蘭國旗也在旁飄揚，布告欄上則貼滿各式便利貼，中英混雜，包括「正義終將獲勝」、「加油烏克蘭！我們挺你」、「阻止普丁的帝國主義」、「普丁王八蛋」。

這間書店可說是臺北各式非政府組織的中心，也就是我們在本書稍早提及，各式風起雲湧的公民社會運動，他們的書架也擺滿了各類書籍，主題從原住民權益，到爭取西藏、新疆、香港自由等。我就是在這裡和廢死聯盟執行長林欣怡碰面的，她是參與過多場社運的沙場老將，那天是同婚合法化三週年，她給我看了手機裡的照片，那時（二〇二二年）抗議群眾聚集在鄰近的立法院建築外，紀念這個歷史性的場合。

「這是場漫長的戰役，而我們成功度過了，但是過程並不容易。」林欣怡表示。她現在正為了廢除死刑而奮鬥著，死刑目前仍寫在臺灣法律中，如同這座島嶼更為專制過往的殘留物。她同時也是這間書店的負責人之一，書店所在的街區一隅，在從前的戒嚴時代是座拘留所，她告訴我：「這裡是個理想的地點，有很多鬼魂徘徊。」

和許多臺灣人相同，林欣怡也因俄國的侵略感到震驚，並受烏克蘭年輕人的勇氣觸動：「以前我還真的沒想過這些，但這讓我開始思考，如果真的開戰，我要怎麼辦？」她報名了一個全民國防訓練課程，臺灣已出現不少類似課程，目的是教授基本的急救和求生技巧，而自從烏俄戰爭爆發以來，其報名都迅速爆滿。

「我想要受訓，我想要可以幫助自己和別人。」林欣怡說，還告訴我她特別受烏克蘭總統弗拉迪米爾・澤倫斯基（Volodymyr Zelensky）的領導感動：「他說的話真的很發人深省，我不會在中國面前逃跑，我會為我的國家而戰。」這在臺灣已是種頗為普遍的情緒，烏俄戰爭爆發後的民調，便顯示若中國入侵，願意為臺灣而戰的人數大幅上升，根據某份調查，此比例已超過七分之一。

而眾聲喧嘩的臺灣媒體，也大篇幅報導了烏俄戰爭，三十五歲的臺灣公民王芮緹，在報名參加烏克蘭外籍傭兵團「烏克蘭領土防衛國際軍團」（International Legion of Territorial Defense of Ukraine）後，迅速爆紅成為名人，並開始從前線貼文，他表示：「我想為捍衛基本人權價值盡一份心力。」

我們在本書稍早遇過的臺灣數位發展部部長唐鳳，也注意到了大眾的情緒轉變，她從前也是個社運人士：「現在有很多人都在問：『情勢升溫時我們可以做些什麼？』我們不需要真的等國防部或是任何人來告訴我們該怎麼做，我們應該自己就開始著手準備。」

「豪豬戰略」的設計師李喜明也沒有忽略這點，他在這股熱潮中，看見了臺灣改良版領土防衛架構的誕生，他告訴我：「我們應該要吸引很多愛國的年輕人，他們熱愛自己的國家、熱愛自己的城市、熱愛自己的社群，卻不願意去參軍。那他們可以一年集結兩次，不用穿軍服嘛，但是來接受基本訓練，學習使用輕武器，比如榴彈發射器、標槍飛彈、刺針飛彈、小型無人機，還有機動式求生技巧跟打帶跑戰術。」

烏俄戰爭，可說為臺灣敲響了一記警鐘。「我們應該要感謝烏克蘭，這對臺灣是好事。」我的計程車司機在載我前往機場的路途中這樣對我說，然後他問我，覺得中國是不是真的會打過來，我回答我不確定。這是我在臺北時常聽到的問題，而在烏克蘭遭到入侵後，大家都發覺，他們已再也承擔不起坐以待斃、等待答案了，他們必須做好一切準備。

二〇二三年五月於臺北完稿

謝辭

中國共產黨的野心相當巨大，且仍不斷成長，本書討論的範圍將反映此點，而其中不少都是從我多年來在中國及亞洲各地遊歷、報導，並見證北京當局在海外大秀軍事肌肉，同時越發壓迫國內汲取而來。

我相當感謝許多人和我分享他們的見解，並慷慨撥出時間，但因人數實在太多，無法一一列舉，且許多人也寧願匿名，這樣比較安全。中共是個難以捉摸又愛報復的組織，在習近平的領導下更變本加厲，無法忍受任何批評。無論是來自何處，只要發聲，就可能會招致可觀的代價，而本書便是獻給那些有勇氣挺身而出的人。

從許多方面來說，本書的主題都建立在我先前研究這個監控國度的著作《屏住呼吸：中國的新暴政》（*Every Breath You Take: China's New Tyranny*）上，了解中國及其帶來的威脅，目前可謂前所未有的重要，我要特別感謝Birlinn出版社的修．安德魯（Hugh Andrew），他馬上就認清了這點。我也非常感謝我的編輯安德魯．西蒙斯（Andrew Simmons）靈巧的潤飾及專業，還有我的版權經紀人安德魯．洛妮（Andrew Lownie）滿滿的熱忱和過程中的鼓勵。最後，也要大大感謝我的家人，謝謝你們的支持，以及本書起草階段時提供的意見。

TELL 060

中國的新冷戰

中國在全球擴張，釀成比美蘇冷戰更嚴重的對立，臺灣身處新冷戰的最前端，如何創造不和平的和平？

作　　者／伊恩・威廉斯（Ian Williams）
譯　　者／楊詠翔
責任編輯／楊皓
校對編輯／連珮祺
美術編輯／林彥君
副總編輯／顏惠君
總 編 輯／吳依瑋
發 行 人／徐仲秋
會計助理／李秀娟
會　　計／許鳳雪
版權主任／劉宗德
版權經理／郝麗珍
行銷企劃／徐千晴
業務專員／馬絮盈、留婉茹、邱宜婷
業務經理／林裕安
總 經 理／陳絜吾

國家圖書館出版品預行編目（CIP）資料

中國的新冷戰：中國在全球擴張，釀成比美蘇冷戰更嚴重的對立，臺灣身處新冷戰的最前端，如何創造不和平的和平？／伊恩・威廉斯（Ian Williams）著；楊詠翔譯. -- 初版 . -- 臺北市：大是文化有限公司， 2023.12
416 面；17×23 公分 . --（TELL；60）
譯自：The Fire of the Dragon：China's New Cold War
ISBN 978-626-7328-45-3（平裝）

1. CST：中國外交　2. CST：冷戰　3. CST：國際關係

574.18　　112009933

出 版 者／大是文化有限公司
臺北市 100 衡陽路 7 號 8 樓
編輯部電話：（02）23757911
購書相關諮詢請洽：（02）23757911 分機 122
24 小時讀者服務傳真：（02）23756999
讀者服務 E-mail：dscsms28@gmail.com
郵政劃撥帳號：19983366　戶名：大是文化有限公司

法律顧問／永然聯合法律事務所
香港發行／豐達出版發行有限公司 Rich Publishing & Distribution Ltd
地址：香港柴灣永泰道 70 號柴灣工業城第 2 期 1805 室
Unit 1805, Ph.2, Chai Wan Ind City, 70 Wing Tai Rd, Chai Wan, Hong Kong
電話：21726513　傳真：21724355
E-mail：cary@subseasy.com.hk

封面設計／高郁雯　內頁排版／王信中
印　　刷／緯峰印刷股份有限公司

出版日期／ 2023 年 12 月　初版
定　　價／新臺幣 540 元（缺頁或裝訂錯誤的書，請寄回更換）
I S B N ／ 978-626-7328-45-3
電子書 ISBN ／ 9786267328408（PDF）
9786267328415（EPUB）

Printed in Taiwan